U0664370

高职学生

安全教育

教程

国家林业和草原局职业教育"十三五"规划教材

全国生态文明信息化遴选融合出版项目

主　审　李友华　刘振湘

主　编　文学禹　林仲桂　刘妍君

副主编　李　常　黄艳华　邓雄峰

　　　　刘　旺　李安民　王云生

　　　　彭佩林　欧阳林洁

中国林业出版社

图书在版编目（CIP）数据

高职学生安全教育教程／文学禹，林仲桂，刘妍君主编.
—北京：中国林业出版社，2019.9（2020.8 重印）
ISBN 978-7-5219-0191-7

Ⅰ.①高… Ⅱ.①文… ②林… ③刘… Ⅲ.①大学生-
安全教育-高等职业教育-教材 Ⅳ.①G645.5

中国版本图书馆 CIP 数据核字（2019）第 158824 号

国家林业和草原局职业教育"十三五"规划教材
全国生态文明信息化遴选融合出版项目

课程信息

中国林业出版社

策划编辑：吴　卉
责任编辑：张　佳　孙源璞
电　　话：010-83143561
邮　　箱：books@theways.cn
小途教育：http://edu.cfph.net

出版发行：中国林业出版社
邮　　编：100009
地　　址：北京市西城区德内大街刘海胡同 7 号
印　　刷　河北京平诚乾印刷有限公司
版　　次　2019 年 9 月第 1 版
印　　次　2020 年 8 月第 2 次
字　　数　240 千字
开　　本　787mm×1092mm　1/16
印　　张　10.5
定　　价　42.00 元

前言

　　大学阶段是人生成长的黄金期、关键期，从微观层面说，大学生既有学习、生活的压力，又有择友、恋爱、升学、就业的困扰；从宏观层面，随着社会经济的发展，知识经济时代的到来，高校已不再是世外桃源，社会上的是非、正误、直曲、好坏、善恶等正以各种形式不断渗透进神圣的大学校园，大学生安全问题无时不在、无处不在，大学生意识形态安全风险防控和确保人身安全底线工作受到极大挑战，校园综治维稳工作形势严峻。

　　确保大学生安全事关一所高校发展大局，作为高校教师，必须坚持底线思维，提高政治站位，进一步增强学生安全工作的责任感、紧迫感；要从讲政治的高度对标习近平总书记关于大学生成长成才方面的重要论述，严格执行教育部等国家部委出台的有关大学生安全教育及管理系列文件；要杜绝"不会有事"的侥幸心理，在工作部署上"扣扣子"，在任务落实上"钉钉子"，在责任追究上"打板子"。同时，加强大学生自身安全防范意识，掌握必要的安全知识和安全防范技能，消除各种安全隐患，对于确保大学生安全具有十分重要的意义。

　　本教材按照国家关于进一步做好新形势下大学生安全教育工作的相关要求，紧密结合大学生学习、生活、社交等实际情况编写而成。教材大纲的编写由文学禹负责，最后由文学禹、林仲桂、刘妍君三位老师负责统稿和校稿。具体编写分工如下：第一章由刘旺、邓雄峰编写，第二章第一节、第五章由刘妍君编写，第二章第二节由刘旺编写，第三章由林仲桂编写，第四章由黄艳华编写，第六章由李安民编写，第七章由王云生编写，第八章由欧阳林洁编写，第九章由彭佩林编写，第十章由李常编写，附录由刘旺、邓雄峰、黄艳华摘编。

　　本教材编写出版得到了湖南环境生物职业技术学院院长左家哺教授、中国林业出版社文化产业产业部主任吴卉博士的大力支持。在编写过程中参考和借鉴了有关专著、论文和兄弟院校相关教材中的成果和精华，在此向相关作者和单位表示感谢。

　　由于编者水平有限，不当和纰漏之处在所难免，敬请指正。

编者

2019 年 6 月

目 录

扫一扫查看
附录内容

第一章
安全教育概述

安全是社会发展的前提，是人类个体生存和发展的保障，是历来人们关注的重点。大学生安全知识教育是高校思想政治教育的一项重要内容，对大学生进行安全知识的教育非常重要，是大学生知识体系中不可缺少的一个重要组成部分。

第一节　安全教育的意义

一、大学生安全教育的现状

安全就是指没有危险，不受威胁，不出事故。安全是一个大学生完成学业的保证，安全是一个学生思想进步、健康成长和立志成才的基本条件。

当前高校管理方式社会化，办学形式多样化，学生结构复杂化，校园与社会相互交叉、相互渗透，校园治安形势日趋复杂严峻。其主要表现为：

（一）校园环境日趋势社会化、复杂化

随着高等教育事业的发展和改革开放的深入，高校的环境由原来单一的教学封闭型转变为全方位、多功能、开放型的"小社会"。校园内不仅有教学区、生活区，有的还混杂家属区、居民区；不仅有教学、科研设施，还有工厂、公司、超市、书店、银行、邮局、医院、宾馆、浴室、饮食店、影剧院、歌舞厅等生活服务设施和机构。

（二）大量的外来务工、经商人员涌入校园给综合治理管理带来了压力

随着高校后勤社会化的形成，大量的外来人员来校务工、经商。由于这部分人文化素质较低、法制观念淡薄、流动性较大、不易管理，校园综合治理管理工作面更广了、面对的人群更复杂、处理的问题更多样化了。

（三）校园周边治安环境日趋复杂

当前高校周边治安形势仍然严峻，引发校园及周边地区治安问题的消极因素仍然大量存在，侵害师生人身及财产安全的治安、刑事案件时有发生。在这种情况下，如果缺乏必要的社会生活知识，尤其是安全知识，势必会导致各种安全问题的发生。

因此，大学生学习安全知识，增强安全意识和自我防范能力是非常必要的。

大学生要通过多种形式学习安全知识。增强自我保护意识；远离各种受害源；掌握在

遇到困难和侵害时自救和求救的方法；懂得与侵害行为作斗争的策略和技巧；了解受到意外伤害时的急救处理；当安全事故发生时如何应对事故侵害，化险为夷，把损失降到最低。

二、大学生安全教育的重要性

大学生安全教育，是指高等学校为了维护学校的正常秩序，维护大学生的人身、财产安全和身心健康，提高大学生的安全防范意识与自我保护技能，从学校实际情况出发，依照国家有关法律、法规，制定各种与安全教育和管理相关的规章制度，对大学生进行国家安全法规、学校安全规章及纪律、安全防范知识和技能教育的活动。

安全教育是生命教育，仅依靠社会、学校、家长对学生进行保护是不够的，重要的是引导大学生树立安全观念，形成安全意识，掌握自救自护知识，锻炼自救自护能力，能够勇敢机智地处理各种危险，果断、正确地进行自救自护。

（一）安全教育是大学生全面发展的需要

我国高等教育的最终目的就是使学生得到全面发展，提升学生的综合素质，为国家的发展培养后备人才。大学阶段是青年学生价值观形成、生活习惯养成的关键时刻，对今后的人生道路有着极其重要的影响。

安全教育既是素质教育的体现，也是实现学生全面发展的根本要求。高校的根本任务是"育人"，要发挥教书育人、管理育人和服务育人的积极作用，通过知识的传授，帮助大学生在学习文化知识的同时增强法制观念，提高思想道德品质，使广大青年学生在学法、懂法、守法的基础上，增强社会责任感，特别是增强对国家和社会的使命感。养成依法办事的好习惯，不仅对预防和减少违法犯罪、维护校园稳定有着非常重要的作用，而且是加强社会主义民主法制建设，培养社会主义建设者和接班人的需要。加强大学生安全教育，提高大学生安全意识和防范能力，是大学生提高自我素质和实现全面发展的重要保证。

（二）安全教育是打造平安校园的基础

平安校园，就是教育生态的平衡。相对于学校内部环境来说，是学校的管理、教学与科研等秩序呈现出一种持续、连贯、平稳的运行态势。平安校园的建设主要取决于学校的安全形势。加强安全教育是学校教学和其他工作顺利进行的有力保证，是确保学校师生人身、财产安全的重要因素，更是打造平安校园的重中之重。

改革开放以来，高校校园治安和大学生安全问题得到了党和国家的高度重视，大学生安全教育与管理工作已纳入社会主义法治轨道。在《高等教育法》《高等学校学生行为准则（试行）》《高等学校校园秩序管理若干规定》《普通高等学校学生安全教育及管理暂行规定》《高等学校内部保卫工作规定（试行）》等法规中，既明确了学校在校大学生安全教育和管理中的职责，也规定了大学生在安全教育与管理中应该享受的权利和必须履行的义务。因此，加强大学生安全教育，是构建和谐校园、和谐家庭的需要，是维护社会稳定、构建社会主义和谐社会的重要保障。

（三）安全教育是维护社会安定的需要

要创造稳定的社会环境，离不开安全教育。大学生是国家未来发展的生力军，也是维护国家安全、实现国家长治久安和民族复兴的中坚力量。大学生的安全素质的高低，将直接影响到社会生产建设的安全事故发生率。这些安全素质包括：国家安全意识、突发事件应对能力、社交安全意识、消防管理与消防安全意识、平安出行与行车安全意识等。对大学生进行安全教育，一方面是创造一个安全稳定的学习、生活、工作秩序，保证学生得以顺利完成学业的需要；另一方面又是社会治安综合治理的需要，学校安全稳定的小环境对社会大环境产生积极的影响，使社会秩序更加稳定和谐。

三、大学生安全教育的必要性

近年来，校园内外频发大学生意外伤害事故，造成事故的原因有一个共同点，即大多数当事学生对事故的发生没有任何心理准备和自我保护意识，面对伤害不知所措。因此，加强大学生安全教育、强化大学生的安全意识、增强大学生的安全知识是十分必要的。

当前大学生安全意识缺乏，主要表现在以下几个方面：

（一）大学生缺乏社会经验

大学生思想相对单纯，对社会上的不良风气和一些坏人坏事没有理性的认识。由于缺乏社会经验，导致自我防范能力相对比较弱，如缺乏保管自己的贵重物品、现金的意识，易导致财物被盗；缺乏人际交往的经验，容易上当受骗等。也有一些学生在受到不法侵害时，不知道如何保护自己，往往被一些不法之徒欺骗或威逼利诱。近年来发生的多起女大学生被拐卖案件就是因大学生缺乏社会经验所致。大学生缺乏社会经验，有时会轻易相信陌生人，轻率地向陌生人谈起自己或者自己的亲属、朋友、同学的有关情况；还有的把陌生人带到学校、宿舍，趁其他人上课之机，犯罪分子将室内现金和衣物盗走。另外，近年来由于高校办学自主权的不断扩大和产教融合力度的加大，办起各类公司和工厂，有的诈骗分子以贸易经商、签订合同等为名行骗，往往一次作案金额就达数十万元。

【典型案例】19岁的小李，是湖南某大学的一年级学生，小李春节期间去了广州与打工的父母团聚，准备于15日晚上10点半乘火车回学校。15日上午，她在广州火车站候车时，坐在一旁的一名戴眼镜的男青年主动跟她搭话，闲聊中男青年自称他们是老乡，两人越聊越熟，男青年便借机邀她上网，小李看离开车时间尚早，便跟着他出了火车站，来到了一间小旅馆，进了旅馆，戴眼镜的男青年原形毕露，将小李身上的物品洗劫一空，然后打电话联系"老大"商量着将小李卖到中山市，在被从广州挟持到中山的途中，小李多次试图逃跑均未成功，幸遇交警查车，将其及时解救。

（二）大学生缺乏安全防范意识

一些大学生安全防范意识的缺乏，使得他们对各种潜在的安全隐患未能保持警惕。人离开不锁门、贵重物品随意丢放等行为，易导致钱物失窃；还有的学生违反宿舍安全管理规定，在宿舍内乱接乱拉电线、违章使用电器、吸烟后乱扔烟头等，这些都对人身安全造成了极大威胁。

【典型案例】2010年11月28日下午，大学生史某到运动场打篮球时，将装有手机的外衣脱下后随意放在运动场上，未能顾及运动场周围其他人的存在。打完球后，史某发现手机被窃。接到报案后，保卫处老师到现场查看，未发现可疑人员。据史某反映，当时在球场上曾有一名男性青年，看到了史某接听电话及放置手机的过程，后不知去向。

（三）大学生缺乏对社会消极因素的抵御能力

对涉世未深的青年大学生来说，会受到拜金主义、享乐主义和极端个人主义思想的影响，从贪小便宜、小偷小摸而逐步发展到大肆行窃，最终害人害己、危害社会；有些大学生在西方"性解放"及淫秽书刊、录像的影响下，成为淫乱思想的俘虏。

面对大学生缺乏社会经验、缺乏安全防范意识、缺乏对社会消极因素的抵御能力的现状，让大学生学习安全知识，提高其自我防范的意识和自我保护的能力是非常有必要的。

（四）大学生缺乏自我管理能力

无论在宿舍、教室、图书馆、体育馆（场）、食堂等公共场所，贵重物品随意摆放为犯罪分子"顺手牵羊"提供作案条件。因为这些场所人员流动性大，案发现场难以保护，犯罪分子留下痕迹易被破坏，破案困难。因此，这些公共场所是犯罪分子经常涉足的地方。

四、大学生群体常见安全问题

随着社会改革的深入，高校的改革也在不断深入，高校的办学模式由封闭型变为开放型，由一般的科教机构变为教学、科研、生产、商贸等多元化的社会机构。当前高校管理方式社会化，办学形式多样化，学生结构复杂化，校园与社会相互交叉、相互渗透，校园治安形势日趋复杂严峻。

（一）交通安全

当前不少高校实施合并办学，校区不再独门独院。由于校区分散，出现了相邻校区间的人流、车流、物流互动。有的院（系）学生每天需要从一个校区到另外一个校区上课或去图书馆学习，形成了校区之间人员流动的增大。在这种情况下，稍有疏忽就极易发生事故，出现交通安全问题。近些年来，高校学生中因交通事故死亡的人数也呈逐年上升趋势。

（二）消防安全

火灾是威胁人类安全的重要灾害，也是威胁校园安全的重要因素，消防安全问题已成为高校安全防范的重中之重。大学生公寓、宿舍等场所人员密集，实验室等场所易燃可燃物集中，如果不注意用火用电安全，极易引发火灾事故，造成人身和财产的重大损失。

【典型案例】2008年11月14日早晨6时10分许，上海某高校分校区女生宿舍楼寝室失火，失火面积25平方米左右。因室内火势过大，4名女大学生从6楼寝室阳台跳楼逃生，不幸当场死亡。调查结果显示，失火原因为该寝室的女生使用"热得快"烧水所致。

（三）心理安全

大学生不同程度地存在心理问题，有的甚至患上严重的心理疾病，走上轻生的道路，大学生心理安全应当引起高度重视。

【典型案例】上海某大学医学院研究生林某因琐事对同寝室的黄某心生不满，在宿舍饮水机中投放剧毒化学品N-二甲基亚硝胺，致使黄某死亡。

晚9时许，南京某大学袁某在宿舍玩电脑游戏，蒋某归来未带钥匙敲门，因袁某未及时开门，双方发生口角，并产生肢体冲突。在冲突过程中，袁某拿起书架上的一把水果刀捅到蒋某胸部，蒋某被送往医院，因抢救无效死亡。

即将踏入大学的18岁山东临沂女孩徐某，接到了一通诈骗电话，被骗走了上大学的学费9900元。得知被骗后，徐某伤心欲绝，郁结于心，导致心脏骤停，虽经医院全力抢救，但仍不幸于两日后离世，让人扼腕。

（四）信息与网络安全

随着互联网信息技术的迅猛发展，大学生个人电脑和手机基本得到普及，网络的信息安全以及网上暴力、迷信、赌博、诈骗、反动言论等不良内容造成的危害等问题应当引起学校的高度重视。

（五）违法犯罪

由于高等教育事业的发展和改革开放的深入，高校校园内不仅有教学区、生活区，有的还混杂家属区、居民区；不仅有教学、科研设施，还有工厂、公司、超市、书店、银行、邮局、医院、宾馆、浴室、饮食店、影剧院、歌舞厅等生活服务设施和机构。这就使一所高校成为了一座"小县城"。这种复杂的格局，客观上给高校的安全造成诸多不利因素。例如，社会上的一些不法之徒时常窜入高校，进行盗窃、抢劫、诈骗、行凶等犯罪活动，直接威胁到了高校的安全稳定。

第二节 安全教育的内容

一、法治观念与法律知识教育

党的十九大报告中，"坚持全面依法治国"被明确作为十四条新时代坚持和发展中国特色社会主义的基本方略之一。报告指出："坚持依法治国、依法执政、依法行政共同推进，坚持法治国家、法治政府、法治社会一体建设，坚持依法治国和以德治国相结合，依法治国和依规治党有机统一，深化司法体制改革，提高全民族法治素养和道德素质。"

把法治观念与法律知识教育作为大学生安全教育的主要内容是全面推进依法治国对高等学校人才培养的必然要求，能够帮助大学生增强法律意识、法治观念并培养良好的法律品质，有利于大学生综合素质的提升和发展，有利于保障大学生自身权益、减少大学生违法犯罪行为，有利于维护校园安全与稳定。

二、安全责任教育

缺乏法制观念、法律意识淡薄是大学生中普遍存在的问题。一方面，有些大学生不知法、不懂法；另一方面，个别大学生知法犯法。有的学生违法后，却不知道是违法；有的学生纵容包庇有违法行为的人，知情不报；有的学生相信受伤害后可以"私了"，不愿配合调查；更有的学生受到不法侵害后不知如何寻求法律的保护。

大学生安全责任教育的目的是增强大学生安全责任意识，具有责任感，在履行自己职责的同时尽一份社会责任。大学生安全责任教育，主要包括三层含义：

（1）我国法律规定，公民年满18周岁就是完全民事行为能力人，除极少数少年大学生外，绝大部分大学生都年满18周岁，具有完全民事行为能力，依法对自己的行为承担责任。

（2）在预防安全事故、防止危险侵害方面应当有所作为，应采取适当行为或措施予以防范，以减少危险侵害发生的概率，减轻受到侵害或损伤的程度。

（3）在预防安全事故、防止危险侵害方面应当作为而又没有作为时，对造成人身伤亡、财产损失等后果应承担责任。

三、安全知识与安全技能教育

（一）大学生安全知识教育

安全知识内容非常广泛，遍及诸多行业领域及各个方面，主要有四类：

（1）意识形态领域的知识，主要包括政治安全和文化安全，目的在于提高大学生的国家安全意识，正确认识改革开放环境下西方敌对势力对华斗争的新形式和新特点，自觉抵御境内外敌对势力的渗透和破坏活动。

（2）法律法规中的知识，主要包括交通安全、网络安全、遵守校纪校规和维护自身利益方面，目的在于使大学生知法守法，用法律来维护自身的权益，避免因违法导致法律的制裁和违法带来的人身伤亡、财产损失。

（3）日常安全常识，主要包括消防安全、财产安全、人身安全、社交安全、公共安全等，目的是使大学生熟悉安全常识，增强安全意识，避免人身伤害、财务受损失。

（4）心理健康知识，目的在于增强大学生调节心理、控制情绪的能力，具有正确的人生观、价值观和健康的心态。

随着社会化程度的加深，高校由过去相对独立、相对封闭的状态走向全方位开放，与外界的联系日益密切和广泛。由于社会经验不足、独立生活能力较差、安全知识缺乏、自我保护意识淡薄，以致大学生被盗、被抢、被诈骗、被杀的现象屡有发生，甚至出现女大学生被拐卖的现象。通过安全教育，使大学生了解和掌握必要的生活常识和安全防范的基本知识，增强安全防范的意识和能力，明确"应当""正当"与"不当"之间的关系和界限，既可以有效地保护自己，又可以在危险来临时恰当有效地帮助同学。

（二）大学生安全技能教育

安全技能与安全知识在内容上有重叠部分，但安全知识是基础，安全技能是更高的要求。安全技能教育的目的在于提高自我保护能力，增强保护自己和他人不被伤害的意识，提高面对突发事件的应变能力。安全技能主要包含两层含义：

（1）与专业岗位上要求的操作技能相关的安全技能，在生产中避免因违章操作而造成安全事故，这是未来工作岗位上的要求。

（2）在自然灾害、公共卫生和社会突发安全事件等面前的一般能力。主要包括在交通安全、人身安全、公共安全中的避险能力，在消防安全中的灭火与逃生自救能力，面对刺激的心理承受能力和应变能力。

四、大学生安全意识的培养

安全是个人和社会的最大需要，增强安全意识，是大学生综合素质的重要内容之一。加强对大学生的安全教育与管理，有针对性地学习必要的安全知识和法律、法规，增强遵纪守法的道德观念，掌握必备的安全防范技能，提高自我保护能力，对于预防和减少违法犯罪具有重要的意义。

大学生应树立的安全意识主要有六个方面：

（一）维护国家安全的公民意识

国家安全是关系到国家存亡的大事。没有国家安全，就没有和平稳定的建设环境，就没有社会主义的现代化。每个公民都负有维护国家安全的责任和义务。21世纪是充满挑战的，教育是迎接挑战的重要工具，在国际竞争和国家安全中起着至关重要的作用。大学生必须清醒地认识到国家安全与自己的关系，要成为国家安全的坚定维护者。因而大学生应树立维护国家安全的公民意识。

（二）对社会治安形势和校园安全状况的认知意识

当前，我国政治、经济、文化、社会等各个领域正在发生巨大而深刻的变化，利益的调整、观念的冲击、改革的阵痛使各种社会矛盾和社会焦点问题不断增多。近年来，爆炸、杀人、抢劫、绑架等暴力性犯罪十分突出，黑恶势力犯罪的危害非常严重，对人民群众的生命财产安全构成极大的威胁。受社会治安形势的影响，校园犯罪也与社会同步，犯罪种类多样化，，安全形势同样严峻。大学生应对社会的复杂性、多样性有充分而正确的认知，清醒地面对和处理社会事务，时刻保持警惕，做好自我保护；同时，要敢于斗争，在力所能及的时候为国家"扫黑除恶"提供有价值的线索。

（三）主动的自我防范意识和面对突发事件的应变意识

"害人之心不可有，防人之心不可无。"大学生在社会生活中要善于观察和发现问题，遇事、遇人要时刻保持警惕。在面对突发事件，要机智、勇敢地去面对，沉着、果断地去处理，不盲目随从，不贪图小利。

（四）遵纪守法的自律意识

有些学生买东西不要发票、租房子不签合同，找工作又经常被用人单位欺骗，维权意识差，这些都是法律意识缺乏的表现。作为21世纪的大学生，应自觉主动地学习国家的相关法律、法规，提高法律素质，树立遵纪守法意识，增强法治观念，学会用法律武器保护自己，依法维护自己的合法权益，依法履行自己应尽的职责和义务。

（五）积极应对挫折的健康心理意识

挫折是大学生成长中不容忽视的问题。大学生在学习、生活、健康、人际关系等方面都不可避免地面临着各种挫折，它直接影响着大学生的社会化进程及其身心的健康发展。因此，大学生在遭遇挫折时要具备积极应对挫折的心理意识，要特别重视自己的心理安全，培养乐观向上的心态。

（六）应对灾难的自救互救意识

在重大灾难面前，人们往往无计可施。但是良好的互救意识和正确的逃生方法却能给人带来安全。因此，大学生应广泛积累安全知识，注重培养自身的安全意识，汲取他人的经验教训，从而让自己在灾难、危险面前可以从容面对。如四川安县桑枣中学从 2005 年开始，每学期都要在全校组织一次紧急疏散的演习。在汶川大地震中，全校师生迅速从不同的地方，全部疏散到操场，避免了人员伤亡。因此，大学生应该居安思危，在灾害发生时，要树立自救互救的意识，采取正确的行动，通过有效的途径以减轻灾害事故带来的危害。

第三节　安全教育的基本方法

一、安全教育的原则

大学生安全教育点多、面广，但总的来说，应遵循以下四个原则：

（一）以人为本，依法教育

大学生是安全教育活动的主题，是教育的对象和主要参与者。大学生安全教育工作必须以学生为中心，适应学生在校学习和生活的需要，一切教育的内容与方法必须有利于学生的健康成长，有利于将大学生培养成祖国建设需要的合格人才。同时，大学生安全教育工作还必须以法律、法规为准绳，依法教育，依法管理。

（二）预防为主，教育先行

安全教育本身就是一种预防措施，在安全防范工作中占有重要地位。"隐患险于明火，防范胜于救灾"等名言警句充分说明了预防工作的重要性。在对大学生进行安全教育的过程中，只有做好预防工作，才能最大限度地减少大学生人身、财物受到侵害。但是预防工作必须以教育为先导，让大学生明确预防工作的目的、意义、作用和方法，重视预防工作。

（三）明确责任，管教结合

在安全教育过程中，学校要将教育与管理的职能有机地结合起来，建立健全岗位责任制，将安全教育工作落到实处。主要包括：学校对此项工作负有领导责任，有关部门和群众组织要主动配合，同时要落实目标考核责任制；学校要积极组织开展大学生安全教育活动，普及安全知识，增强学生的安全意识和法制观念，提高其防范能力；要建章立制，严格管理，搞好日常防范工作。

（四）实事求是，妥善处理

对大学生进行安全教育要从学生和学校的实际情况出发，力求贴近生活，要有现实感和亲切感，让学生易于接受。对于学生中暴露出来的安全问题，要慎重处理，既不能姑息迁就，也不能一棍子打死，要在查清真相、准确定性、找出原因、分清责任的基础上，本着教育的原则，以人为本，合情、合理、合法地妥善处理。

二、安全教育的基本要求

大学生的安全教育工作必须依靠高校的各种安全管理制度来组织和实施。安全防范管理制度是大学生安全防范的行为规范，也是学校组织安全防范管理的重要依据。高校必须建立健全安全防范管理的规章制度，如门卫制度、宿舍管理制度、防火安全制度、交通安全制度、公共娱乐场所管理制度、安全试验、实习制度、社团管理制度等。

在安全管理过程中，大学生既是管理对象，又是管理活动的主要参与者。大学生的安全管理工作，一方面要依靠公安部门、教育部门和学校管理部门的共同努力；另一方面要充分发挥师生员工的主观能动性，依靠师生员工的积极参与和密切配合。因此，大学生应当自觉遵守各项安全管理制度，积极参与各项管理活动，并在安全防范参与过程中做到以下五点：

（1）严格遵守国家法律、法规和学校各项规章制度，注意自己的人身和财产安全，防止各种事故的发生。

（2）在日产教学及各项活动中，应遵守纪律和有关规定，听从指导，服从管理；在公共场所，要遵守社会公德，增强安全防范意识，提高自我保护能力。

（3）组织集体课外活动，须经学校同意，按学校规定进行。

（4）严格遵守宿舍管理的规定，自觉维护宿舍的安全与卫生，提高自我管理能力。

（5）发生刑事、治安案件或交通、灾害等事故，应注意保护现场，及时报告学校或公安部门并协助处理。

三、安全教育的基本方法

（一）建立安全教育管理机制

大学生安全教育离不开安全制度的规范，健全的安全制度不仅是规范大学生学习、生活、课余活动的重要手段，也是安全教育的重要内容，对培养学生良好的安全习惯有着重要的作用。因此，高校应根据大学生在大学阶段应知应会的安全知识、安全技能的内容要求，结合大学生各个年级不同的安全教育需求和学习特点，制订科学、完整和系统的安全教育计划；根据国家安全法律、法规的要求，制定和完善各种安全管理制度，如《学校安全事故报告制度》《安全事故应急处理预案》《学校消防安全管理规定》《巡逻制度》《值班制度》等；根据安全教育主要涉及政治、心理学、社会学、法学、安全等学科方面知识的特点，结合教学时间，有针对性、科学地选择大学生安全教育的教学内容和教育活动，制定相应的安全教育教学大纲；同时安全教育课也应和法律基础课等课程一样，保证完成规定的课堂教学时间。只有这样，大学生安全教育才能避免随意性，从而走向规范化、系统化、制度化。

（二）推进大学生安全教育常规化

大学生安全教育要做到经常进行、经常落实，努力推进常规化进程。具体来讲，一要坚持开展"安全教育月""消防宣传日""安全知识讲座"等活动，加强节假日期间和学生外出实习、社会实践和毕业生离校之前等重点时期的安全教育，举办丰富多彩的大学生安全教育实践活动，变校园安全为社会大安全。二要积极推进安全教育进课堂。和传统课堂不同，在安全教育课堂上，可以和学生一起讨论如何逃离火灾现场，如何防止不法侵害等；还可以举行以安全话题为中心的主题晚会，学生在准备节目的过程中本身就是一种学习。

（三）注重安全防范知识教育实效

加强大学生安全教育，根据大学生群体的特点，既要全面展开，又要有重点地进行，做到点面结合，以点带面。同时，重点时期是容易发生安全事故的特殊时期，同时也是安全教育的最佳时期，切实加强重点时期的大学生安全教育，结合大学生年级特点和阶段性安全需求，主动给予安全指导和安全服务，可以减少和避免各类安全事故的发生。

（1）重视重点人群的安全教育。如对经常违反校纪校规的大学生，要进行重点教育，防止因严重违反校纪校规而造成安全事故。通过对重点人群的安全教育，不仅促进他们增强安全意识，提高安全行为的能力，还能够通过示范效应，带动其身边的大学生增强安全认识。

（2）重视重点场所的安全教育。如在实验室安全管理方面，要严格实验室准入制度的安全教育，教育大学生严格遵守实验操作规程，严格执行有关危险化学品、放射源和生物安全的管理规章制度，防止意外事故发生。又如在人群集中的大型活动场所，应教育大学生文明礼貌，服从指挥，并注意观察场所周围环境和安全通道，及时判断安全风险，避免发生踩踏等群死群伤的安全事故。通过重点抓实验室、宿舍、图书馆和活动中心等大学生活动重要场所的安全教育，有重点、有目标和有针对性地推进大学生安全教育工作，注重安全教育的实际效果，使大学生更有效地获得安全知识。

（3）重视重点时期的安全教育。应重点抓好以下几个时期的安全教育：

一要加强新生入学时的安全教育。新生刚入校，对校园及周边环境不熟悉，缺乏安全防范意识，不懂得如何自我保护，容易发生诈骗、财物被盗等各类安全事故。因此，要切实加强新生入学安全教育，增强自我防范意识。

二要加强节假日期间的安全教育和安全提示。节假日期间大学生思想上容易放松，易发生财物被盗、火灾、食物中毒、溺水、交通事故等安全问题，要加强放假前的安全教育，并在校内水池等地方树立安全提示牌。

三要加强大学生外出实习、社会实践和毕业生离校之前的安全教育。大学生离开校园进入社会，如果缺乏安全意识和自我保护能力，也易发生各类安全事故。

（四）加强自我安全教育和管理

通过加强自我安全教育和自我安全管理，使大学生真正成为校园治安和校园安全管理的主体，积极行动起来，从我做起，从身边做起，讲安全，讲文明，守纪律，懂法律。

（1）学生会、国防教导队、护校队等学生社团同学开展必要的校园治安综合治理的巡逻检查活动和宿舍安全管理活动。通过校园巡逻检查和宿舍的安全检查，及时发现和解决存在的问题，增强安全意识和自我防范能力。

（2）经常性地进行个人自查。重点检查个人贵重物品的保管使用，特别注意人身安全的检查，检查自己是否遵守了学院各项制度，是否外出深夜归来，是否违反规定在校园内喝酒，是否参与了打架斗殴，宿舍内是否收藏有管制刀具和酒瓶等。

（3）组织学生积极参加各种安全预案的演练，如消防演练、紧急疏散演练、食物中毒演练等。

（五）加强舆论引导营造校园安全文化

安全文化教育可以促进大学生大安全观的形成，培养大学生正确的安全态度和行为，创造并维持一个良好的安全舆论氛围。要善于利用典型事件和案例进行教育，以形象生动的事实警示学生，通过多种途径不失时机地进行安全忧患意识教育。

（1）可利用学生中的安全事故典型案例，在各种教育活动中开展安全警示教育，如在新生入学教育、毕业生离校教育、法律基础课堂教学、班会等过程中进行宣讲、分析、讨论等。

（2）可选择利用论坛贴吧、校园微博、官微等互动平台更好地与大学生平等交流、沟通互动，更好地了解、掌握校园安全动态和大学生即时的安全需求。

（3）可组织学生参加庭审旁听，在法院开庭审理那些和大学生有关联的案件时，可组织学生参加旁听。

（4）可在学校举办有关安全的专业展览，组织学生参观，通过直观的方式使学生受到教育。

【典型案例1】10万元大奖！对于在网络上出现的意外惊喜，北京某高校学生王某激动不已。2017年9月24日15时许，王某在一网吧进入一个网站时，被告知中了10万元大奖。随后，这个网站告诉她，要领这笔大奖，需要先支付650元的手续费。此时，王某已经被喜悦冲昏了头脑，她不假思索便将650元打入对方指定的账户。当王某再次询问领奖事宜时，对方再次让其打入手续费，王某这才发觉上当。

【典型案例2】2013年，上海某大学医学院2010级硕士研究生黄某中毒身亡，而涉嫌投毒的犯罪嫌疑人恰恰是被害人舍友林某。4月25日，黄浦区检察院以涉嫌故意杀人罪对林某批准逮捕。11月27日，法院开庭审理此案，林某称自己看不惯黄某，决定投毒出于愚人节整人想法。2014年2月18日上午10点半，该案在上海市第二中级人民法院依法公开一审宣判，被告人林某犯故意杀人罪被判死刑，剥夺政治权利终身。

第二章
国家安全教育

国家安全是人民幸福安康的基本要求，是安邦定国的重要基石。维护国家安全是全国各族人民根本利益所在。习近平总书记在十八届中央国家安全委员会第一次会议上指出："当前中国国家安全内涵和外延比历史上任何时候都要丰富，时空领域比历史上任何时候都要宽广，内外因素比历史上任何时候都要复杂，必须坚持总体国家安全观，以人民安全为宗旨，以政治安全为根本，以经济安全为基础，以军事、文化、社会安全为保障，以促进国际安全为依托，走出一条中国特色国家安全道路。"党的十九大报告强调，要加强国家安全教育，增强全党全国人民国家安全意识，推动全社会形成维护国家安全的强大合力。

新时代的大学生是中国特色社会主义事业的建设者和接班人，是国家和民族的前途和希望。大学生的国家安全意识如何，关系到国家的长治久安，因而大学生要系统地学习国家安全知识，树立起正确的国家安全意识。

第一节　捍卫国家安全

国家安全关系到国家的生死存亡，是国家的根本所在，国家利益高于一切，维护国家的利益和安全是每个公民的神圣义务。任何情况下任何人都不得做有损国家安全的事情，并应自觉与一切损害国家安全的行为做斗争。

一、国家安全的基本含义

国家安全是指国家政权、主权、统一和领土完整、人民福祉、经济社会可持续发展和国家其他重大利益相对处于没有危险和不受内外威胁的状态，以及保障持续安全状态的能力。早在《周易·系辞下》中，就提出"君子安而不忘危，存而不忘亡，治而不忘乱，是以身安而国家可保也"的"居安思危"意识。全球在世界多极化、经济全球化、社会信息化、文化多样化的格局下，和平与发展是当今的时代主题，但"不可不思患而预防之"（《明太宗实录》卷九十三）。党的十九大报告指出，要坚持总体国家安全观。统筹发展和安全，增强忧患意识，做到居安思危，是我们党治国理政的一个重大原则。必须坚持国家利益至上，以人民安全为宗旨，以政治安全为根本，统筹外部安全和内部安全、国土安全和国民安全、传统安全和非传统安全、自身安全和共同安全，完善国家安全制度体系，加强国家安全能力建设，坚决维护国家主权、安全、发展利益。《中华人民共和国国家安全法》也规定，国家安全工作应当坚持总体国家安全观，以人民安全为宗旨，以政治安全为根本，以经济安全为基础，以军事、文化、社会安全为保障，以促进国际安全为依托，维护各领域国家安全，构建国家安全体系，走中国特色国家安全道路。

（一）政治安全

政治安全的主体是国家。国家政治安全是指国家主权、领土、政权、政治制度、意识形态等方面免受各种侵袭、干扰、威胁和危害的状态。这种状态在我国表现为：对外保持国家的主权独立、领土完整；对内保持人民民主专政和社会主义政治制度的稳固、马克思主义主流意识形态占据主导地位以及社会稳定。我国的国家安全环境中，政治安全的核心是党的领导的有效性（权威性）和执政地位的稳定。做好国家安全工作的根本原则是坚持党对国家安全工作的领导。政治安全是国家安全的根本，攸关党和国家安危，其核心是政权安全和制度安全，主要任务包括坚持中国共产党的领导，维护中国特色社会主义制度，坚持马克思主义的指导地位，发展社会主义民主政治，健全社会主义法治，强化权力运行制约和监督机制，保障人民当家做主的各项权利。十八大以来，全面从严治党是党中央维护政治安全的体现，目的是净化政治生态、加强党同人民群众的血肉联系。从八项规定出台，到"打虎""拍蝇""猎狐"的持续深入，再到重点治理"吃拿卡要""小官大贪"等群众身边的不正之风和腐败问题，老百姓能够从工作、生活的方方面面感受到风气变好了，办事方便了，人民群众对党风廉政建设和反腐败工作的满意率达 92.9% 并逐年升高。

（二）国土安全

国土安全，主要指一个国家主权范围内的领陆、领水、领空和底土四个方面的安全，这是国家生存空间范围的安全。从各国法律政策看，国土安全包括三个方面：一是国家领土主权和空间管辖权不受侵犯、不被分裂；二是边疆和边境安全稳定，三是国民生命财产不受暴力恐怖袭击。2005 年 3 月 14 日，《反分裂国家法》开始实施，这是一部关于台湾海峡两岸关系的法律，该法第二条规定，世界上只有一个中国，大陆和台湾同属一个中国，中国的主权和领土完整不容分割。维护国家主权和领土完整是包括台湾同胞在内的全中国人民的共同义务。

（三）军事安全

军事安全就是国家军队事务处于没有危险的客观状态，也就是国家的军事存在、军事力量和军事活动等不受威胁、挑战、打击和破坏的客观状态。军事安全有非常广泛的内容，主要包括军队安全、军人安全、军纪安全、军备安全、军事设施安全、军事秘密安全、军事信息安全、军事工业安全、军事活动安全等。军事安全的主体是军事，也就是军队事务，因而军队安全是军事安全最基本的内容。就当前我国来说，威胁和危害军事安全的主要内部因素是军队内部的腐败，外部因素则是美国战略再平衡过程中全球战略重心东移对中国造成的军事压力和挑战。习近平总书记指出，现在虽然维护国家安全的手段和选择增多了，我们可以灵活运用、纵横捭阖，但千万不能忘记，军事手段始终是保底的手段。如果国家没有一定的军事实力作后盾，在国际上可能会受制于人，在激烈的国际竞争中就不能成为一个独立富强的国家。

（四）文化安全

文化安全是指一国的观念形态的文化（如民族精神、政治价值理念、信仰追求等）生存和发展不受威胁的客观状态。当今时代，文化在综合国力竞争中的地位越来越突出。伴随着世界多极化、经济全球化、社会信息化，人、财、物、智的跨国流动成为常态，各种思想文化相互激荡，人类文化的多样性得到了史无前例的展现，其所带来的冲击是相当巨大的。文化安全的重要性首先在于一个国家内部不同群体的文化认同。从古至今，诸多国家和民族冲突、分裂的事实背后都因为文化认同的缺乏和丧失。中国之所以能够以不间断的连续文明长期屹立于世界，就是因为对中华文化的高度一致认同。

（五）社会安全

社会安全与人民群众利益密切相关，是关系到社会公共秩序安全和人民生命财产安全的基础性安全问题。在我国社会安全是指公安机关及其他社会安全综合治理机构依据国家公共安全政策和法律法规管理社会，为公众提供治安秩序产品的公共行政管理过程以及由此形成的安全、有序的社会状态，包括居民安全、民宅安全、城镇安全、社区安全、校区安全、市场安全等。居民安全是社会安全的核心要素，随着经济发展、社会进步，人民群众对过上美好生活有更高的期待，对社会安全有更高的标准。要大力推进平安中国建设，坚决打击恐怖主义，加强公共安全工作，确保人民安居乐业。

（六）网络安全

当今世界，以互联网为代表的新兴技术日新月异，对人类社会的发展进程产生深刻影响。习近平总书记指出，没有网络安全就没有国家安全，经济社会就不能稳定运行，广大人民群众利益也难以得到保障。互联网已经成为人们表达利益诉求的场所，也已经成为西方敌对势力对我国进行意识形态渗透或破坏的主渠道。尤其是在当前复杂多变的国际背景下，地区冲突接连不断，美国等西方发达国家利用科技发达、经济富强的优势以及先进的技术优势，在互联网大肆传播其意识形态和主张，对个人主义、利己主义、功利主义、实用主义的思想大肆宣扬，诸如种族歧视、侮辱言论等，也充斥在各种论坛、博客、QQ群当中，试图渗透、扰乱发展中国家的民众的思想和社会稳定，尤其是对青少年的价值取向及意识形态或深或浅地产生影响。世界范围内侵害个人隐私、侵犯知识产权、网络犯罪等时有发生，网络监听、网络攻击、网络恐怖主义活动等成为全球公害。网络安全已经成为我国面临的最复杂、最现实、最严峻的非传统安全问题之一。《中华人民共和国网络安全法》于2017年6月1日起施行，是依法加强网络空间治理，净化网络环境，使网络空间清朗起来的有力保障。

（七）生态安全

生态安全是指一国生态环境在确保国民身体健康、为国家经济提供良好的支撑和保障能力的状态。构成生态安全的内在要素包括：充足的资源和能源、稳定与发达的生物种群、健康的环境因素和食品。随着经济社会发展和人口不断增长，生态环境面临的压力不断增大，人类对自然资源的不合理开发及利用，导致了资源过度消耗，并引发越来越多的生态环境问题，如生态系统退化、生物多样性丧失、土地沙化和水土流失加剧、水气土壤污染等。由此导致的生态危机和灾害严重威胁到人类自身的安全。生态环境问题的累积一旦超过一定程度，将会危及区域和国家生态安全，影响经济社会可持续发展。为此，生态安全问题日益受到关注，已成为各国必须共同面对并亟待解决的重要科学问题。目前，我国正处于生态文明建设进程中，保障国家生态安全是推进生态文明建设，促进经济社会可持续发展的重要基础和关键环节。2015年1月1日起施行的《中华人民共和国环境保护法》，被称为史上"最严环保法"，为我国防治污染和其他公害，保障生态安全，装上了"钢牙利齿"。

【知识链接】　　　　　　　2018年"中国国家安全十大事件"

2019年1月15日，国际关系学院"中国国家安全十大事件"项目调研组发布了2018年"中国国家安全十大事件"。按照得票多少，这些事件分别是：

(1) 中美两国贸易摩擦；

(2) 长春长生疫苗事件；

(3) 中共中央、国务院发出《关于开展扫黑除恶专项斗争的通知》；

(4) 加拿大拘留华为CFO孟晚舟；

(5) 武警部队改由党中央、中央军委集中统一领导；

(6) 《中华人民共和国宪法修正案》通过并公布施行；

(7) 崔永元屡揭娱乐圈等多重黑幕；

(8) 中国首艘国产航母试航；

(9) 中央军委南海阅兵；

(10) 基因编辑婴儿在中国诞生。

(来源：2018年"中国国家安全十大事件"揭晓，国际安全研究，2019年02期)

二、危害国家安全的行为

《中华人民共和国国家安全法》《中华人民共和国反间谍法》及其实施细则的规定，危害国家安全的行为是指境外机构、组织、个人实施或者指使、资助他人实施的，或者境内机构、组织、个人与境外机构、组织、个人相勾结实施的危害中华人民共和国国家安全的行为。包括：

(1) 窃取、泄露国家秘密的行为；

(2) 叛国、分裂国家、煽动叛乱、颠覆或者煽动人民民主专政政权的行为；

(3) 境外势力渗透、破坏、颠覆、分裂活动等。

这些行为，国家不仅会依法惩治，还要防范和制止！

【典型案例】以下这些行为危害国家安全。

1. 东西不能随便卖

案情：小曹是一家网站的经营者，他在互联网上开设网店，公然出售卫星数据接收卡、无线摄像笔等数十种专用间谍器材，又沿街兜售实时视频无线监控器、GPS跟踪定位器、钥匙扣密拍器等专用间谍器材，被我国家安全机关缉捕归案，以"涉嫌非法销售专用间谍器材罪"提起公诉。

释法：根据《中华人民共和国反间谍法》第二十五条：任何个人和组织都不得非法持有、使用间谍活动特殊需要的专用间谍器材。专用间谍器材由国务院国家安全主管部门依照国家有关规定确认。

2. 照片不能任性拍

案情：美女小桃是一名光荣的"军嫂"，温婉可人的她与丈夫有一个可爱的儿子。军人嘛，回家少是再正常不过的了。因此，小桃就常带着儿子去军营里享受一家团圆的欢聚时刻，为了留住这幸福的瞬间，小桃就顺手就给儿子和丈夫拍了照片和视频。丈夫发现这一情况后，警告她这种行为极容易泄露军事秘密，要求她立即将这些内容删除，并将手机送到密室进行了脱密处理。

释法：军装照上网暴露了军人身份，不怀好意的人就会通过这个人的常用网络软件，轻松追踪到更多信息，对军事安全构成威胁。违反国家秘密和军队保密规定，后果很严重。我国《中华人民共和国刑法》第四百三十二条中规定："违反保守国家秘密法规，故意或者过失泄露军事秘密，情节严重的，处五年以下有期徒刑或者拘役；情节特别严重的，处五年以上十年以下有期徒刑。"

3. 工作不能盲目找

案情：参加工作近十年的小吴有了离职的想法，他在某招聘网站上投放了简历，并留下了联系方式，工作履历一栏中表明有某国防军工单位的工作经历。不久，小吴收到了猎头公司发来的电子邮件，要求吴某提供工作证明以便求职，吴某将自己与单位签订的劳动合同以及印有自己照片所在部门姓名的工作证件扫描后发送至对方邮箱。很快对方通知吴某被聘用，工作内容就是提供该国防军工单位尚未公开的内部信息，年薪高达 50 至 120 万。

释法：根据《中华人民共和国保守国家秘密法》第三十六条：涉密人员上岗应当经过保密教育培训，掌握保密知识技能，签订保密承诺书，严格遵守保密规章制度，不得以任何方式泄露国家秘密。

4. 行李箱不能胡乱装

案情：去年暑假，大学生小韩从境外旅游回来，给亲友带了一箱水果。入境时，工作人员从水果里检出了"水果头号杀手"地中海实蝇。这是一种世界公认的对水果产业具有毁灭性威胁的有害生物。如果我们无意间将这样的水果带回国内，可能会对国家生态安全造成威胁。

释法：根据《中华人民共和国禁止携带、邮寄进境的动植物及其产品名录》，植物及植物产品类，具体包括新鲜水果、蔬菜等都禁止携带入境。

5. 信息不能非法传

案情：小齐与境外势力相互沟通、配合，出版和传播大量的政治性非法出版物，颠覆中国的主流意识形态和国家根本政治制度，利用现代文化传媒进行广泛传播，抢占舆论高地。并利用电子邮件、电子论坛、网络聊天室等一切网络传播途径，宣传西方生活，美化西方社会，传播西方制度，抨击我国经济社会政策，歪曲和攻击我国人权状况，诋毁我国形象。

释法：根据《中华人民共和国国家安全法》第十五条：国家防范、制止和依法惩治境外势力的渗透、破坏、颠覆、分裂活动。

三、维护国家安全

2015年7月1日，《中华人民共和国国家安全法》开始施行。该法规定，国家加强国家安全新闻宣传和舆论引导。通过多种形式开展国家安全宣传教育活动。将国家安全教育纳入国民教育体系和公务员教育培训体系，增强全民国家安全意识，并将每年的4月15日定为全民国家安全教育日。中华人民共和国公民、一切国家机关和武装力量、各政党和各人民团体、企业事业组织和其他社会组织，都有维护国家安全的责任和义务。任何个人和组织不得有危害国家安全的行为，不得向危害国家安全的个人或者组织提供任何资助或者协助。

因而，作为新时代的大学生，应该始终树立国家利益高于一切的观念，成为自觉维护国家安全和利益的忠诚卫士。具体的义务包括有：

（1）遵守宪法、法律法规关于国家安全的有关规定；

（2）及时报告危害国家安全活动的线索；

（3）如实提供所知悉的涉及危害国家安全活动的证据；

（4）为国家安全工作提供便利条件或者其他协助；

（5）向国家安全机关、公安机关和有关军事机关提供必要的支持和协助；

（6）保守所知悉的国家秘密；

（7）法律、行政法规规定的其他义务。

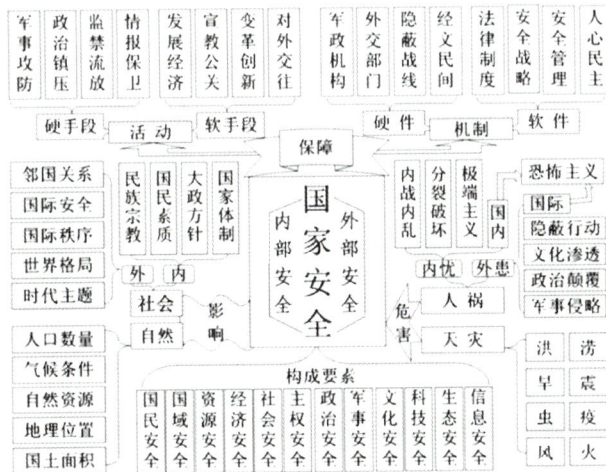

图2-1 当代国家安全体系图

高校作为人才培养和人才汇集的重要场地，向来是境内外敌对势力争夺和破坏的重要目标，他们会寻找各种机会进行反动宣传、散布谣言，利用青年学生的单纯和激情，制造事端、煽动闹事。因此，日常生活中，大学生在维护国家安全行为中要做到以下几点：

一是要加强自学。通过学习熟悉了解有关国家安全的法律、法规，如《宪法》《国家安全法》《保守国家秘密法》《反分裂国家法》《反间谍法》《网络安全法》等，明确维护国家安全的职责和义务所在。

二是要加强自律。擦亮眼睛，克制冲动，时刻保持头脑清醒，绝不能以一己私利危害国家安全。现实生活比我们想象的要复杂得多，有的间谍情报人员采用五花八门的手段，套取国家秘密、科技政治情报和内部情况。如果丧失警惕，就可能上当受骗，甚至违法犯罪。在微信朋友圈晒照片，要注意照片中的背景，不能在军事基地、军用港口等地未经允许拍摄。表达爱国行为，不能被不怀好意的人挑唆，在社交平台发布不该发的言论和照片。此外，互联网也是境内外敌对势力进行颠覆渗透活动的新平台，散布网络恐怖主义、网络犯罪、网络霸权、网络信息战等威胁国家安全的形式，传播各种不利于社会主义建设的言论，妄图扰乱社会秩序和颠覆我国政权，使国家安全受到无形威胁。大学生一定要文明、理性上网，绝不做黑白不辨的"键盘侠"。

三是要捍卫国格。在对外交往中，既要热情友好，又要内外有别、不卑不亢；既要珍惜个人友谊，又要牢记国家利益；既可争取各种帮助、资助，又不失国格、人格。

四是要敢于斗争。为国家安全工作提供积极的必要的配合。识别伪装既难又易，对发现危害国家安全的情况和线索，可以拨打国家安全机关"12339"举报电话进行举报，决不准其恣意妄行。

第二节　抵制邪教组织

大学阶段是青年学生寻求知识，树立正确的价值观、人生观、世界观的重要阶段。一个安全、安稳、积极、向善的学习和成长环境，对大学生的健康成长尤为重要。当前的社会形态，邪教渗透泛滥，很多国家都遭受邪教的摧残，在世界邪教泛滥的大背景下，高校已经成为邪教组织渗透的重要目标，传播和渗透事件时有发生。邪教的渗透对高校的建设以及学生的人生观念的树立都有着极其恶劣的影响，甚至颠覆是非认知、残食人性，诱发恶性事件。习近平总书记对此也尤为关心，强调要积极抵御宗教极端思想的渗透和邪教思想的传播。高校需要依法来开展宗教活动，依法正确认知宗教，引导学生树立正确的宗教价值观，自觉防范和抵制邪教。

一、党的民族宗教政策

我国是一个统一的多民族国家，经过漫长的历史演进，形成了分布上交错杂居、文化上兼收并蓄、经济上相互依存、情感上相互亲近，你中有我、我中有你，谁也离不开谁的多元一体格局。各民族共同开发了祖国的锦绣河山、广袤疆域，共同创造了悠久的中国历史、灿烂的中华文化。民族团结是各族人民的生命线，是各民族发展进步的根本基石，也是中国人民的共同意志。改革开放以来，巨大的社会变革孕育着活力与矛盾，我国民族宗教面临着前所未有的压力。民族宗教领域矛盾比较突出的地区，大多是属于经济发展比较落后的地区，一些利益群体的诉求，如果缺乏合理表达渠道与机制保证，往往因为宗教与人们精神生活紧密的相关性而被利用，以宗教的形式集中或爆发，危害着社会的和谐稳定。依法管理宗教事务是贯彻依法治国方略，做好新形势下宗教工作，促进宗教活动规范有序的必要举措。

（一）党的民族政策

民族政策是指国家和政党为调节民族关系，处理民族问题而采取的相关措施、规定等的总和。从世界范围来看，存在民族平等、民族团结、民族发展等积极政策和种族隔离、种族歧视等消极政策。

改革开放以来，我国进入各民族跨区域大流动的活跃期，少数民族人口大规模向东部和内地城市流动，内地人口向民族地区以及不同民族之间也在进行着大规模的流动。全国两亿多流动人口中少数民族占十分之一。处理好民族问题、做好民族工作，是关系祖国统一和边疆巩固的大事，是关系民族团结和社会稳定的大事，是关系国家长治久安和中华民族繁荣昌盛的大事。我们党的民族政策是根据马克思主义民族理论，结合我国多民族的基本国情和民族问题长期存在的客观实际制定的，其本质是促进各民族平等团结、发展进步和共同繁荣。

（1）民族平等、团结和共同繁荣。民族平等是指在中华人民共和国境内各民族，不论人口多少、历史长短、发展程度高低，在社会生活的各个方面一律平等，不允许对任何民族进行歧视和压迫；不论是聚居还是散杂居的各民族，均以平等的地位参与国家事务和地方事务。民族团结是指在中华人民共和国境内各民族，在社会生活和交往中平等相待、友好相处、互相尊重、互相帮助。

（2）民族区域自治。就是在统一的祖国大家庭里，在国家的统一领导下，以少数民族聚居的地区为基础，建立相应的自治机关，设立自治机关，行使自治权，自主地管理本民族、本地区的内部事务，行使当家做主的权利。民族区域自治是中国政府解决民族问题采取的一项基本政策，民族区域自治制度与人民代表大会制度、中国共产党领导的多党合作、政治协商制度一样，同为我国三大基本政治制度之一。目前，中国有民族自治地方155个，其中自治区5个、自治州30个、自治县（旗）120个。

（二）党的宗教政策

宗教是人类文明的有机组成部分。保障宗教信仰自由，妥善处理宗教关系，使之与时代相适应，遏制宗教极端主义，是世界各国面临的共同课题。中国是一个有着多种宗教的国家，我们党结合宗教发展变化和宗教工作实际，汲取国内外正反两方面的经验，走出了一条依法保障宗教信仰自由、促进宗教关系和谐、发挥宗教界积极作用的成功道路。

（1）实行宗教信仰自由政策。尊重和保护宗教信仰自由是中国共产党和中国政府对待宗教的基本政策。坚持政教分离，禁止以行政力量消灭或者发展宗教，禁止利用恐吓、欺骗等手段传播宗教，禁止利用宗教进行破坏社会秩序、损害公民身体健康、妨碍国家教育制度、制造民族矛盾、破坏祖国统一的活动。

（2）依法管理宗教事务。坚持保护合法、制止非法、遏制极端、抵御渗透、打击犯罪。健全宗教事务管理法规和制度，依法处置涉及宗教因素的矛盾和问题。

（3）坚持独立自主自办原则。防范外国势力干预和支配我国宗教团体和宗教事务。支持宗教界在独立自主、平等友好、互相尊重的基础上开展对外交往。防范和抵御境外势力利用宗教进行渗透。

（4）积极引导宗教与社会主义社会相适应。支持和引导宗教界人士对宗教教义作出适应时代进步要求的阐释。发挥宗教界人士和信教群众在促进经济社会发展中的积极作用。

二、邪教组织的定义

邪教不属于宗教的范畴，其是冒用宗教的名义以欺骗民众，缺乏正当思想信仰体系而编造的歪理邪说。

（一）邪教组织的定义

2017年2月最高人民法院、最高人民检察院发布的《关于办理组织、利用邪教组织破坏法律实施等刑事案件适用法律若干问题的解释》将邪教组织定义为冒用宗教、气功或者以其他名义建立，神化、鼓吹首要分子，利用制造、散布迷信邪说等手段蛊惑、蒙骗他人，发展、控制成员，危害社会的非法组织。

（二）邪教组织的特点

（1）神化教主。信仰对象为个人，创立人高度神化，具有绝对权威和至高权力，要求成员无条件效忠。

（2）身心控制。对成员强行灌输其教义，实行精神控制，禁止成员理性思维，无视现存道德法律。内部严格控制，成员与家庭、社会隔绝，严禁脱离和背叛。使用欺骗手段发展成员，甚至不惜使用暴力。

（3）践踏人权。侵犯成员人身和财产权利，成员财产全部上交，完全依赖团体生活，摧毁人的身心健康甚至残害人的生命。

（4）危害社会。严重反科学、反社会、反人类、反政府，不介入社会建设发展，宣扬人类堕落和世界末日，夸大社会矛盾，用歪理邪说蛊惑追随者，进行各种危害社会和对抗政府的活动。

（三）宗教与邪教的区别

目前，我国主要有佛教、道教、伊斯兰教、天主教、基督教五大宗教，他们都有悠久的历史和众多的信徒。宗教跟邪教本质上是对立的存在，宗教是反对邪教的，两者存在本质区别。

（1）本质不同。宗教倡导信徒融于社会，服务社会，造福人群，维护社会和谐，拥护中国共产党的领导，拥护社会主义制度。邪教则完全相反，他的本质是反社会、反人类、反科学、反政府的，它们蛊惑煽动成员仇视社会、危害社会，甚至带有政治野心的。

（2）目的不同。宗教的教义是引导教化人虔诚信仰、抑恶扬善、尊重生命、遵纪守法、服务社会的。而邪教的教义重在哄骗人们盲从、聚众闹事、骗取钱财、制造混乱，并编造一些歪理邪说控制人们的精神，致使信徒六亲不认、心理变态、残害生命、厌恶社会。

（3）信仰对象不同。宗教信仰和崇拜的对象是特定的神，是固定不变的。而邪教头子神化为自我标榜，总是冒用自己是神的替身、代表，只有他自己可以与神沟通，是至高无上的神，是世界的创造者、主宰者和救世主，并鼓吹自己有着超常、特异的能力，从而达到对成员的精神控制。

（4）法律地位不同。宗教与邪教在政治态度上的不同，决定了两者在法律地位上的区别。宗教有合法登记的团体组织和活动场所，宗教活动都是公开的、合法的，有固定的场所，如寺庙、教堂等。在我国，宗教组织都是依法登记、年检的社会团体，公民信教自由、信教群众正常的宗教活动和仪式，都受到国家的根本大法——宪法和有关法律的保护。而邪教则秘密建立非法组织，一切组织、人员、活动、财产等都不受国家法律保护。邪教组织的活动都是诡秘的、地下的、非法的，而且活动场所也不是固定的，常常侵占公共场所，影响人们的正常生活、学习。

【典型案例】　　　　"法轮功"非法入侵个人移动通信设备案

2018年12月，江西省国家安全厅协同公安机关侦破境内"法轮功"分子在江西南昌某汽车客运站内设置"移动真相服务器"WiFi热点实施反宣活动案件。经查，"法轮功"分子罗某某根据境外"法轮功"技术网站"天地行论坛"的指导，利用智能手机和无线路由器，通过"法轮功"定制软件，设置名称为"10086"的免费WiFi（让群众误认为是中国移动的公共热点）；群众手机连接该WiFi后，会自动弹出"法轮功"反宣网站，并可把"法轮功"视频、图片、翻墙软件等快速下载到手机中，且不能浏览其他网页。此类非法反宣活动覆盖人员多，该伪热点能够盗取未加密的个人隐私数据，对公民个人资金安全产生威胁。国家安全机关提醒公众，慎重连接免费WiFi。

（来源：国家安全机关公布三起危害政治安全案件，人民日报，2019年4月19日）

三、防范和抵制邪教组织

（一）明辨是非，识别邪教

正统宗教文化是要求与人为善，助人为乐，以爱为核心，劝导世人按照规定去做事情，并在人低落的时候开导和给予希望，让人精神愉悦。而邪教大多采用恐吓、威胁，为了钱财物质不惜一切，残忍无情，让深陷其中的人倍感压力，痛苦不堪。因而大学生要擦亮双眼，正确识别邪教的精神控制。多数专家认为，邪教进行精神控制一般都会采取以下十个措施：

（1）独裁式领导。不容置疑地服从神指定的教主的权威。

（2）极权主义的世界观。一种"我们/他们"式地看待外部世界的方法，团体成员是"好人"，而外面的人是"坏人"。

（3）精英主义。强调无论是从个人激励、精神满足、道德提升，还是终极救赎来讲，团体以外的人是得不到的。

（4）欺骗。使用欺诈、谎言来教化新成员和拒绝外部人士对本团体的批评。

（5）疏远。积极鼓励成员与家庭、朋友相脱离，外部世界被看成是罪恶、愚昧或妖魔化的，完全与之脱离。

（6）疲劳。剥夺成员的睡眠、必要的休息和自由时间，精神疲惫导致批判思维甚至理性思维能力大大下降，使成员乖乖就范。

（7）恐惧。不断过分地强调和制造恐惧，如使信众害怕地狱、害怕政府、害怕特定的事物、害怕商业损失、害怕上帝或别人不满意、害怕魔鬼、害怕其他种族、害怕与组织失去联系等。

（8）剥削利用。迫使成员放弃所有财产和时间。

（9）改变饮食。使用不健康的饮食使成员精神厌倦，从而无法进行独立思考。而独立思考是邪教的最大敌人。

（10）没有隐私。不允许个人片刻的独处或深思，因为这会导致独立思考。通常集体成员同吃同住，相互监督，以确保与集体所禁止的生活方式不相悖。

大学生如何区分宗教与邪教一定要透过现象看清本质，不偏信，不盲从，必要的时候可以咨询老师和当地的宗教管理部门，随时对邪教渗透保持警惕性。

（二）崇尚科学，反对邪教

（1）要相信科学，坚持以科学的态度对待一切。正确对待人的生老病死，选择科学健康的健身养生方式。身体生病要及时就医，心理有困惑，寻求老师、家长、朋友或专业人士的帮助，不能为寻找精神寄托而误入迷信的圈套和邪教的泥潭。

（2）要尊重生命，珍惜家庭。生命对每个人都只有一次机会，十分宝贵，家人是我们在这个世上最深的情感牵挂。而邪教组织往往散布歪理邪说与心理诱导，导致教徒的思想、情意、情感和行为逐渐变得与现实生活格格不入，孤僻、褊狭、叛逆、敌意，不容亲情、不讲人性，对工作、生活、家庭没有责任心。我们要充分认清邪教泯灭人性、残害生命的邪恶本质，珍爱生命，珍惜家人。

（3）要正确引导，敢于斗争。积极参与反邪教警示教育活动，不仅自己主动接受教育，还要宣传、动员和帮助亲友接受教育。对不怀好意的邪教人员的宣传拉拢，要提高警惕，收到邪教宣传品（如光盘、书籍、印刷品等），不相互传看，及时上交学校、社区或销毁。总之，对邪教组织的反动宣传要做到不听、不看、不信、不传。当发现身边的家人、朋友练习、参与邪教活动时，要坚决反对，耐心说服教育和正确引导。如发现邪教在骗人、非法聚会、进行破坏活动时，要在第一时间向学校报告或拨打"110"报警。

第三章

实验（训）实习及社会实践安全

在 3~5 年的大学求学生涯中，大学生要完成专业人才培养方案规定的各类课程，经历各个教学环节，除了进行理论学习外，还要参加各种实验实训，进行技能操作训练和教学实习、生产实习、顶岗或跟岗实习。另外，为了完成从学生到职员的转变，大学生还要不断培养自己的实际工作能力与社会交往能力，多数人还会利用寒暑假或休息时间在校内外从事各类兼职工作。特别是高职教育的特点决定了高职教学过程中，实验（训）实习等实践课的比重超过了 50%，大学生有一半以上的时间要与实验（训）实习等接触，而近年来发生在实验（训）室及实习、兼职等过程中的安全事故，已经引起国家教育部及各级教育行政管理部门的高度重视。大学生不仅要在学习过程中充分发挥自己的主动性和积极性，还要增强安全意识，提高自我保护能力。本章主要从实验（训）安全、实习安全、求职安全等三个方面来阐述大学生必须引起重视的安全问题。

第一节　实验（训）安全

实验（训）室是高校重要的科研教学场所，也是新时代、新形势下为服务当地经济社会发展培养高素质、高技能型人才的场所。实验（训）中各种仪器设备、化学试剂和药品、动物微生物等使用或保管不当都会造成安全事故。事故一旦发生，不但影响正常教学、科研秩序，严重者还会造成公共财产损失、危及师生生命安全。因此，为了杜绝实验（训）安全事故发生，大学生入学的第一堂课应该是安全教育课，进入实验（训）过程中的第一个学习内容应当是安全规范。在实验（训）过程中，大学生必须严格遵守实验（训）守则和各个具体实验（训）操作规程，加强安全意识，防范实验（训）安全事故发生。

一、惨痛的教训敲响实验（训）安全教育警钟

2018 年 12 月 26 日上午，北京交通大学市政环境工程系学生在学校东校区 2 号楼环境工程实验室进行垃圾渗滤液污水处理科研实验期间，实验现场发生爆炸，事故造成 3 名参与实验的学生当场死亡。经调查核实事故原因为：在使用搅拌机对镁粉和磷酸搅拌、反应过程中，料斗内产生的氢气被搅拌机转轴处金属摩擦、碰撞产生的火花点燃爆炸，继而引发镁粉粉尘云爆炸，爆炸引起周边镁粉和其他可燃物燃烧，造成现场 3 名学生烧死。

事故发生后，2019 年 1 月 3 日，国务院安全生产委员会办公室召开高等学校实验室安全管理工作视频会议，深入贯彻落实党中央、国务院领导同志指示批示要求，深刻吸取北京交通大学"12·16"较大事故教训，进一步推动高校实验室安全管理责任落实。1 月 10 日，为深入贯彻落实国务院领导同志关于北京交通大学"12·16"实验室爆炸事故重要指示批示精神，深刻吸取事故教训，有效防范类似事故发生，确保高校师生安全和校园稳定，教育部印发了《关于进一步加强高校教学实验室安全检查工作的通知》，要求各地各高校全面加强高校教学实验室安全检查工作，有效防范类似事故发生。随之下发的《高校教学实验室安全工作检查要点（2019 版）》，分层分类逐项列出了高校教学实验室在安全管理体制机制、安全宣传教育、危险源管理等方面的关注要点。随即在全国范围内开展了高校实验（训）安全工作检查。

二、实验（训）常见安全事故

实验（训）室性质不同，其存在的安全隐患也不一样，防范的重点也不一样。化学实验（训）室重点是防火、防爆；物理实验室重点是防触电、防火；生物、医学实验室重点是预防传染病传播；木工、铸造、锻造、焊接、机械等实验（训）室或工厂，重点要防止工伤事故的发生。概括起来，实验（训）过程中常见安全事故有以下 8 种。

（一）火灾

（1）微生物等接种实验。微生物实验及植物组织培养等实验过程中，常用到超净工作台，超净工作台在工作过程中需要利用酒精灯给接种针等进行消毒，因此稍有不慎，如酒精喷出或碰倒酒精灯就会引起安全事故。

（2）食品药品加工等实验（训）。食品加工（如炒菜）、中药材炮制等实验（训）过程中，常用到明火，稍有疏忽就会失火，诱发火灾。

（3）一般管理不善的实验室。如电线电缆老化、堆放杂物、甚至有人在实验（训）室摆放床铺、加工饭菜、吸烟，使用明火电炉等，都易引起火灾。

（二）爆炸

（1）电器设备较多的实验（训）室。在这类实验（训）室中，电器设备、仪器仪表、化学危险品、空调机、电炉、高温炉等较多，由于用火用电和对化学危险品的使用管理不善，易引发火灾和爆炸。

（2）化学实验室。这类实验室化学物品繁多，其中多数是易燃、易爆物品，同时实验室中常进行蒸馏、回流、萃取、电解等操作，用火用电也比较多，一旦使用不慎，很易发生火灾、爆炸。

（3）燃油发动机实验室。实验过程中如果出现汽缸破裂、火焰冲出、油路漏油或调整化油器时，汽油滴落在烧红的排气管（其温度可达 $800 \sim 900 ℃$）上，以及传动轴上采用浮动轴承、长期振动、摩擦生热等，都易发生火灾、爆炸。

（4）半导体实验室。其中的洁净实验室是半导体实验室中的主要组成部分，它是封闭式的，在操作中有的要使用丙酮、乙醇等易挥发性的易燃物质；有的实验要通入大量的氢气和四氯化硅气体，容易与空气混合形成爆炸混合物，遇到明火就会燃烧或爆炸。

（三）电击

凡有电器设备的实验室，如果电器的线缆绝缘和接地出现问题、用电量超过安全截流量、使用设备时未严格遵守操作规程、人与带电体接近时未保持安全距离、未安装防漏电保护开关等，均易引发电击事故。特别在养殖实训基地等要用到高压冲洗设备的场所，工作前必须仔细检查冲洗水管的线缆绝缘体是否有损坏，严防触电事故发生。

（四）灼伤

化学、生物、医学等实验室中，强酸、强碱、强氧化剂等容易引起皮肤灼伤。如果操作不当，致浓酸、强碱、强氧化剂等腐蚀性物质溅到肌肤上，会引起皮肤严重灼伤。

（五）创伤

创伤易发生在金工、木工等实验（训）室，也常见于农林业类的嫁接、修剪等技能操作实训及建筑装修等实训中。凡是实训中用到刀、斧、电锯、电钻、枝剪等工具的实验操作，如操作方法不对，都可能发生创伤事故。

（六）中毒

在化学、生物、医学等实验室中，某些化学物质如氰化钾、甲苯、乙醚、氯乙烯、臭氧等，在植物保护实训室中某些杀虫剂如有机磷农药、磷化铝片剂等，在人体内积累到一定量时，会与体液、组织发生反应，破坏人体正常生理功能，引起暂时或持久的病理状态，甚至危及人的生命。凡是有毒的粉尘、烟、雾、气体或蒸汽污染了实验室，均可由呼吸道进入人体并随着血液循环进入全身组织器官，产生毒性；毒物也能以液态、气态或粉尘的形式通过皮肤进入人体，与组蛋白结合使人皮肤过敏，或通过皮腺进入血液引起全身中毒。由于不遵守卫生制度、违反操作规程如配制与喷施农药时没有穿戴防护装备等，毒物或农药进入消化道或通过毛孔渗透到体内，均可引起人体中毒。另外，在采集害虫标本时，如果不小心接触到有毒的昆虫如刺蛾、毒蛾、枯叶蛾等幼虫，也会引起皮肤肿痛。

（七）病菌感染

一些生物、生化、医学和农业实验室都存在细菌、微生物等安全问题。在生物实验中，如果昆虫、其他动物有传染病，通过媒介可能传染给实验人员。最常见的原因有：接种时出现差错，被误注入体内；被动物咬伤、抓伤，被蚊虫叮咬等伤口受到感染；注射器、离心机喷溅等。

（八）辐射

发生辐射的辐射源包括：放射性物质，如铀、镭、钴等；高速离子如激光等。凡接触过这类物质，无论是粒子辐射（α、β 射线和中流子）还是电磁辐射（X、R 射线），如操作不当，它们都会与肌体组织、细胞、体液、等物质相互作用，引起物质的原子或分子电离，从而破坏肌体某些大分子结构，如使蛋白质分子链断裂，破坏一些对物质代谢有重要作用的酶等，甚至可以直接损伤细胞结构或组织结构。

三、如何预防实验（训）中的安全事故

（一）实验（训）室火灾事故的预防

（1）学校要建立防火工作安全制度和机制，经常组织实验室工作人员和参加实验的学生学习消防安全知识，经常对实验室的仪器、设备、电气线路、危险品进行安全检查。实验室人员、实验教师和学生要经常进行防火教育，并要组织消防队伍，一旦发生火灾，采取正确灭火方法进行灭火。

（2）各实验室的化学危险品仓库要有专人负责消防工作，易燃、易爆物品必须放入专柜保管，不得将与防护、灭火方法相抵触的化学危险品存放在同一处。禁止将与实验无关的物品带入实验室，禁止在实验室堆放可燃、易燃物品。

（3）学生实验前，应充分预习，了解实验内容及有关安全事项，实验开始前，先检查仪器是否完整、妥善摆放。实验时不得随意离开，必须时刻注意实验情况，检查是否漏气或玻璃破损，实验完毕要关好水、电、液化气开关。操作中如有自燃、易燃物品，附近应设灭火用具和急救箱。

（4）加热设备要严格按照操作规程进行操作，禁止使用没有绝缘隔热底座的电热仪器，周围不能放置易燃物品。

（5）在日光照射的地方不要放置怕光或遇热能分解燃烧的物品及遇热易蒸发的物品。进行性质未明或未知物料的实验时，要尽量先从最小量开始，同时要采取安全措施，做好灭火准备。

（6）对其他易引发火灾的实验室，如化学实验室、燃油发动机实验室等，应根据实验的特性，严格按防火要求进行建设，严格按操作规程进行实验。

（7）实验室的安全门不应少于两个，实验室的用电量不应超过额定负荷。

（二）实验（训）室爆炸事故的预防

（1）实验中易燃易爆蒸汽或可燃性气体散逸的，要安装排风通风设备，保持良好的通风条件。通风管道的保温层应使用非燃烧体或难燃体材料。

（2）使用易燃易爆化学品时，应随用随领，不得在实验室现场存放，剩余少量易燃化学品，总量应不超过国家规定的限量，并应放在铁柜中，由专人负责保管。

（3）电气设备应符合防爆要求；有变压器、感应圈的设备，应安置在不燃的基座上，其散热处也不应覆盖或放置易燃物。

（4）各种气体钢瓶要远离火源，置于阴凉和空气流通的地方。

（三）实验（训）室电击事故的预防

（1）进行安全用电教育。经常检查电器设备的线缆是否有破损，要保证有良好的绝缘和接地，人体接近带电体时应保持一定的安全距离；用电不得超过安全载流量；设置明显的标志并遵守。

（2）电器设备要有安全防护措施。实验室的电器线路要由电工安装，发现设备漏电时要立即修理，尽量减少接线板，减少延长线；电接头和导线应加以必要的护罩，以防人员

接触；高压设备要有醒目的标示牌；在带电设备上操作，绝不能戴戒指、手表，不能用金属笔、金属尺等；手、脚或身体汗湿时绝不能触摸电器设备；严格按说明书操作电子仪器。

（3）防止静电电击。合理选用实验设备的材料，降低摩擦速度以减少静电的产生；采用静电接地的措施；采用屏蔽措施，限制非导体带电而引起放电；使用静电消除器；在流体中加入流量静电添加剂，使静电易于逸散；穿戴防静电工作服；在有可燃气体、易燃液体的场所，应减少摩擦，控制静电产生，防止大火和爆炸；提高环境空气的相对湿度。

（四）实验室灼伤事故的预防

（1）在进行有浓酸、浓碱和氢氧化钠（钾）、钠等化学物质的实验时，要穿戴好防护衣帽、口罩，要穿好实验服，不要裸露肌肤，不要让药品接触自己的皮肤，也不能把药品弄到他人身上。

（2）不能用乙醇等有机溶剂擦拭溅在皮肤上的药品，当浓酸、强碱等腐蚀性物质溅到身上时，应立即用干布吸掉，在流动的水中冲洗干净后立即就医。

（3）在化学实验时，要一直戴好护目镜，防止强酸、强碱、玻璃碎屑等异物进入眼内。

（五）实验（训）室中毒事故的预防

（1）实验前，应了解所用药品的毒性及防护措施。

（2）操作有毒气体（如 H_2S、Cl_2、Br_2、NO_2、浓 HCl 和 HF 等）应在通风橱内进行。苯、四氯化碳、乙醚、硝基苯等的蒸气会引起中毒，久嗅会使人嗅觉减弱，应在通风良好的情况下使用。

（3）有些药品（如苯、有机溶剂、汞等）能透过皮肤进入人体，应避免与皮肤接触。

（4）氰化物、高汞盐 [$HgCl_2$、$Hg(NO_3)_2$ 等]、可溶性钡盐（$BaCl_2$）、重金属盐（如镉、铅盐）、三氧化二砷等剧毒药品，应妥善保管，使用时要特别小心。

（5）禁止在实验室内喝水、吃东西。饮食用具不要带进实验室，以防毒物污染，离开实验室及饭前要洗净双手。

（6）必要时佩戴防毒面具。

（六）实验（训）室创伤事故的预防

（1）在用钻孔器、针、锥子等穿透和切割物体时，切忌用另一只手给物体当垫子，以免穿透时被击伤。

（2）在进行弹、喷、射击等实验时，切不可对着人进行实验，以免伤人。

（3）在进行蔬菜、果树等嫁接操作时，刀口应朝外，不可对着自己的手指削切砧木和接穗。

（4）在清洗玻璃器皿时，应轻拿轻放，防止玻璃器皿破裂时扎伤手指。

（5）切不可把手或手指插入螺孔或管子中，以防毛刺刮伤。

（6）在电锯、切割等噪声较大的环境中进行实训操作时，应戴耳塞、耳棉、耳罩等进行保护，以免对听力造成损伤。

（7）实验过程中应常备创可贴，以应对偶然发生的轻度创伤事故。

（七）　实验室中传染病的预防

（1）实验用的细菌、病毒等必须有专人保管，严禁将细菌瓶（箱）随处存放，严禁无关人员进入病原微生物等实验室，严防细菌病毒泄漏、扩散。

（2）要明确细菌是否对人体有危害性。在做对人体有害的细菌实验时，一定要做好保护措施，以免被病菌感染。接触血液、感染性物质及动物、染污表面及设备的操作，宜戴大小合适、柔软舒适的手套。可能发生感染材料溢出、溅出的操作，应戴两双手套。穿戴前应检查手套有无破损。

（3）参与细菌、动物实验的人员，实验完成后要进行消毒；对实验材料要进行消毒处理和妥善处置；给动物注射或美容时，要防止被动物咬伤抓伤，若不幸发生，应及时注射狂犬病疫苗。

（4）对患有传染病的、有较高经济价值的实验动物给予隔离治疗；对患有传染病的、但经济价值不大的实验动物，坚决进行灭杀、焚烧或深埋。

（5）对实验场所及时进行消毒和杀虫灭鼠。患有传染病的实验动物，一旦进入实验室，传染源就很容易沾染地面、门窗、墙壁、衣服。实验动物的粪便、痰液、浓血中若有传染源，会很容易传染给工作人员。为此，实验完成后必须对实验室进行消毒灭菌。另外，有些传染病可通过昆虫和鼠类传播，因此必须采取杀虫灭鼠措施。

（八）　实验室中辐射危害的预防

（1）防身性物质的安全使用。减少接触放射源的时间；增大与放射源的距离；设置屏障；减少放射源的用量；加强封闭源（放射性物质放置于防护外壳中，正常情况下不向周围环境扩散放射性物质，称为封闭源）的防护。

（2）激光的防护。激光能伤害人体，一般认为有热效应、压力效应、光化学效应及电磁场效应所致。对激光的防护，应从激光器、环境及人体三方面采取措施：

①实验室要注意通风，防止激光器工作时产生溴氧，影响人体健康；

②实验室的墙壁、天棚、地板、工作台都使用暗色、粗糙的表面，以减少放射，在整个激光光路上应设不透明的遮光罩，最好做成封闭系统，遮挡激光的靶材料应具有放射率低和防燃的性能；

③实验中严禁用眼睛直视功率高的激光束。操作前要穿好白色工作服、戴白色纱手套、佩戴有边罩的防护眼镜，工作停止后应立即切断电源；

④经常检查和维修所使用的仪器设备，检查防护用具，以免失效；有些激光器会产生软 X 射线，激光与靶物作用时，可能产生有害的气体。

⑤工作人员要定期检查身体，如果激光造成眼或皮肤的损伤，要及时治疗。

（3）微波的防护。微波是一种高频电磁辐射，其波长处于无线电波与远区红外线之间，频率为 $300×10^6 Hz ~ 300×10^9 Hz$。由于微波的波长较短，故实验时工作人员都处在辐射场内，如果不加防护，就有可能对人体产生伤害。微波的防护措施有：

①直接减少辐射源的辐射或泄漏；

②采取屏蔽措施；

③使用镀有二氧化锡等薄膜的防护眼镜，需要时穿上镀有二氧化锡织品所制的工作服和防护服帽；

④缩短工作时间。

（4）X 射线的防护。操作人员对所使用的 X 射线机的性能要熟悉，在摄片时应在足够厚度的当量屏蔽下操作，要充分利用各种防护用具；护目镜不宜过大；在任何情况下，不要暴露在原发 X 射线中；定期进行体检。

第二节　实习安全

实习是人才培养方案中必须经历的一个实践性教学环节。为贯彻落实全国职业教育工作会议精神，规范职业学校学生实习工作，维护学生、学校和实习单位的合法权益，提高技术技能人才培养质量，教育部、财政部、人力资源社会保障部、国家安全监管总局、中国保监会研究制定了《职业学校学生实习管理规定》（教职成〔2016〕3 号）。该规定明确指出"职业学校学生实习，是指实施全日制学历教育的中等职业学校和高等职业学校学生（以下简称职业学校）按照专业培养目标要求和人才培养方案安排，由职业学校安排或者经职业学校批准自行到企（事）业等单位（以下简称实习单位）进行专业技能培养的实践性教育教学活动，包括认识实习、跟岗实习和顶岗实习等形式。"其中：

认识实习是指学生由职业学校组织到实习单位参观、观摩和体验，形成对实习单位和相关岗位的初步认识的活动。

跟岗实习是指不具有独立操作能力、不能完全适应实习岗位要求的学生，由职业学校组织到实习单位的相应岗位，在专业人员指导下部分参与实际辅助工作的活动。

顶岗实习是指初步具备实践岗位独立工作能力的学生，到相应实习岗位，相对独立参与实际工作的活动。

由于认识实习、跟岗实习都是由学校统一组织、并且在学校老师或专业人员的直接指导下进行的教学活动，其安全系数较高。而顶岗实习则是相对独立的实践教学过程，一般没有学校老师的直接参与，因此，学生在这类实习中常常面临一些安全隐患。

一、顶岗实习常见的安全隐患

临近毕业，大部分应届毕业生都会进行毕业前的顶岗实习，然后再找正式工作。一方面由于应届毕业生实际还是在校生，所以很多时候不能称为真正的劳动者；另一方面，在实习单位，这些毕业生又实际从事劳动者的工作。在这个过程中，可能会产生劳动争议，常表现在毕业生所在的实习单位常钻法律的空子侵害毕业生的合法权益。

（一）实习合同的签订问题

大量的准毕业生走出校园初涉职场，需要与实习单位签订各种各样的用工合同，除了正式劳动合同外，一些巧立名目的合同也在侵犯大学生的合法权益。因此，当实习单位要求签订用工合同或协议时，大学生一定要仔细阅读合同或协议的所有条款，不要被某些实习单位的文字游戏所迷惑。如果与实习单位发生劳动纠纷，首先要采取友好的协商方式解决，倘若发现上当受骗，应立即到相关部门进行投诉，必要时采取法律手段。

（二）实习期间的安全问题

国家五部委明确要求"职业学校和实习单位要确立安全第一的原则，严格执行国家及地方安全生产和职业卫生有关规定。职业学校主管部门应会同相关部门加强实习安全监督检查。"但在实际操作过程中，用人单位在招聘应届毕业生进行顶岗实习时，往往为了让毕业生尽早熟悉工作环境，或者为了让实习学生多做事而忽略了安全方面的教育、培训与管理。

一方面，有些实习单位生产安全责任制不健全，未严格执行相关安全生产标准，未建立健全的安全生产规章制度和操作规程，未制定生产安全事故应急救援预案；另一方面，有些实习单位忽视学生实习期间的人身安全和健康，未对实习学生进行安全生产教育培训和管理，也未给实习学生配备必要的安全保障器材和劳动防护用品，使实习学生在缺少安全保障的条件下进行工作。

当前存在的另一个问题是实习单位未按要求会同职业学校对实习学生进行安全防护知识、岗位操作规程教育和培训并考核。他们往往利用学校的招聘会、或与学校老师直接联系，就直接招录毕业生并安排上岗锻炼。

（三）实习保险问题

《职业学校学生实习管理规定》规定："职业学校和实习单位应根据国家有关规定，为实习学生投保实习责任保险。责任保险范围应覆盖实习活动的全过程，包括学生实习期间遭受意外事故及由于被保险人疏忽或过失导致的学生人身伤亡，被保险人依法应承担的责任，以及相关法律费用等。

学生实习责任保险的经费可从职业学校学费中列支；免除学费的可从免学费补助资金中列支，不得向学生另行收取或从学生实习报酬中抵扣。职业学校与实习单位达成协议由实习单位支付投保经费的，实习单位支付的学生实习责任保险费可从实习单位成本（费用）中列支。"

但在实际执行中，一些学校并没有为实习学生购买专门的实习保险，当发生意外时，实习学生的权益得不到保障。

二、顶岗实习安全隐患的预防

（1）学校应认真落实"教育部等五部门关于印发《职业学校学生实习管理规定》的通知（教职成〔2016〕3号）"精神，加强对学生顶岗实习的管理，落实有关安全措施。

（2）不得与中介机构签订协议。学生参加跟岗实习、顶岗实习前，职业学校、实习单位、学生三方要签订实习协议。学生不能独自与中介公司或实习单位签订实习协议。学校也不能与中介公司签订实习协议。未按规定签订实习协议的，学校和用人单位均不得安排学生实习。

（3）职业院校应加强对实习过程的管理。要经常深入实习单位，检查实习单位是否有以下违法行为，如有则中止校企合作并报告其上级主管部门，并另外给学生安排实习单位：①安排学生从事高空、井下、放射性、有毒、易燃易爆，以及其他具有较高安全风险的实习；②安排学生在法定节假日实习；③安排学生加班。

（4）注意外出实习途中的安全。很多大学生实习的地点一般不限于自己学校所在地，这就涉及出行至自己实习地点的过程中的安全问题。其中，最主要的是人身安全、财务安全、交通安全。因此，大学生在实习编组时要注意男女生搭配、混合编组，禁止单独外出。另外，实习过程中遇到特别热心的人一定要提高警惕，不要轻易相信陌生人，也不要随意与陌生人交往。有条件的学校，应安排老师送学生到实习单位。

第三节　社会实践安全

当代社会经济发展、物质丰富、各种活动丰富多彩。作为当代青年中最具青春活力的群体，在校大学生在学习工作之余，积极参加社会实践活动，在活动中培养锻炼自己的能力。这些活动包括勤工助学、课外兼职、寒暑假或休息时间校外打工等。这些活动既能锻炼大学生的实践能力，又能为社会提供一定的服务，为社会创造一定的财富，还能为自己赚取一定的报酬。可谓一举多得。但社会是复杂的，在大学生的社会实践活动中，也存在各种安全隐患，须引起学校、家长和学生本人的重视。

一、外出调研安全

大学生在外出调研时，会遇到交通安全、人身安全、财产安全等问题。

交通安全是出行的第一安全。在前往调研地点及返校途中，都要乘坐交通工具，不管是乘坐哪类交通工具，都要遵守交通法规，避免发生交通事故；其次要注意财物安全，提高警惕，作好防盗、防骗的准备。注意卫生安全，尤其到边远地区调研，尽量不要到无证饭店或路边小摊就餐，也不能购买或食用"三无"食品或过期食品。另外，出发前要了解调研地点有无流行性疾病。在洞庭湖等地区从事野外考察或调研时，身体不要接触生水，不要随意捡拾水中或草滩上的螺蛳（可能有血吸虫）。在某些有特殊习俗（如放蛊习俗）的地区调研时，不要随便喝老乡递来的茶水。最后，要注意交往安全，出门在外要学会与人接触，进行调研时要讲文明、有礼貌，态度要认真、谦逊，尊重他人。在与人交往时要特别注意人身安全，防止被骗，特别是女生在调研过程中要注意防止性侵害，晚上在室外活动时要格外注意安全。出发前要做好调研前的准备工作，调研过程中要经常保持联系，利用手机等通讯工具及时向亲友、同学、老师发送信息，报告调研进展。

二、假期社会实践活动安全

大学生社会实践活动安全问题的发生，固然与社会治安形式、高校对大学生的安全教育的重视程度、社会实践活动管理制度的健全程度等因素有关，但也与大学生安全防范意识的有无以及自我保护能力的强弱等因素有关。

增强自我防范意识。在开展各种社会实践活动前，大学生首先要增强自身的安全防范意识，保持高度的警惕心理，保管好个人的贵重物品。集体行动时队员之间要互相照应，互相帮助，保持密切联系，外出时要结伴而行，要服从团队负责人的指挥，听从安排，自觉遵守实践期间的各种规章制度。在活动期间，如遇到偷窃、抢劫以及其他意外侵害，应该保持冷静，沉着应对。

做好社会实践前的准备。社会实践前的准备包括组织准备、资料准备、物质准备、思想准备。首先是组织准备，大学生应该在老师的指导和家长的同意下做好组织和安排工作。若是假期集体社会实践，学生负责人应事先确定人数并联系车辆，明确集合地点、出发时间和结束时间。其次是资料准备。大学生应该做好资料的收集、分析、整理工作，多参考相关书籍和向老师请教；还可以与当地的负责人联系，收集目的地的详细资料，了解基本情况，争取得到相关正规单位或部门的支持与帮助。再次是物质准备，有条件的高校可以准备好摄像机、照相机、录音笔，没有条件的用手机代替也可，还应该准备好日常用药，出发前应该统一购买意外伤害保险，最后是思想准备，大学生要注意个人形象和维护好学校形象，体现出自己的专业素养，在接触其他工作人员时一定要保持谦逊的态度，不懂就问。

入乡随俗。不同地区有不同的民情风俗，作为社会实践活动中的一员，应当尊重当地风俗和维护乡民利益，不要随意破坏当地的乡规民约，更不能嘲笑和讽刺当地的礼仪、文化。在公共场合一定要举止得体，与陌生人打交道要谦虚谨慎，保持分寸。

三、兼职打工安全

兼职打工已成为当代大学生学习生活的一部分，随之而来的不安全因素也在逐渐增多。一些不法分子针对大学生经验少、求职心切的特点，对他们进行欺骗或其他伤害，甚至引发一些更大的悲剧，因此，大学生在兼职打工中的安全问题必须要引起人们的注意。

（一）常见的兼职陷阱

（1）不法中介用假信息骗费用。一些不规范的中介机构或不法公司利用学生急于在假期打工的心理，夸大事实或无中生有，以急招的幌子引诱学生前来报名登记缴费（注册费、信息费等）。一旦中介费到手，便将登记学生搁置一边或找几个关系单位让学生前去"应聘"，其实这只是做个样子。这样用不了多久，大部分学生对通过中介机构找到工作已不再抱什么希望。

很多行骗人员抓住大学生涉世未深又急于找兼职的心理，打出了各种包找单位的幌子，其实际就是为了骗取大学生的中介费。这些"中介"在收取高额和中介费以后会找各种借口拖延，不履行承诺也不及时为大学生介绍工作，还有一些"中介"在收取中介费后突然"人间蒸发"，很多大学生由于没有这些行骗人的联系方式或者是假的联系方式，即使报案追查起来也十分困难。

（2）无良单位骗取押金。一些用人单位在招聘时往往收取不同金额的抵押金或要求学生将身份证、学生证作为抵押物。这类骗局通常在招聘广告上称有文秘、打字、公关等比较轻松的岗位，求职者只要缴纳一定的保证金即可上班。但往往是学生缴钱后，招聘单位推脱职位暂时已满，要学生回家等消息，接下来便如泥牛入海，押金自然也不会退还。

（3）黑心老板拖欠克扣报酬。一些学生被个人或流动服务的公司雇用，商量好以月为单位领取工资，但雇主往往在头月找个理由拖延一下，而到次月开学就消失得无影无踪，令学生白白辛苦一个假期。

（4）黑心企业骗取学生卖苦力。一些学生只是想利用假期临时赚些"零花钱"，因此对所从事工作的内容往往不太计较。而个别黑心企业正是利用这一点，将平时积攒下来的一些员工不愿意干的脏活、苦活、累活，交给寒暑假来打工的学生完成，然后给一些零钱打发了事。

（5）高薪陷阱骗财骗色。常打的招工幌子是模特或是歌星影星培训班，然后要学生交大价钱拍艺术照参加筛选，最后再找借口说应聘者条件不够而不予录取。有的娱乐场所以特种行业的高薪来诱惑求职者，有代客泊车、侍者，有的甚至是不正当交易。年轻学生到这些场所打工，往往容易误入歧途。

（二）兼职安全隐患的预防

（1）防范非法中介。目前，劳务市场鱼龙混杂，不少非法中介以介绍大学生做兼职为幌子招摇撞骗。为防止上当受骗，大学生在做兼职的过程中一定要防范这些非法中介。可以通过三点来辨别中介是否合法：一是要看中介机构是否有政府职能部门核发的营业许可执照；二是要对其发布的招聘信息进行分析研究；三是必要时必须到其介绍的用人单位进行实地考察，对那些大包大揽、把工作条件和工作待遇说得天花乱坠的中介机构须倍加小心。

（2）管好自己的钱物。一些用人单位会要求做兼职的大学生交付押金，承诺交了押金就可以上班，但以后又会以人已满等各种借口要求大学生等待消息，而且绝不会退还押金。所以大学生应警惕交押金、保证金或抵押证件的单位，不要轻易交押金、保证金或抵押证件。

（3）慎签劳务合同。不论是就业还是兼职打工，为保障自己的合法权益，必须慎签劳务合同。需要签订劳务合同时一定要采用书面形式，不能搞口头约定或"君子协定"；二是双方必须遵循平等、自愿、协商一致的原则，不能因就业难就什么条件都答应对方，更不能签"生死合同"；三是要把合同里的条款认真解读直至明白。

（4）鉴别皮包公司。对皮包公司要特别警惕，可通过年检鉴别皮包公司，根据法律规定，两年不参加工商年检的公司，会被吊销营业执照，所以有的公司就会利用这一点跟大学生签订短期合同，骗取免费劳力。大学生可以带上身份证和30元的手续费到工商行政管理局查询用人单位最近一年的年检情况，以确定该公司是否是皮包公司。

（5）选择合适自己的工作。大学生利用假期和休息时间打工，具有临时性、阶段性、实践性的特点，因此要选择既能锻炼自己、又适合自己，还有合理报酬的工作。

①选择与自己所学的专业以及将来准备从事的工作相近又适合学生打工特点的工作，如家教、临时行政服务、文秘、解说等。

②选择和学校工作、自己学习矛盾较小的工作，如打工时间最好在节假日或休息

时间。

③选择风险、危险性小的工作，如最好不要去风险较大、需要做出一定承诺或污染严重、事故多发的行业和单位打工。

④选择合法职业，不要从事非法传销或其他违法事情，选择与所学专业相关或有益于身心健康的工作，不要到娱乐场所（如酒吧、网吧、KTV、游戏厅和赌场）等场所兼职。

（6）要警惕意外伤害事故发生。牢固树立安全意识，随意警惕各种意外伤害事故发生。警惕以下方面：

①要树立证据意识。解决劳动纠纷，打劳动争议官司，都必须以事实为证据。为保证自己的合法权益，平时要注意保存押金的收据、拖欠工资的欠条、双方签订的劳动协议等证据资料，以备需要时使用。

②要了解、熟悉自己所从事的工作性质，其中不安全的因素有哪些，有无易燃、易爆、易传染疾病、污染身体等问题，有何预防措施等。

③要了解熟悉自己打工场所的工作环境是否符合安全要求，安全设施是否完好，有无应急预案，一旦发生安全产事故，自己有何自救应急办法。了解自己打工从事工作中最大的安全隐患，对现实隐患和潜在隐患都要心中有数，做到防患于未然。

第四章

公共卫生安全

第一节　饮食安全

一、饮水与健康

水是生命的源泉。人对水的需要仅次于氧气。水占成人体重的 60%~70%，占儿童体重的 80% 以上。那么，水对于人体究竟有什么作用呢？水是人类机体赖以维持最基本生命活动的重要物质，与我们的身体健康息息相关。它可以维持机体细胞的正常形态；参与新陈代谢，帮助运送身体所需的营养物质，并将代谢废物排出体外；参与机体的体温调节和润滑作用等。健康成人每天需要补充水分 2000mL 左右，因此，保证每天饮水的安全就显得十分重要。

饮用水的来源包括干净的井水、河水、湖水和天然泉水等，也包括经过处理的矿泉水、纯净水。加工过的饮用水有瓶装水、桶装水、管道直饮水等。人类许多疾病与饮水不当有关，科学正确地饮水是关系学生身心健康的重要环节。

（一）常见饮水误区

在日常生活中，人们存在许多饮用水误区，这些误区为人类健康埋下了隐患，下面我们就来了解一下日常生活中有哪些饮用水误区。

（1）水越纯越好。长期饮用纯净水会导致身体营养失调。由于人体体液是弱碱性，而纯净水呈弱酸性，如果长期摄入弱酸性的纯净水，人体内环境将遭到破坏，从而降低人体的免疫力，容易产生疾病。

（2）口渴时才喝水。干净、安全、健康的饮用水是人体最便宜、最有效的保健品。由于水是人体细胞和体液的重要组成部分，一切细胞的新陈代谢都离不开水，只有让细胞喝足水才能更好地进行新陈代谢，提高自身的抵抗力和免疫力。水还是人体进行物质代谢和生化反应的主要场所，参与机体蛋白质、脂肪、碳水化合物、矿物质、无机盐等营养物质的代谢过程。除此之外，水还有参与机体的体温调节、维持血容量、运输营养物质和代谢废物的作用。总之人体的一切生命活动都离不开水，因此，要注意随时不足水分，不要等到口渴才喝水。

（3）水中矿物质含量越高越好。许多人把矿泉水作为日常生活的饮用水。甚至认为水中矿物质含量越高越好，其实不然。当水中矿物含量超标时，会危害人体健康。例如，当饮用水中的碘化物含量在 $0.02 \sim 0.05 mg/L$ 时，对人体有益，大于 $0.05 mg/L$ 时则会引发碘中毒。

（4）口渴时用喝饮料代替饮水。水和饮料在功能上并不能等同。由于饮料中含有糖和蛋白质，又添加了不少香精和色素，饮用后不易使人产生饥饿感，因此，不但起不到给身体"补水"的作用，还会降低食欲，影响消化和吸收。长期饮用含咖啡因的碳酸性饮料，会导致热量过剩，刺激血脂上升，增加心血管负担。咖啡因作为一种利尿剂，过量饮用会导致排尿过多，出现人体脱水现象。另外，对儿童来说，碳酸饮料会破坏牙齿外层的珐琅质，引发龋齿。

（5）把医疗用水当作饮用水。目前在市场上可以看到一些名为"电解水"和"富氧水"的饮用水，严格地说，这些都属于医疗用水，不能作为正常人群的饮用水。电解水就是通过电解作用，把水分解成阳离子水和阴离子的水。阳离子水是医疗用水，必须在医生指导下饮用；阴离子水则常被用于消毒方面。富氧水是指在纯净水里，人为地加入更多的氧气，这种水中的氧分子到了体内，会破坏细胞的正常分裂作用，加速衰老。

（二）科学饮水

（1）最好喝温开水。饮用水的最适宜温度是 $10 \sim 30℃$。摄入水温过低会使胃肠黏膜突然遇冷而使毛细血管收缩，平滑肌痉挛，从而引起胃肠不适或绞痛甚至是腹泻。相反，喝滚烫的水，会破坏食道黏膜和刺激黏膜增生，诱发食道癌。

（2）不可大口喝水。口渴的时候，不少人习惯"咕噜咕噜"豪饮，殊不知，这种饮水的方法对健康并无好处。少量、多次、慢饮是正确喝水的三条基本准则。合理的喝水方法应该是，把一口水含在嘴里，分几次徐徐下咽，这样才能充分滋润口腔和喉咙，有效缓解口渴的感觉。

（3）勿喝隔夜开水。久置的开水中含氮的有机物会不断被分解成亚硝酸盐，同时，难免有微生物的介入会加速含氮有机物的分解。亚硝酸盐对身体的危害众所周知，它具有很强的与体内血红蛋白结合的能力，会妨碍血液正常的运氧功能。所以，开水最好当天喝完。

（4）桶装水也有保质期，看似密封良好的桶装水也应在三四天内喝完。因为，桶装水打开时间久了，细菌会顺着进水口"溜"进去，而且饮水机在出水时会形成负压，还不可避免地吸入部分空气，而空气中的细菌及微生物也会"乘虚而入"。如果不在短期内喝完，细菌就会超标，纯净水便不再"纯净"。

（5）大量出汗后不能只补水。夏天高温环境或剧烈运动后大量出汗会导致体内水和电解质成比例的丧失，此时若大量喝水会引起血钠减低从而导致肌肉痉挛疼痛。此时，应适当补充一些淡盐水，保持机体水、电解质和酸碱平衡可以有效避免肌肉痉挛疼痛等症状。

二、养成良好的饮食习惯

民以食为天，食物是我们获得能量的主要来源。对于大学生而言，要保证每天的学习和生活能够顺利进行，养成良好的饮食习惯对于维护身体发育健康，促进身体发育，有着重要意义。但是，如何吃饭，也大有学问。养成良好的饮食习惯我们要注意以下几个方面：

（1）三餐有别，按时进餐。早吃好，午吃饱，晚餐适量。草率的早中餐、丰盛的晚餐，使人肥胖的占67%。早餐以低糖、低脂、高蛋白食物为佳。午餐很关键，既要补充上午的热量消耗，又要为下午的学习和活动作热量储备，因此午餐的热量和油脂量都应该是三餐中最高的，午餐多吃一些食用鸡或鱼等高蛋白可使血液中充满氨基酸，包括酪氨酸，酪氨酸可通过血脑屏障，在大脑中转化为使头脑清醒的化学物质；另一个能通过血脑屏障的关键营养物质是胆碱，它存在于鱼、肉、蛋黄、大豆制品、燕麦片、米、花生和山桃核中，胆碱是脑神经递质乙酰胆碱的化学前体，在记忆中起主要作用。晚餐一般应该清淡一些，以高碳水化合物为佳。很多学生不吃早餐或早餐吃得不好，往往在上一段时间课后，就处于半饥饿状态，出现头晕、心慌、注意力不集中等现象，会影响学习的效果。长期如此还会影响身体健康。所以，学生必须要保证一日三餐，按时进餐。

（2）定时定量，不暴饮暴食。规律进食能使胃、肠道有规律地蠕动和休息，从而增加食物的消化吸收率，使胃肠道的功能保持良好状态，减少胃肠疾病的发生。有的学生不注意饮食节制，暴饮暴食，这样做就会引起肠、胃功能的紊乱，严重的还会引起急性胃肠炎、肠梗阻等疾病。需要强调的是，一定要科学控制饮食。目前很多为"美"而减食甚至是禁食的人，走向了与健康目标相反的极端，甚至以失去生命为代价。

（3）不偏食，不挑食。有的同学有偏食、挑食的不良习惯，这样会造成身体内某些营养物质的缺乏而影响健康。如有的不喜欢吃蔬菜、水果和肉类，从而导致缺铁性贫血或某些维生素缺乏症等。因此，要纠正偏食、挑食和暴饮暴食等不良习惯。

（4）是细嚼慢咽，心情舒畅。细嚼可使食物磨碎成小块，并与唾液充分混合，以便吞咽和消化。同时，咀嚼还能反射性地引起唾液、胃液和胰液等消化液的分泌，为食物的进一步消化提供了有利条件。在一般情况下吃饭时掌握一个原则：一口食物要保证咀嚼10次以上。吃饭时情绪好，食欲增强，血液循环良好，胃肠的消化功能强，免疫力增强；如在吃饭时情绪压抑和郁闷，则会影响食欲，影响血液的正常循环，降低整个消化系统的功能，降低人的免疫力。

（5）饭后不宜立即进行剧烈运动。因为人在运动过程中会作适应性调节，使肌肉的血液流量增大，而使流经消化器官的血液量减少，结果胃、肠蠕动减弱，消化腺的分泌能力降低，影响消化。经常这样做，会引起消化不良和胃、肠疾病。因此，一般饭后应休息半小时到一个半小时再进行体育锻炼较为适宜。

（6）睡前两小时勿进食。许多人尤其是都有吃宵夜或吃完东西就躺下来休息的不良习惯，年轻人尤为明显。这样做对身体的害处是很大的。就寝数小时前进食，食物可以在体内充分消化，胃部负担减轻，有助于良好的睡眠和休息。进食太晚或睡前进食，会使腹部肌肉过分紧张，当人已经睡着时体内的胃、肠道还在剧烈的蠕动，这样既没有得到好的休息，又造成了胃肠伤害，消化功能长期处于混乱的状态。

三、食品安全

食品安全，指食品无毒、无害，符合应有的营养要求，对人体健康不造成任何急性、亚急性或者慢性危害。食品（食物）的种植、养殖、加工、包装、储藏、运输、销售、消费等活动符合国家强制标准和要求，不存在可能损害或威胁人体健康的有毒有害物质以导致消费者病亡或者危及消费者及其后代的隐患。该概念表明，食品安全既包括生产安全，也包括经营安全；既包括结果安全，也包括过程安全；既包括现实安全，也包括未来安全。

（一）食物过敏

食物过敏，即食物变态反应，是由于食物变应原、遗传、环境因素等引起嘴唇麻木、皮疹、皮肤瘙痒，严重者可引起过敏性休克、急性哮喘、喉头水肿等危及生命。通俗地说，就是指某些人在吃了某种食物之后，引起身体某一组织、某一器官甚至全身的强烈反应，以致出现各种各样的功能障碍或组织损伤。

过去，生活水平低，食物相对单一，食物过敏发生较少，但现代生活的发展使人们的食物品种丰富，人们有机会接触到以往难以见到的食品。许多食物具有明显的地区性，而现在便利的交通条件早已打破了地区性；许多食物有特定的季节性，而现在饲养技术、栽培技术和储藏保鲜技术的进步不仅抹去了季节时限，而且也使可以储藏的东西越来越多。运输业的发达更使许多国外食物漂洋过海来到中国。各种各样的方便食品、人造食品也是层出不穷。由于目前广泛使用化肥、杀虫除草剂以及灌溉水源和作物生长环境污染，畜禽使用的混合饲料含较多的致敏物质等因素，使近年来食物所含过敏性物质成分增加，也增加了人群中发生食物过敏的机会。

近年来，过敏性疾病的发病率在全世界范围显著升高，最新资料显示已达20%~30%。WHO预测其将可能成为最常见的流行病之一，并提醒人们对变态反应（俗称过敏）要高度重视。

引起过敏反应的主要物质是致敏原，致敏源是能够诱发机体发生过敏反应的抗原物质。食品过敏源是指普通食品中正常存在的天然或人工添加物质，被过敏体质人群消耗后能够诱发过敏反应。世界上现在大约有160多种食品含有可以导致过敏反应的食品过敏原，各国家、各地区的饮食习惯不同，机体对食物的适应性也就有相应的差异，因而致敏的食物也不同。我国的主要致敏原主要包括8大类：奶制品、蛋类、水产品、甲壳类、坚果类、花生、小麦、大豆等。这些食物占到了食物过敏反应的90%，也是其他衍生成分的食品来源。我国国家标准《预包装食品中的致敏原成分》GB/T23779—2009也将这8大类识别为主要过敏原。

食物过敏最常见的临床表现为出现皮肤症状，并可见呼吸道症状和消化道症状。如皮肤瘙痒、湿疹、荨麻疹、头晕、恶心、呕吐、腹泻，甚至少数人还会发生过敏性休克。而最新研究发现，当机体发生过敏反应时，会累及心脏，导致血管扩张、心跳加快、血压降低、心脏负担加重，突出症状就是心律失常。由此看来，食物过敏不可小觑。目前，食物过敏尚无有效根治办法，但生活中加以注意是可以防止的。

防止食物过敏，唯一的办法就是避免食入已知可以引起过敏的食物。

许多食品中具有光敏性物质，如我们常食的油菜、莴笋、小白菜、菠菜、芹菜、芥菜、苋菜等都属于光敏性蔬菜。特别是在 5 月—8 月，阳光强烈，若此时过多食用这些蔬菜之后又接触过多阳光照射，有些人的皮肤上就会出现红斑、丘疹、淤点、水疱，严重者还可能出现皮肤溃疡，并可能伴有头痛、恶心、呕吐、腹泻、全身不适等。

（二）酗酒和酒精中毒

酗酒是指无节制地过量饮酒。医学界将酗酒定义为：一次喝 5 瓶或 5 瓶以上啤酒，或者血液中的酒精含量达到或高于 80mg/dL。酗酒能使人不同程度地降低甚至丧失自控能力，致使某些违法犯罪的行为。急性酒精中毒是指由于短时间摄入大量酒精或含酒精饮料后出现的中枢神经系统功能紊乱状态。世界卫生组织一组数据显示，由酒精引起的死亡率和发病率，是麻疹和疟疾的总和，而且也高于吸烟引起的死亡率和发病率。我国每年有约 114 100 人死于酒精中毒，占总死亡率的 1.3%；致残约 2 737 000 人，占总致残率的 3.0%。

那么，饮酒对机体会产生哪些影响呢？

一次大量饮酒中毒可引起中枢神经系统抑制，症状与饮酒的量和血衣春浓度以及个人耐受性有关，中毒的表现大致可分为三期：

（1）兴奋期：血乙醇浓度达到 50mg/dL 即可出现头痛、欣快、兴奋；血乙醇浓度超过 75mg/dL 表现为轻微眩晕，语言增多，逞强好胜，口若悬河，夸夸其谈，举止轻浮，有的表现粗鲁无礼，感情用事，打人毁物，绝大多数人在此期都自认没有醉，继续举杯，不知节制；血乙醇浓度达到 100mg/dL 时，驾车易发生车祸。

（2）共济失调期：血乙醇浓度达到 150mg/dL 时，运动协调性减弱、行动笨拙、视力模糊、步态不稳、语言含糊不清，其中任何一个障碍，都提示人体的暂时中毒，被称作急性酒精中毒或醉酒。这些影响在停止饮酒后几小时内逐渐消失。血液中的大量酒精能够损害脑功能，严重者导致意识丧失，极度过量则可使人死亡。

（3）昏迷期：血乙醇浓度达到 250mg/dL 时进入昏迷期，表现为昏睡、瞳孔散大、皮肤湿冷；血乙醇浓度达到 400mg/dL 进入严重昏迷状态出现心跳加快、血压下降、呼吸缓慢而有鼾声，大小便失禁，可出现呼吸、循环衰竭死亡。

慢性酒精中毒是一种进行性的、潜在的可以致人死亡的疾病，其特征表现为对饮酒的强烈渴望、耐受性增加、依赖性增强和不加以控制。慢性酒精中毒能够导致许多疾病，包括低血糖、肾脏疾病、脑和心脏损害、皮肤血管扩张、慢性胃炎和胰腺炎等。

引起人们酗酒的原因是多方面的，对于一个大学生来说，要特别注意以下糊涂观念和错误做法的出现：

（1）"今朝有酒今朝醉""借酒浇愁"。这里表现的是逃避现实、自暴自弃的消极情绪。"药能医假病，酒不解真愁"。遇到问题应及时找人倾诉或坦然接受，而不是借酒浇愁。

（2）片面理解"酒逢知己千杯少"，认为交朋友离不开饮酒作乐。事实上"酒肉之交"未必靠得住。

（3）错误地认为"男子汉天生应当会喝酒"。其实，用这种标准来衡量"男子汉"未免失之偏颇。"会酒未必真豪杰，忌酒如何不丈夫?"

（4）为达到预定目的而特地设酒摆宴，饮酒为名，交易是实。

（5）逢场作戏，为"助兴"而即席端杯，或出于好奇而涉足，这种人最容易成为摆弄的对象。

（6）硬着头皮充好汉，在酒桌上，"舍命陪君子""为知己即便是敌敌畏也喝下去"，"一醉方休"。这种人大多酒量并不大，总想使他人心悦诚服而最终往往授人以笑柄。

凡此种种，不一而足。其中不乏陈腐观念和陈规陋习，有些则是嗜酒者的自欺欺人的贪杯"口实"。当举起酒杯时，不妨思考一下，是"为何而饮""为谁而饮""今朝饮酒"又是为了什么?

（三）食物中毒

食物中毒是由于进食被细菌及其毒素污染的食物，或摄食含有毒有害物质的食品后出现的急性、亚急性中毒性疾病。变质食品、污染水源是主要传染源，不洁手、餐具和带菌苍蝇是主要传播途径。

1. 食物中毒的特点

食物中毒的特点是潜伏期短，常集体发病，和食用某种食物有明显关系。主要表现为起病急骤，伴有腹痛、腹泻、呕吐等急性肠胃炎症状，常有畏寒、发热，严重吐泻可引起脱水、酸中毒和休克。由细菌引起的食物中毒占绝大多数。由细菌引起的食物中毒的食品主要是动物性食品（如肉类、鱼类、奶类和蛋类等）和植物性食品（如剩饭、发芽的马铃薯、豆制品等）。食用有毒动植物也可引起中毒。如食入未经妥善加工的河豚可使末梢神经和中枢神经发生麻痹，最后因呼吸中枢和血管运动麻痹而死亡。一些含一定量硝酸盐的蔬菜，贮存过久或煮熟后放置时间太长，细菌大量繁殖会使硝酸盐变成亚硝酸盐，而亚硝酸盐进入人体后，可使血液中低铁血红蛋白氧化成高铁血红蛋白，失去输氧能力，造成组织缺氧，严重时，可因呼吸衰竭而死亡。食入一些化学物质如铅、汞、镉、氰化物及农药等化学毒品污染的食品也会引起中毒。

2. 食物中毒预防

在校大学生一般都在校内学生食堂进餐，饮食安全问题基本能得到保证。但是校园周边饭店、小吃店尤其是个体流动商贩等卫生指标难以达到标准要求，容易引起食物中毒的发生。作为大学生个体，要了解饮食卫生的基本知识。为了避免因为饮食卫生问题而造成伤害，要注意以下几点：

（1）注意饮食、饮水卫生，养成饭前便后洗手的良好习惯，尽量不要用手直接接触食物。不去路边摊点和卫生条件差的餐饮场所用餐以防止食用病死、毒死，或不明死因的畜禽为原料制作的食品。不食用半生不熟的烧烤类食品。

（2）购买食品时，注意食品物保质期，不食用过期食品、三无食品和劣质食品。贮存成品要放在干燥、通风、温度较低的地方，搁置时间不能太长。熟食开封后要马上吃掉，不能过夜后再食，或者要注意开封食品的保质方法。不吃不新鲜的食物和变质食物。

（3）千万不要选择不新鲜食物。尤其是食用鱼、虾、肉、蛋、奶等食品必须保证选料新鲜、干净，应高温加热后食用，制作凉菜必须非常新鲜、卫生。

（4）正确烹调、加工食品，动物性食品、生豆浆、豆角等豆类食品时必须充分加热煮熟方可食用。

（5）做好食具、炊具的清洗消毒工作，贮存和加工食品用具如砧板、刀具等应生食与熟食分开使用，并做好消毒工作，防止交叉污染。

（6）不自行采摘鲜蘑菇和其他不认识的食物食用，不要食用发芽的土豆、鲜黄花菜，避免生食鱼胆等。

（7）不要采摘和食用刚喷洒过农药的瓜果蔬菜。食用蔬菜水果前要用食盐水浸泡10min左右，除去果菜表面残留的农药后再食用。

（8）存放食品的容器要清洁无毒，食品特别是熟食要存放在清洁、干燥、通风条件好的地方，并防止老鼠、蚊蝇、蟑螂等污染食品，避免化学药品与食物混放在一起。

3. 食物中毒的应急措施

据统计，食物中毒绝大多数发生在七、八、九三个月份。一旦发生食物中毒，千万不能惊慌失措，应冷静的分析发病的原因，针对引起中毒的食物以及服用的时间长短，及时采取如下应急措施：

（1）停食：立即停止食用可疑中毒食品。

（2）催吐：对神志清醒者患者可给予饮温水300~500mL，然后用手指、压舌板、圆钝的勺柄等钝头物刺激舌根或咽后壁，引起反射性呕吐。需注意的是，催吐必须在患者清醒的状态下进行。如果中毒者已经昏迷，千万不要催吐，因为呕吐物有可能被吸入气道，造成患者窒息。

（3）补水：吐泻可造成脱水，鼓励患者多饮淡盐水，以补充液体，有利尿液生成，促进毒素排泄的作用。病情严重者可暂时禁食。

（4）了解：了解与中毒者一起进餐的其他人有无异常。

（5）上报：及时报告当地的食品卫生监督检验部门，采取病人标本，以备送检。

（6）收集：封存中毒的食品或疑似中毒食品。收集残存毒物、呕吐物、容器等以便鉴定毒物类型。

（7）就医：初步处理后立即送医就诊以求进一步治疗，切不可抱有侥幸心理，因为有些毒物可以引起迟发反应和后续效应导致中毒症状加重或死亡。

（8）注意：反复呕吐和腹泻是机体排泄毒物的途径，所以在出现食物中毒症状24小时内，勿擅用止吐药或止泻药。

【典型案例1】2016年9月23日，某高校4位男同学因食用烧烤中的肉串引起的食物中毒，被紧急送往医院医治。他们的症状一模一样，都是呕吐、腹痛并伴有腹泻，有一位还出现了脱水和低血压等不良反应，医生初步诊断为老鼠药中毒。

同学们在享受美食的同时，应该高度重视饮食卫生。一般的校外快餐店、小吃摊，其加工场所场所简陋，环境卫生差，无防蝇售菜间，餐具未经消毒，粗加工与饭菜暂存混在一起，无专用卫生设施，未申请办理食品卫生许可证，无"三防"设施，产品原料也得不到保证。据调查这4位男生所吃的肉串是老鼠肉，因为老鼠吃了老鼠药，从而导致中毒。

【典型案例2】2018年6月12号，湖南省某高校同寝室的6名女生在食用大量的麻辣食品（其中一袋已经开封）后发生急性腹痛、腹泻，两名吃得较多的女生症状较重，除腹痛、腹泻外并还出现了频繁呕吐。医院诊断为食物中毒，经检验，她们食用的袋装食品微生物超标。

【案例分析】该6名女生是在高温季节，食用已拆封数天的易变质包装食品对身体健康的危害性是很大的。因为食品霉腐变质主要是由微生物的活动造成的，而大多数微生物如真菌、酵母菌等的生存是需要氧气的，当有充足的氧气时，微生物的生长和繁殖速度就会急剧加快。

【典型案例3】2008年9月16日，某高校四名大学生相约到郊外烧烤。在山间游玩之际，随手采了几朵野蕈，清洗干净后与其他食物一起进行烧烤后食用。不久，吃得最多的小许开始呕吐、头晕、手脚酸软无力。其余三名同学立即将他送到医院，经抢救才化险为夷。

【案例分析】小许因误食了有毒的野蕈而引起中毒。在生活中，食蘑菇中毒的事每年都有发生，一般而言，凡色彩鲜艳、有疣、斑、沟裂、生泡流浆，有蕈环、蕈托及呈奇形怪状的野蕈均有不同程度的毒性成分，如毒蕈碱、毒蕈溶血素、毒肽和毒伞肽等。其毒素都比较高，对人体往往也会有很大的伤害。

第二节　常见传染病

传染病又称为感染性疾病，是由各种病原微生物（如细菌、病毒、支原体、螺旋体、真菌和朊独毒体等）和寄生虫（原虫和蠕虫）感染人体后所引起的一组具有传染性的疾病。传染病是对人类健康危害极大，近年来，在"预防为主"的卫生工作方针指导下，有些传染病如天花、脊髓灰质炎、白喉、百日咳等已被消灭或得到控制。但也有一些新的、危害严重的传染病不断出现，如艾滋病、传染性非典型肺炎、人感染高致病性禽流感等，其中艾滋病已成为严重威胁人类健康的传染病。高校作为人员高度聚集地区，是传染病多发场所，因此高校必须采取积极措施，尽可能地减少传染病给大学生造成的危害，维护校园和谐稳定，保证大学生健康学习、生活。

一、常见传染病的种类

《中华人民共和国传染病防治法》（2013年修订）规定，目前我国的法定传染病分为甲类、乙类和丙类三大类共39种。其中鼠疫、霍乱为甲类传染病；乙类传染病26种，包括传染性非典型肺炎、艾滋病、病毒性肝炎、脊髓灰质炎、人感染高致病性禽流感、麻疹、流行性出血热、狂犬病、流行性乙型脑炎、登革热、炭疽、细菌性和阿米巴性痢疾、肺结核、伤寒和副伤寒、流行性脑脊髓膜炎、百日咳、白喉、新生儿破伤风、猩红热、布鲁氏菌病、淋病、梅毒、钩端螺旋体病、血吸虫病、疟疾、甲型H1N1流感。丙类传染病

11 种，包括流行性感冒、流行性腮腺炎、风疹、急性出血性结膜炎、麻风病、手足口病、流行性和地方性斑疹伤寒、黑热病、包虫病、丝虫病、除霍乱、细菌性和阿米巴性痢疾、伤寒和副伤寒以外的感染性腹泻病。

二、常见传染病的预防

（一）流行性感冒

流行性感冒是由流感病毒引起的急性呼吸道感染，特征是季节性强、传播快、传染性强，所以极易发生流行，甚至是大流行。流行性感冒的患者和该病毒的携带者都是流感的传染源，一些家畜如狗牛、猪等也可以传播流感。传播速度和广度与人口密度有关。

1. 传播途径

流感病毒主要通过呼吸道传播。流感病毒常温下在空气中能维持生存 30min 左右。流行性感冒患者和病毒携带者的分泌物（唾液、鼻涕）中含有流感病毒，在咳嗽、打喷嚏、面对面讲话时随空气传播，易感人群接触后就可能会感染，尤其是儿童、免疫力弱的人最容易感染。另外，接触流感患者使用过的茶具、食具、毛巾等也可能会感染。流感病人发病后 1~7 天传染性强，尤其是病初 2~3 天的传染性最强。

2. 临床表现

典型流感发病比较快，病毒的潜伏期在数小时内，发病后表现为高热，体温可达到 40℃左右，怕冷，病情一般要延续 3 天左右。一般流感发病平缓，潜伏期 1~3 天，发病后表现为畏寒、高热，伴有头疼、乏力、干咳、肌肉关节酸痛咽喉疼痛、眼结膜充血，部分患者还会出现鼻塞、流涕，伴有恶心、脑膜炎、腹泻、食欲减退等症状，部分免疫力弱的儿童、老年人还会出现肺炎症状，胸透提示两肺散有絮状阴影，可因呼吸循环衰竭而死亡，病死率高。

3. 预防措施

（1）控制传染源。流行性病毒的病原体一直处于变化之中，经常会有新的变体出现，因此高校要加强对流感的监控，掌握新近出现的流感病毒，并采取有效预防措施，做到"早发现、早报告、早隔离、早治疗"。

（2）广泛宣传疾病预防知识，加强公共环境通风、消毒措施。注意环境和个人卫生，常晒衣服、晒被褥、晒太阳，常开窗通风。

（3）预防流感的基本措施是接种疫苗。因流感病毒变异性大，故应根据流行病学调查结果，补充或更换疫苗的抗原组成，在流感流行季节之前对人群进行流感疫苗预防接种。

（4）体弱者做好自我保护，如外出时戴口罩等。祖国医学中的的一些中药方剂也可用于预防流感，提高机体免疫能力，能有效控制病毒对人体的侵害。

（5）及时干预治疗。对已经感染流感的患者要及时采取措施隔离和治疗就近设立流感诊室，及时隔离。流行期间避免大型集会和活动，易感人群尽量减少外出，房间注意通风保持空气新鲜，及时消毒。

（6）另外注意保证充足的睡眠。保持良好的饮食习惯，注意多饮水；保持适当运动，提高抵抗力，运动后注意保暖以防着凉。

（二）人感染高致病性禽流感

人感染高致病性禽流感，主要是由禽流感病毒的 H5N1、H7N7 等毒株引起的人类急性呼吸道感染疾病。我国将其列为乙类传染病，并实行甲类传染病的防治管理措施。人感染高致病性禽流感主要通过携带该病毒的鸡、鸭、鹅等禽类传染。病毒的潜伏期 7 天左右，通常为 1~3 天。

1. 传播途径

人感染高致病性禽流感主要是通过人的呼吸系统传播，部分是易感人群经常接触患有禽流感或携带禽流感的禽类及此类动物的分泌物、粪便、污水造成，或者食用携带禽流感病毒的家禽肉制品。到目前为止，医学界还没有发现该种病毒在人和人之间传染，但在我国广东、江浙、安徽一带也出现过聚集性发生的特例。

2. 临床表现

人感染高致病性禽流感，会出现不同的临床症状。根据临床观察，感染 H9N2 亚型的禽流感病毒患者一般表现为轻微的上呼吸道感染症状，大部分患者没有特殊的感觉；而相对于 H9N2 亚型的禽流感病毒，H7N7 亚型的禽流感病毒患者主要表现为结膜炎；比较严重的禽流感病毒主要是由 HN1 亚型的禽流感病毒造成的，患者主要表现为全身发烧发热，同时还可能出现流鼻涕、鼻塞、轻度咳嗽咽喉疼痛、头痛、抽搐、全身肌肉酸痛不适等症状。有些患者还可能出现呕吐腹部疼痛、腹泻等消化道异常情况；严重时还可能出现晕厥、急躁、语无伦次等精神异常情况；特别严重时还可出现发高烧、昏迷等危及生命的情况。临床观察发现所有感染禽流感的患者都存在明显的肺炎、咳嗽症状，并出现肺功能损伤、急性呼吸窘迫综合征、肺出血、胸腔积液、全血细胞减少、多脏器功能衰竭、休克及瑞氏综合征等多种并发症，可继发细菌感染，引发败血症等。治疗过程应坚持"及时隔离，积极治疗，因病用药，抗病毒治疗"原则。

3. 预防措施

防治人感染高致病性禽流感关键要做到"早发现、早报告、早隔离、早治疗"。"早发现"是指当发现自己或周围同学出现肺炎、发热、咳嗽、呼吸困难等症状时，应立即到医院就医，减少传播，降低发病率。"早报告"是指当发现人群中出现不明原因的发热、肺炎等疑似禽流感症状的患者时，要及时将该情况向学校或当地主管疾病预防的部门报告，及时备案，组织专家排查。"早隔离"是指对人感染禽流感病例或疑似感染禽流感病例要及时隔离，对密切接触者也要进行隔离观察，控制禽流感病毒的传染，防止蔓延。"早治疗"是指对已经确诊为感染者的，要及时采取正确措施开展治疗，有效防止病情的恶化，减少损失。

（三）肺结核

肺结核是由结核杆菌引起的一种缓慢发病的慢性呼吸道传染病。结核杆菌可引起肺部组织产生炎症、坏死和液化，也可产生结核结节。当机体免疫力提高特别是经有效治疗后病变可吸收好转，也可纤维化，坏死组织可钙化。当机体免疫力下降时，病灶坏死液化加重、结核菌在肺内或全身播散，钙化灶重新活动。

1. 传播途径

传播途径主要是患者与健康人之间经空气传播，患者咳嗽排出的结核菌悬浮在飞沫中，吸入后可引起感染。咳出的痰干燥后结核菌随尘埃飞扬，也可能吸入造成感染。

2. 主要症状

患者有全身中毒症状和呼吸系统症状。全身中毒症状主要有：长期低热，午后及傍晚开始，次晨降为正常。可能会伴有乏力、夜间盗汗。呼吸系统症状有：咳嗽、咳痰、咯血、胸痛和气急。

3. 预防措施

大学生应注意养成良好的生活和学习习惯，注意营养和休息，加强体育锻炼，结核病菌经飞沫传播提高自身的免疫能力。同时，进行卡介苗接种，加强对结核患者的管理，患者咳嗽时应以手帕或纸掩口，不随地吐痰。

（四）细菌性痢疾

细菌性痢疾简称菌痢，是由痢疾杆菌引起的常见急性肠道传染病。细菌侵犯结肠黏膜，引起肠黏膜的炎症反应，导致肠黏膜细胞变性、坏死，然后可形成小而浅的溃疡。严重的中毒性菌痢，由细菌毒素引起的全身中毒症状严重，可导致重要器官衰竭。

1. 传播途径

细菌性痢疾传染源是患者和带菌者。患者及带菌者的粪便中含大量痢疾杆菌，粪便直接或间接污染食物、饮水和手等，经口进入肠道而感染。

2. 主要症状

细菌性痢疾主要临床表现为畏寒、发热、腹痛、腹泻、脓血便和里急后重腹泻每天可达10~20次，大便量少，呈糊状或为脓血便。

3. 预防措施

加强饮食、饮水卫生，消灭苍蝇，养成饭前便后洗手的习惯；不要吃生菜和不洁的瓜果；熟食和瓜果不要在冰箱中放置过久，取出后先加热消毒再食用；口服大蒜、黄连有预防作用。

（五）狂犬病

狂犬病是由狂犬病毒所致，以侵犯中枢神经系统为主的急性人兽共患传染病。人狂犬病通常由病兽以咬伤方式传给人，带病毒的犬类是人狂犬病的主要传染源。其次是猫、猪、牛、马等家畜，近年来有多起报道人被"健康"的犬、猫抓咬后而患病。

1. 传播途径

病毒主要存于病犬、病畜的唾液内。本病主要通过咬伤传播，也可由带病毒的唾液经伤口、抓伤、舔伤的黏膜和皮肤侵入，少数可通过对病犬宰杀而感染。偶可通过蝙蝠群居洞穴中含病毒气溶胶经呼吸道传播。

2. 主要症状

临床表现为特有的恐水、怕风、恐惧不安、发作性咽肌痉挛、进行性瘫痪等。逐渐进入昏迷状态，最后因呼吸、循环衰竭而死亡。病程一般不超过 6 天，病死率几乎 100%。

3. 预防措施

宣传狂犬病对人的严重危害和预防措施，加强对犬科动物的管理。接触狂犬病机会多的人员，如兽医、山洞探险者、动物管理人员等高危人群应该进行疫苗接种，于暴露前第 0 天、第 7 天和第 21 天接种 3 次，每次 2mL 肌注；2~3 年加强注射 1 次，接种期间应戒酒、多休息；被咬伤后应立即彻底进行伤口处理及注射狂犬病疫苗。

（六）艾滋病

艾滋病又称获得性免疫缺陷综合征（AIDS），由人体免疫缺陷病毒（HIV，又称艾滋病病毒）引起的慢性传染病。病人和无症状病毒携带者是本病的传染源。自 1981 年美国首次报道艾滋病以来，至少 199 个国家和地区发现艾滋病病毒感染者。我国于 1985 年发现首例艾滋病病人，现流行进入快速增长期，艾滋病正由高危人群向普通人群传播。本病传播迅速、发病缓慢，目前无特效治疗，病死率极高，以预防为主。

1. 传播途径

主要通过性接触、血液传播及母婴传播。性接触是主要传播途径，共用针具注射或输注含病毒的血液及血制品也可传播，感染病毒的孕妇可通过胎盘、产道及产后血性分泌物和哺乳传给婴儿。此外，接受病毒感染者的器官移植或人工授精，被污染的针头刺伤或破损皮肤意外也可造成感染。而握手、拥抱、共用办公用具、共用卧具及浴池等不会传播艾滋病。

2. 主要症状

艾滋病潜伏期短至数月，长者达十余年。HIV 主要侵犯、破坏 CD4+T 淋巴细胞，导致机体细胞免疫功能严重缺陷，早期表现为无症状病毒感染者，继而发展为持续性全身淋巴结肿大综合征和艾滋病相关综合征，最后并发各种严重机会性感染或恶性肿瘤，成为艾滋病。

3. 预防措施

应避免不安全性行为；不要与他人共用注射器、剃须刀、指甲刀、牙刷、手帕等，日常生活用品应单独使用并定期消毒。要洁身自爱，远离毒品、杜绝不洁注射；一般的社交活动如握手、共同进餐、共用办公用品、共用浴室（游泳池）、礼节性的接吻以及空气、水、食物、昆虫叮咬等不会传播本病；被病人用过的针头或器械刺伤应立即就诊，并进行不少于 4 周的预防性治疗。

第三节　求医用药安全

"吃五谷，生百病。"生病对于人们来说是再正常不过的事了，一旦生病，就需要求医用药。但医疗用药也存在安全问题，大学生在医疗用药的过程中应注意合理就医和用药，处理不当的话则会造成"一病再病"。

一、就医安全

随着人们物质生活水平的提高，对健康的品质要求也越来越高，安全就医用药也成为人们关注的热点问题。作为在校大学生，往往缺少各种医药常识，导致就医安全问题。就医安全需要注意以下几点。

（一）看证件，选择合法医疗机构

就医要到正规的医疗机构，不应贪图方便和便宜到一些私人诊所看病治疗。合法医疗机构是指经各级卫生行政部门批准设立并进行登记注册，领取了由卫生行政部门核发的《医疗机构执业许可证》的机构。患者就诊前应留意医疗机构是否在醒目位置悬挂了《医疗机构执业许可证》，注意证件是否过期，并仔细查看证件上标注的允许开展的诊疗科目。不要到无证或超范围诊疗的医疗机构看病。

（二）防医托，当心温柔陷阱

切勿相信医托。千万不要轻信车站、大医院门口的医托。医托往往会假装热情地列举一大堆"实际"例子，用花言巧语向患者极力推荐某医疗机构或某位特定的医生。专家提醒，就医前要选择好就医的单位，直接到正规的医疗机构就医问药。如对医疗机构及其医务人员的执业资格有怀疑，可拨打市、区卫生局医政科的电话进行咨询。

（三）要注意，保存好医疗凭证

患者就医后要妥善保存相关医疗凭证，包括门诊病历、各种检查和化验报告、收费票据等。一旦权益受到侵害，可凭这些凭证通过相关途径维护自己的合法权益有些医疗机构拒绝向患者提供以上凭证，患者应积极索取，发现问题及时向卫生监督部门举报。

（四）防上当，留心街头义诊

按照相关规定，组织义诊活动的主体必须是合法的医疗机构，义诊活动要在批准的时间、地点开展，参加义诊的医务人员应佩戴医疗机构统一印制的胸卡，且在义诊活动中不允许有销售、推销等行为存在。

对在街头或居民区开展流动性免费量血压、诊断心脑血管病等疾病的流动性医务人员，要留意其是否为了推销产品，并注意鉴别其是否有行医执照，谨防上当。

（五）要细心，辨别真假医疗广告

正确辨别医疗广告。切勿轻信无证、违规医疗广告宣传。按照有关规定，发布医疗广告的主体必须是正规医疗机构，没有取得《医疗机构执业许可证》的单位一律不得发布医疗广告。此外，在发布广告内容的同时，还要刊登出医疗广告的批准文号，并且不得有保证治愈或者隐含保证治愈的内容。

二、用药安全

药品是一种特殊的商品，其质量的优劣，用法是否科学合理，直接影响人们的身体健康和生命安全。因人的病情和病原是多变的，故绝对的合理用药是难以达到的，一般所指的合理用药是相对的，它包括安全、有效、经济与适当这四个基本要素。

用药首先强调的是安全性，只有在这个前提下，才能谈合理用药。安全的意义在于用最小的治疗风险让患者获得最大的治疗效果。

其次是药物的有效性，这是使用药物的关键。如果没有疗效，就失去了药物本身的意义。临床上不同的药物其有效性在程度上有很大的差别，如根除病源治愈疾病、延缓疾病进程、缓解临床症状、预防疾病发生、避免不良反应、调节人体生理机能等方面都存在差别。

再次，在药物使用安全有效过程中，还应该考虑是否经济，患者能否承受。如果一种药品既安全又有效但价格昂贵，患者无法承受，也不合理。

最后是适当，适当包括七个方面：①适当的药物。了解药物的性质、特点、适应症、不良反应等，根据患者的身体状况，在同类药物中，要选用疗效好、毒性低的最为适当的药物，在需要多种药物联合作用的情况下还必须注意适当地合并用药。②适当的剂量。严格遵照医嘱或说明书规定的剂量服药，不要凭自我感觉随意增减药物剂量。③适当的时间。根据药物在体内作用的规律，设计给药时间和间隔。最合理的给药方案是设计出适当的剂量和间隔时间。如果不遵守服用方法，随意服用，就会影响效果或对胃造成刺激。④适当的途径。是指综合考虑用药的目的、药物性质、病人身体状况以及安全、经济、简便等因素。患者适合用口服的药物，就尽量不要采用静脉给药。现在提倡一种序贯疗法，即输液控制症状之后，改换口服药物进行巩固治疗。⑤适当的病人。同样一种病发生在两个人身上，由于个体间的差异，即使适用同一种药物，也要进行全面权衡，一个治疗方案不可能适用于所有的人。⑥适当的疗程。延长给药时间，容易产生蓄积中毒、细菌耐药性、药物依赖性等不良反应的出现；而症状得到控制就停药，往往又不能彻底治愈疾病，只有把握好周期，才能取得事半功倍的疗效。⑦适当的治疗目标。病人往往希望药到病除，彻底根治，或者不切实际地要求使用没有毒副作用的药物。医患双方要根据具体情况，采取积极、正确、客观的态度，达成共识。

唯有形成安全用药意识，人们才能真正达到用最小的治疗风险获得最大治疗效果的目的。

第四节　　自觉抵制"黄、赌、毒"

所谓"黄"，是指淫秽物品，即具体描绘性行为或者露骨宣扬色情淫秽内容的书刊、图片或音像资料等。"赌"即赌博，是指利用赌具，以钱财作为赌注，以占有他人利益为目的的违法犯罪行为。"毒"即毒品，是指鸦片、海洛因、吗啡、大麻、可卡因以及国家规定管制的其他能够使人形成瘾癖的麻醉药品和精神药品。作为一名大学生，应该远离"黄、赌、毒"。

一、拒绝赌博

赌博是以现金或其他物品为赌注，以占有他人利益为目的的违法犯罪行为。赌博是一种丑恶的社会现象，和吸毒一样具有成瘾性瘾。参与赌博的原因，从心理学角度分析包括以下几个方面：一是为了寻求刺激和满足感，赌博能给人带来物质和精神的双重刺激，这种金钱上和心理上的满足会强化赌徒们的赌博行为。二是娱乐和消遣心理，赌博丰富的内容和形式以及强烈的竞争性和独特的随机性，能满足人们不同层次、不同类型的心理需要。或是为了放松身心，陶冶情操，娱性怡情；或在激烈的竞争中获得快感；或追求"寂静"，求得精神慰藉。然而发展的最终结果大都与娱乐和消遣心理相背离，达到不可收拾的程度。三是投机与侥幸心理。由于赌博的胜负是不规则的，带有极大的随机性和偶然性，迎合了人们以较少博多，甚至不劳而获的投机与侥幸取胜心理。赌博的输赢结果，对赌徒是一个强化刺激，使人失去自制力，欲罢不能，至死不悔。四是贪欲与冒险心理。在拜金主义思潮影响下，不少人急功近利，追求快速致富，占有财富的欲望恶性膨胀，当无法通过正当途径满足其欲望时，赌博这种冒险手段就成为他们通向发财之路的阶梯。

据了解，大学生赌博的种类有很多，除了大学校园周边的游戏机室、"老虎机"、二十一点机、轮盘机等存在赌博现象之外，有的还通过麻将、扑克、台球、打气球、斗蟋蟀、摆象棋残局、玩电子游戏、猜号码等娱乐方式来赌博。此外，时时彩、百家乐、轮盘赌、体育赛事、电子竞技等，既有线上也有线下赌博，其中又以网络赌博为主。大学生社会经验贫乏，易受赌博诱惑，因此要提高辨别能力，自觉抵制赌博活动。

赌博的危害是多方面的，主要表现在：

第一，荒废学业。大学生参与赌博或变相赌博，容易对学习失去兴趣，平时作业无法完成，更无心钻研。头脑里所想的是怎样去赢钱，通常通宵达旦、夜以继日的打牌、玩麻将、沉迷网络。长此以往，浪费大量学习时间，造成考试不及格、留级、退学，不能达到学业要求和获得相应学位。

第二，毒害心灵，扭曲价值观。赌博，是一种比输赢的游戏。在赌博过程中，体验着情感和情绪的跌宕起伏，赌博者，都有"输了要翻本，赢了要再赢"的心理，易形成贪婪和投机取巧的心理，滋长不劳而获的堕落思想，久而久之逐渐陷入享乐主义的泥潭，形成不良心理品质。

第三，损害身心健康。科学研究显示，参赌者精神过分紧张，长期处于此种状态会造成免疫机能下降。经常参与赌博者，生物钟紊乱，作息时间不合理，容易导致精神衰弱和甲状腺亢奋，抑制大脑的活性分子，出现反应迟钝、抑郁失眠、精神恍惚、记忆力下降、早衰等症状。

第四，引发犯罪，危害社会。参与赌博往往是赢家有了钱，随心所欲挥霍无度，输家耗尽钱财，债台高筑，为了还赌博之债，有的甚至铤而走险、诈骗、偷窃。严重的还可能会酿成伤害、凶杀等犯罪案件。据有关部门统计资料表明，高校学生中因赌博被学校给予开除学籍、留校察看之事时有发生，而因赌博走上违法犯罪的现象屡见不鲜。

二、远离毒品

毒品是指鸦片、海洛因（俗称"白粉"）、甲基苯丙胺（冰毒）、吗啡、大麻、可卡因、摇头丸、K粉等以及国家规定管制的其他能够使人形成瘾癖的麻醉药品和精神药品。

联合国麻醉药品委员会将毒品分为六大类：①吗啡型药物；②可卡因和可卡叶；③大麻；④安非他明等人工合成兴奋剂；⑤安眠镇静剂；⑥精神药物。

据最新统计，目前全国登记在册的吸毒人员已经超过 105 万，其中 72.2% 是青少年。毒品对他们身体和心灵的伤害可以说是罄竹难书。大多数吸毒成瘾的人，一开始都是由于好奇而吸第一口的，而一旦上了瘾，就很难摆脱毒品的诱惑。某省有关部门调查发现，未成年人贩毒案件的绝对数虽然不多，但其增长幅度非常快，四年间，未成年人贩毒人数增长了 2.36 倍。吸食（包括注射）毒品或欺骗、容留、强迫他人吸食毒品，以及非法从事制造、贩毒已成为全世界的社会公害，每个大学生都不可染指，要充分认识其危害。

吸毒的危害有：

（1）摧残意志和精神，学业荒废。吸食毒品使人逐渐懒惰无力，意志衰退，智力和主动性降低，记忆力衰退，致使学业荒废。

（2）摧残身体健康，促进死亡。吸食毒品成瘾癖后会产生强烈的病态反应，如烦躁不安、失眠、疲乏、精神不振、腹痛、腹泻、呕吐、性欲衰退或丧失等。人体内的毒品达到一定剂量后会刺激脊髓，造成惊厥，甚至神经系统抑制，引起呼吸衰竭而死亡。

（3）传染各种疾病，危害他人。静脉注射毒品又是传染肝炎、肺炎、性病及艾滋病等多种传染病传染的重要途径。

（4）丧失理智和人格，诱发刑事犯罪。吸毒耗资巨大，诱发吸毒者为解决毒资链而走险，走上了盗窃、抢劫、诈骗、杀人、贪污、受贿、卖淫等犯罪道路，有些吸毒者以贩养吸、从害己转为既害己又害人。

三、抵制色情

"黄"是一种侵蚀心灵的东西，它侵蚀着看"黄"之人的心灵，就像幽灵一样盘旋在人们的心中，它能激发人内心深处的欲望，很多人因深陷其中而走上犯罪的道路。其中大多数是年轻人，大学生处在青春期，会产生一些对性的好奇和向往，这是正常的生理反应。大学生作为社会群体中的一分子，难免受到社会上各种现象的影响。如社会上存在色情场所就是一种极其丑恶的现象。大学生若不自觉抵制色情诱惑，将会极大地破坏大学生的形象，影响身心健康，走向犯罪的深渊。大学生要坚决抵制黄色淫秽制品。

淫秽、色情出版物及网络色情对青年学生的危害有：①误导青年学生的性观念，扭曲他们的性心理；②影响学生的身心健康发展；③诱导青少年实施性犯罪。网络色情内容是一种精神毒品，大学生很容易沉迷其中，受到毒害。

第五章

财产安全

我国《宪法》第十三条规定，公民的合法的私有财产不受侵犯。《物权法》第四条规定，国家、集体、私人的物权和其他权利人的物权受法律保护，任何单位和个人不得侵犯。《民法总则》第一百一十三条规定，民事主体的财产权利受法律平等保护。据此，中华人民共和国法律保护个人的合法财产神圣不可侵犯。随着依法治国的全面推进，公民权利意识逐步觉醒并不断增强，培养大学生对个人财产的保护意识，提高大学生对财产来之不易的认识和珍惜个人财产的观念是高校安全教育的重要内容。

第一节　预防诈骗

诈骗，是指以非法占有为目的，用虚构事实或者隐瞒真相的方法，骗取款额较大的公、私财物的行为。由于这种行为完全不使用暴力，而是在一派平静甚至"愉快"的气氛下进行的，加之受害人一般防范意识较差，较易上当受骗。大学生因为社会经验不足、思想单纯、辨识能力不强、防范意识薄弱等原因，容易成为不法分子的诈骗对象，因网络、电信诈骗等方式造成财产损失的事件屡见不鲜，其中，不乏因承受心理压力过大而自杀或者猝死的案例。所以，提防和惩治诈骗分子，除需要依靠社会的力量和法律制裁以外，更主要的还是大学生自身的谨慎防范和努力，认清诈骗分子的惯用伎俩，防止上当受骗。

一、大学诈骗案件的特征

（一）手段的智能性

诈骗分子在高校作案行骗时，一般都是利用丰富的知识、技能经验，经过精心的策划，设置诱饵，使受骗者落入圈套。常常使用科技性高，迷惑性强的手法提高诱骗效果。

1. 科技性高

最具有代表性的是利用互联网进行诈骗，一些远程匿名公司及个人通过互联网购物交易渠道向学生提供计算机设备，信用卡账号等信息，让学生直接汇款或复制信用卡账号进行款项划拨，达到骗取钱财的目的。

2. 迷惑性强

诈骗分子在高校行骗，大都能摸准学生的个人心理，他们有着多次作案的经验，且能分清形势，随机应变，达到以假乱真的程度。

（二）方式的多样性

1. 假冒身份，流窜作案

诈骗分子往往利用假名片、假身份证与人进行交往，有的还利用捡到的身份证等在银行设立账号提取骗款。骗子为了既能骗得财物又不暴露马脚通常采用游击方式流窜作案，财物到手后立即逃离。还有人以骗到的钱财、名片、身份证、信誉等为资本，再去诈骗他人、重复作案。

2. 投其所好，引诱上钩

诈骗分子行骗时往往先是套话，利用学生职业技能资格证、毕业论文、毕业设计等需求心理，想其所想，应其所急，实施诡计而骗取财物。

3. 真实身份，虚假合同

利用假合同或无效合同诈骗的案件，近几年有所增加。一些骗子利用高校学生社会经验少、法律知识弱、急于赚钱补贴生活的心理，常以公司名义、虚假的身份让学生为其推销产品，事后却不兑现诺言和酬金而使学生上当受骗。对于类似的案件，由于事先没有完备的合同手续，处理起来比较困难，往往时间拖得很长，花费了许多精力却得不到应有的回报。

4. 借贷为名，骗钱为实

有的骗子利用人们贪图便宜的心理，以高利集资为诱饵，使部分教师和学生上当受骗。个别学生常以"急于用钱"为借口向其他同学借钱，然后却挥霍一空，要债的追紧了就再向其他同学借款补洞，拖到毕业一走了之。

5. 以次充好，恶意行骗

一些骗子利用教师、学生"识货"经验少又苛求物美价廉的特点，上门推销各种产品而使师生上当受骗。更有一些到办公室、学生宿舍推销产品时，发现室内无人，就会顺手牵羊、溜之大吉。

6. 招聘为名，设置骗局

为了减轻家庭负担，勤工俭学已成为大学生谋生求学的重要手段。诈骗分子往往利用这一机会，用招聘的名义对一些"无知"学生设置骗局，骗取介绍费、押金、报名费等。某高校几位学生通过所谓的"家教中介"机构联系家教业务，交了中介费后，拿到手的只是几个联系的电话号码，联系后，对方以"并不需要家教"或者"联系迟了"为由拒绝了他们，而"家教中介"拒绝退还中介费。

7. 骗取信任，寻机作案

诈骗分子常利用一切机会与大学生拉关系、套近乎，或表现出相见恨晚、故作热情，或表现得十分感慨以朋友相称，骗取信任后再寻机作案。诈骗分子何某在火车上遇到某高校回家度假的学生杨某，交谈中摸清了该同学家庭和朋友的一些情况。何某得知杨某同班好友李某假期留校后，便返身到该校去找李某，骗得李某的信任后受到了热情款待。第二天，8个学生寝室被洗劫一空，而何某却不辞而别了。

（三）时间的集中性

据各高校保卫处案件统计和分析，高校诈骗案件集中发生在学期开始之初，其受骗者多为大一新生，且案发的时间集中在大一上学期期初，这一比例占受骗者的73.5%；而大二学生受骗的比例大幅减少，大三学生受骗的比例又呈上升趋势。大一新生社会阅历较缺失、处事经验匮乏、对各种风险的防范和抵御能力较差，大三学生又因毕业、求职等刚需，容易急于求成、"病急乱投医"，是造成这种现象的重要原因。

（四）后果的严重性

大学生对于自己的日常生活开销虽具有一定的自主权，但经济尚未独立，仍需依赖家庭作为支撑。因诈骗而蒙受经济损失势必会影响学生情绪，进而对学生身心造成消极影响。特别是对于家庭困难的学生来说，诈骗所造成的损失和影响是成倍数放大的。这无疑会挫伤学生学习积极性，并导致学生对社会丧失信心。另一方面，高校诈骗案件往往不仅仅只涉及财务。有丧心病狂的犯罪分子在骗取钱财之余，还对受骗学生进行人身侵害，如网友见面遭到绑架、只身前往外地应聘遭到传销集团甚至邪教团伙非法拘禁、诈骗不成动手抢劫等。这些案件作为高校诈骗的极端体现，其性质十分恶劣。

二、高校诈骗案件的常见种类

（一）网络诈骗

网络诈骗是指以非法占有为目的，利用互联网，采用虚构事实或者隐瞒真相的方法，骗取数额较大的公私财物的行为。网络诈骗与一般诈骗的主要区别在于，网络诈骗是利用互联网实施的诈骗行为，涉及钓鱼网站诈骗、网络购物诈骗、冒用聊天工具诈骗、刷单诈骗等。

1. 网上兼职类诈骗

诈骗分子利用大学生自我锻炼、勤工俭学赚钱的心理需求，以刷信誉、刷流量以及刷单（买游戏卡或电话充值卡）返佣金的形式骗取信任，如果受害人在买了几笔未收到返利有所怀疑后，对方还会以交易未成功或资金被冻结为由要求受害人继续付款解冻，直至受害人发现被骗。还有的是以招兼职打字等为由套取受害人银行卡信息，并开通受害人银行卡的快捷支付功能，骗取受害人开通银行卡快捷支付的手机验证码后便购买游戏充值卡或手机充值卡等虚拟产品。

【典型案例】2016年4月12日晚上，一高职院校15级女生熊某，在某QQ群里面看见一条招聘网络兼职刷单的信息，然后就加了对方的QQ，之后对方给熊某介绍了怎么刷单，做的任务的越多返利就越多，然后熊某就按照对方的要求先做了一单120元的交易任务，对方给熊某返了125元，由于当天太晚了就没有继续刷。第二天早上9点多的时候，对方又在QQ联系熊某问可不可以继续刷单，熊某同意，然后对方就发来了一个网址链接，点击进去是一个商城网站，熊某点击支付的时候打不开来，后来对方说帮熊某来操作，后对方就发来了一个二维码让熊某扫一扫，熊某扫完之后就直接进入了支付页面，熊某做了一单375元后截图给对方，对方说还要继续再刷单才可以返现，于是熊某又做了两单 750 元和一单 1125 元的，然后熊某的卡里已经没有钱了，就问对方什么时候能够返现，对方说还要再刷一单 5000 元的才可以返现，之后熊某才意识到可能被骗了，于是报警。

2. 网络购物类诈骗

如玩网络游戏购买游戏币被骗，诈骗分子会提供假的游戏网站或提供有木马病毒的链接，然后受害人付款，对方会以受害人账户被冻结了，需继续充值激活等各种理由骗钱，如果受害人警惕性不够，损失会越来越大。还有的案例就是受害人不在正规的购物网站购物，或不通过有保障的如支付宝平台付款，购物时不能确保收到货的情况下就直接付款导致被骗。

【典型案例】2016 年 9 月 3 日晚上 6 点，一高职院校学生张某在宿舍里上网玩"穿越火线"的游戏。而后在游戏里看到有个网友发了个卖武器装备的信息，有好几样武器只要 30 元。对方在 QQ 里让张某付 30 元给他，他就把装备给张某。张某通过支付宝付给对方打了 30 元钱。这时对方说这 30 元只是定金，还要付 120 元给他，他才把装备给张某。于是张某又通过支付宝付了 120 元给对方，而后对方又说要稳定账号，让张某又付了 500 元。接着对方又说客服要求账号里要达到一定的数额才好把钱返还给张某，于是又让张某付了 880 元至对方另外一个支付宝账户。而后对方又不停以要凑满多少钱才好还款为由，张某分别打了 1480 元、1500 元、920 元、2480 元至对方支付宝账户，这样总共付了 7860 元给对方，最后张某发现被骗后报警。

（二）电信诈骗

电信诈骗是指骗子以电话和短信方式，编造虚假信息，诱使受害人在远程和未接触的情况下给骗子打款或转账。

1. 中奖诈骗

是指诈骗分子利用传播软件随意向手机用户发布中奖提示信息，当受害人按照指定的"网页"或"电话"进行咨询查证时，诈骗分子以中奖缴税、缴纳保证金等各种理由让其一次次汇款，直到失去联系发觉被骗。这类诈骗技术含量很低，一般人都不会被骗，但有的学生因为胆小，认为自己填写了领奖的单子就必须履行，对方说通过司法部门追究违约责任，受害人害怕了于是会把所谓的保证金、所得税等转给对方。

【典型案例】2016 年 11 月 14 日晚上，一高职院校学生郭某的手机收到一条中奖信息，是一个腾讯的中奖页面，页面上的内容大概是你的 QQ 中奖 68 000 元，需要填写个人相关资料领取奖金。当时郭某按照页面上的提示填了身份证号码，姓名，电话号码等真实信息，一直点击"下一步"，最后提交完成。过了半个小时左右，接到一个自称是腾讯公司的客服电话，她向郭某核对了一下刚才填写的个人身份信息，她问郭某要不要领奖，郭某说不领，她说如果不领，就拿郭某的身份资料去当地法院起诉，郭某比较害怕，就答应去领奖。对方给出一个建设银行卡号，让缴纳 2800 元的"领奖保证金"。第二天，郭某去学校附近的建设银行 ATM 机上通过转账的方式汇给对方 2800 元，并打电话通知对方"领奖保证金"已汇，对方回复郭某汇过去的钱他们已经收到了，但还需要缴税，如果不缴税，就起诉郭某。郭某因害怕报警。

2. 补助金、助学金诈骗

诈骗分子冒充民政局、教育局等单位的工作人员，向学生或家长打电话、发信息，谎称可以领取补助金、助学金，需要向其提供银行卡号，以资金到账查询为由，指令其进行操作，随后将钱转走。

3. 恐吓诈骗

诈骗分子冒充公安局、检察院、法院等政法机关工作人员，向学生或家长打电话、发信息，恐吓其信用卡被盗刷、包裹内藏有违禁物品、法院开庭传票等，让受害人产生畏惧心理，从而向所谓的"安全账户"转账汇款。

（三）自我伪装诈骗

此类诈骗是诈骗分子利用信息传递不对称，采用非法途径获取学生个人信息后，冒充老师、领导、亲友等，对他人进行迷惑，从而达到蒙骗他人、窃取他人财物的目的。

1. 冒充老师诈骗

诈骗分子利用学生可能处于论文答辩、毕业求职、专升本等关键节点，担心自己能力不足、想要讨好老师"开后门""走捷径"等心理，实施诈骗。

【典型案例】"小胡，明天早上 8 点到我办公室来一趟吧。"2017 年 4 月 13 日晚 7 点多，正在寝室看书的大学生小胡接到了一个陌生的手机来电。电话一接通对方就喊出了她的名字，而且声音有磁性、很严肃。"您是？"小胡有些迟疑。"你论文答辩快到了，竟连我名字都不知道啊。"对方口气有些重了。"哦……您是陈老师？"小胡快速回想起论文指导老师的名字，试探性的回答。"对，我就是陈老师，你看这个事情怎么弄啊？"小胡以为老师暗示送红包"潜规则"，立刻"接翎子"地回答："您看，我给您转账吧。""陈老师"也十分爽快，马上发来了账号。第二天一早 8 点，小胡就通过 ATM 机转账 3000 元至对方账号。直到当天下午遇到真正的陈老师，她才发现自己被骗。

2. 冒充急救人员诈骗

诈骗分子利用信息不对称，先是冒充手机运营商以"网络维护"等理由要求学生停止使用通讯工具，然后冒充医院或学校向学生家长打电话、发信息，谎称孩子因受到意外伤害、突发疾病等原因病危急需医疗费，从而骗取财产。

【典型案例】2016 年 5 月 18 日，深圳事主赖女士在家里接到一陌生电话，对方自称是其在外地上大学的孩子的辅导员，并告知其孩子因"急性脑血管爆裂"已送到医院并需要马上做手术，但学校有为学生购买保险且与银行有合作机制，让她赶紧把钱汇到对应银行的指定账号，告知手术使用国产药物需要 30 000 元左右，使用进口药需 50 000 元。赖女士非常担心，马不停蹄地赶往银行柜员机相继向对方银行账户存款 30 000 元人民币。汇款后，赖女士立即赶往医院查看，才意识到被骗！

三、预防与应对诈骗案件的措施

当代大学生以独生子女居多，从小在"四二一"家庭结构下长大，社会阅历较缺失，处事经验匮乏，对各种风险的防范和抵御能力较差。在日常生活中，许多同学也抱有侥幸心理，认为自己已经具有防范能力，诈骗等案件离自己很远。因此，应对层出不穷、花样百出的诈骗手段，大学生首先要意识到高校校园作为"准社会"，绝非净土，诈骗等各类案件是确实存在的，一定要有警惕意识。其次，在与陌生人沟通交往中要三思而后行，切勿贪恋便宜，鲁莽行事。再次，要通过主题班会、讲座等培训不断提高自我保护意识，锻炼自我保护能力。最后，可适当参与进校园安保中来，在实践中提高学生识破谎言和骗局的能力，增强法律意识，进而保护自己的人身和财产安全。

（一）提高防范意识，学会自我保护

社会环境千变万化，青年大学生必须尽快适应环境，学会自我保护。要积极参加学校组织的法制和安全防范教育活动，多知道、多了解、多掌握一些防范知识，对于自己有百利而无一害。在日常生活中，要做到不贪图便宜、不谋取私利。在提倡助人为乐、奉献爱心的同时，要提高警惕性，不能轻信花言巧语。不要把自己的家庭地址等情况随便告诉陌生人，以免上当受骗。不能用不正当的手段谋求择业和职业资格证。发现可疑人员要及时报告，上当受骗后更要及时报案、大胆揭发，使犯罪分子受到应有的法律制裁。

（二）交友要谨慎，避免以感情代替理智

与人交往要区别对待，保持应有的理智。对于熟人或朋友介绍的人，要学会"听其言，查其色，辨其行"而不能"一是朋友，都是朋友"。对于"初相识的朋友"，不要轻易"掏心窝子"，更不能言听计从、受其摆布利用。对于那些"来如风雨，去如微尘"的上门客，态度要热情、处置要小心，尽量不为他们提供单独行动的时间和空间，以避免给犯罪分子创造作案条件。

（三）同学之间要相互沟通、相互帮助

在大学里，无论哪个系、哪个专业，班集体总是校园中一个最基本的组织形式。在这个集体中，大家向往着同一个学习目标，生活和学习是统一的、同步的，同学间、师生间的友谊比什么都珍贵，因此相互间应该加强沟通、互相帮助。有些同学习惯于把个人之间的交往看做是个人隐私，但必须了解，既然是交往就不存在绝对保密。有些交往关系，在自己认为适合的范围内适当透露或公开，更适合安全需要。特别是在自己觉得可能会吃亏上当时，与同学有所沟通或许就会得到一些帮助并避免受害。

（四）服从校园管理，自觉遵守校纪校规

为了加强校园管理，学校制订了一系列管理制度和规定。制度，是用来约束人们行为的，在执行过程中可能会给同学们带来一些不便，但却是必不可少的。况且，绝大多数校园管理制度都是为闲杂人员和犯罪分子混入校园作案，以维护学生正当权益和校园秩序而制定的。因此，同学们一定要认真执行有关规定，自觉遵守校纪校规，积极支持有关部门履行管理职能，并努力发挥出自己的应有作用。

第二节　防盗与防抢

盗窃是一种最为常见、并最为广大人民深恶痛绝的违法犯罪行为，盗窃案在高校发生

的各类案件中大约占 90% 以上。抢劫和抢夺都是以非法占有公私财物为目的，但抢劫表现为当场使用暴力、胁迫或其他强制方法，强行劫取，而抢夺则表现为乘人不备，使他人来不及反抗或公然夺取。抢夺侵犯的是他人的财产权，抢劫不但侵犯了他人的财产权利，还侵犯了他人的人身权利，性质更为恶劣。少数大学生对自己要求不严，人生观和价值观发生扭曲，法律意识淡薄，不顾家庭和自己的经济承受能力，追求时尚，盲目攀比，从而导致没有钱花就去偷去抢，逐步走上了犯罪道路。

一、校园盗窃案件的特点及常见方式

盗窃指以非法占有为目的，秘密窃取国家、集体或他人财物的行为。随着社会经济的飞速发展，在校大学生持有的贵重物品越来越多，但学生往往防范意识不强，对自身财物疏于管理，给盗窃分子以可乘之机。

（一）校园盗窃案件的特点

一般盗窃案件都有以下共同点：实施盗窃前有预谋准备的窥测过程，盗窃现场通常遗留痕迹、指纹、脚印、物证等；盗窃手段和方法常带有习惯性；有被盗窃的赃款、赃物可查。由于客观场所和作案主体的特殊性，决定了高校盗窃案件有以下一系列特点：

1. 时间上的选择性

一般来说，作案分子主要选择以下时间段实施盗窃：

（1）师生员工上班、上课、晚自修等时间。这些时间多数师生员工都不在宿舍，正是作案分子入室作案的机会。

（2）校内举行各种大型活动时间。如校运会、艺术节等，作案分子往往利用串门假装找人的幌子进行作案。

（3）新生入学期间。因为刚入校的新生对周围环境和人员都不熟悉，陌生人前来也好不意思盘问，防范意识最为薄弱，作案分子就利用这个机会施展手段，疯狂作案。

（4）期末复习考试期间。这一段时间学生都忙复习考试，防范意识不强，作案分子就会乘虚而入，撬门破窗入室行窃。

（5）冬季。普遍着装厚实，敏感性差；外套口袋多，手机、钱包等随意放置几率加大；喜欢赖床，在宿舍休息时不锁门；在有空调的教室、图书馆、食堂等场地，随意放置装有贵重物品的外套、包等。

2. 目标上的准确性

高校中内盗案件比较多。财会室、计算机室在什么位置，作案人都掌握得一清二楚；哪个学生有钱或贵重物品，常放在什么地方，有没有锁在箱子中或柜子里，钥匙放在何处，作案人员都基本上了解。不动手便罢，一旦动手目标十分准确，常很快便得手。

3. 手段上的技术性

高校中盗窃案件的作案人员，一般以高学历、高智商的人为多，有的本身就是大学生。他们比较聪明，有一定的技术性，盗窃技能高于一般盗窃作案人员。他们经常会想法套取受害人的钥匙开锁，或自制"万能"钥匙等开锁工具，进行盗窃。

4. 作案上的连续性

如上所述，正是由于作案人员比较"聪明"，所以他们第一次作案很容易得手。"首战告捷"以后，作案人员往往产生侥幸心理，加之报案的滞后性或破案的延迟性，作案人员极易屡屡作案而形成一定的连续性。

5. 动机上的复杂性

校园盗窃案件的动机往往很复杂，仅内盗而言，作案动机包括有：

（1）解决贫困。有些学生因为家庭经济拮据，却不使用正当途径解决经济问题，结果铤而走险，实施盗窃行为。

（2）满足虚荣心。有些学生价值观扭曲，"金钱至上"，攀比炫富，但无奈开销太大，无力维持，盗窃来满足其继续摆阔挥霍的虚荣心。

（3）泄愤报复。有些学生出于心里不平衡，或对集体、某个同学的报复心理，盗窃其财物，甚至加以损毁，从中获得畸形的满足感。

（4）心理扭曲。有可能是为了宣泄学习、交友、就业等方面的压力，有可能是为了寻找存在感而控制不住自己的行为，频频盗窃。这是一种心理疾病，盗窃癖，仅仅是享受盗窃时的紧张感、盗窃后的成就感与喜悦感。虽不以占有他人财物为目的，但也要承担相应的责任。

（二）高校盗窃案件的常见方式

以作案主体进行分类，盗窃案可分为外盗、内盗和内外勾结盗窃3种类型。常见方式有以下类型：

1. 顺手牵羊

作案人员趁受害人不备将放在桌上、走廊、阳台等处的钱物顺手牵羊而占为己有。

2. 乘虚而入

作案人员趁主人不在、房门抽屉未锁之机入室行窃。这类盗窃要比"顺手牵羊"者目的性强，不管是现金、存折、信用卡或者是贵重物品，看到的就有可能被盗走。

3. 窗外钓鱼

作案人员用竹竿等工具在窗外将被害人的衣服钩走。有的甚至把纱窗弄坏，钩走被害人放在桌上、床上的衣物。因此，住在一楼或其他楼层靠近走廊窗户的同学，如果缺乏警惕就很容易受害。

4. 翻窗入室

作案人员翻越没有牢固防范设施的窗户、气窗等入室行窃。入室窃得所要钱物后，常又堂而皇之地从大门离去，因此，窃贼有时不易被发现。

5. 撬门扭锁

作案人员使用各种工具撬开门锁入室行窃。

6. 熟人盗窃

作案人员与受害人比较熟，趁其警惕性低，盗走其钥匙，开门、开柜、开箱窃取钱物或有意获取其存折、信仰卡、校园一卡通等有价证卡和密码，盗刷卡。

二、防盗的基本措施

（一）防盗的基本方法

防盗的基本方法有人防、物防和技防三种。其中，人防是预防和制止盗窃犯罪唯一可靠的方法；物防，是一种应用最为广泛的基础防护措施；而技术防范，则是可即时发现入侵、能够替代人员守护且不会疲劳和懈息、可长时间处于戒备状态的、更加隐蔽可靠的一种防范措施。对于大学生来说，最重要的是做好教室和学生宿舍的防盗工作，保护好自己和同学的财物。这不仅是个人的事，而且也是全宿舍、全班乃至全校学生共同关心的大事。

学生宿舍和教室的防盗工作，要注意做到以下几点：

1. 妥善保管钥匙

包括箱包、抽屉等私人钥匙和教室、实验室、宿舍等代为保管的公共钥匙，不能随便借给他人或乱丢乱放，以防"不速之客"复制或伺机行窃。

2. 注意门户安全

同学们一定要养成随手关灯、随手关窗、随手锁门的习惯，特别是最后离开教室或宿舍的同学，要关好窗户、锁好门，千万不要怕麻烦，以防盗窃作案人员乘隙而入。

3. 不留宿外来人员

大学生应该文明礼貌、热情好客，但绝不能只讲义气、讲感情而不讲原则、不讲纪律。如果违反学校学生宿舍管理规定，随便留宿不知底细的人，就可能等于引狼入室而将后悔莫及。

4. 警惕陌生人

作案人到教室和宿舍行窃时，往往使用找熟人、推销等借口，见房门大开、管理松懈，便四处窥测，伺机作案。发现行迹可疑的人应引起警惕，主动上前询问，如果来人确有正当理由一般都能解释清楚；如果来人支支吾吾、神色慌张，回答问题错洞百出，则要请其离去，并报告宿管人员或学校保卫部门，加强注意。

5. 积极协助安保工作

同学们应积极参加教室和宿舍等区域的安全值班，协助学校保卫部门做好安全防范工作。通过参加值班、巡逻等安全防范工作实践，不仅可保护自己和他人财物的安全，而且还可增强安全防盗意识，锻炼和增长自己社会实践的才干。

（二）几种特殊易盗物品的防盗措施

1. 现金

现金因其无记名，是一切盗窃分子图谋的首选对象。最好的保管办法是存入银行，尤其是数额较大时，更应及时存入银行。尽量不要选用自己的出生日期等容易破解的密码。在银行存取款时输入密码要避让他人，切勿随意告知他人银行卡密码。

2. 手机

因为移动支付的便捷性而被学生广泛应用，且现在手机绑定了许多重要的个人信息，所以被盗容易造成个人信息泄露，个人金融安全也遭受极大风险。所以手机防盗关键是人防，在宿舍、教室不随意摆放，出门放在衣服内兜，装手机的背包要前背等。

3. 有价证卡

许多高校广泛使用银行卡收缴学费，发放校园一卡通供学习、生活使用。这些有价证卡应当妥善保管，防止丢失或被人盗用。特别要注意的是，有价证卡不要与自己的身份证、学生证等证件放在一起，以防被盗窃分子一起盗走后冒领。

4. 其他贵重物品

大件的贵重物品如自行车、电动车、汽车等代步工具，要停放在指定的停靠处，安装防盗车锁。其他小件的贵重物品如电脑、首饰、高档衣物等，暂不使用时，最好锁在保险柜或箱（柜）子里，如果较长时间不用的应该带回家中或交给可靠的人代为保管。最好有意地做上一些特殊记号，即使被偷走，将来找回的可能性也会大一些。

（三）发生盗窃案件的应对办法

一旦发生盗窃案件，同学们一定要冷静应对：

（1）手机被盗。一是立刻致电运营商挂失手机号，及时补办新手机卡；二是拨打银行电话，转人工服务，最短时间里将银行卡与丢失的手机解绑；三是主动拨打拨打 95188 挂失，解绑支付宝；四是修改微博、微信、QQ 等密码，以防不法分子利用微信、QQ 等通讯软件向好友行骗或发送木马链接留下隐患。

（2）宿舍内钱物被盗，立即报告学校保卫部门或拨打"110"，同时封锁和保护现场，不准任何人进入。不得翻动现场的物品，切勿急急忙忙地去查看自己的物品是否丢失。这对公安人员准确分析、正确判断侦察范围和收集罪证，有十分重要的意义。

（3）发现嫌疑人，应立即组织同学进行堵截，力争捉拿。

（4）配合调查，实事求是地回答公安部门和保卫人员提出的问题。积极主动地提供线索，不得隐情况不报，学校保卫部门和公安机关有义务、有责任为提供情况的同学保密。

（5）有价证卡被盗，应立即到发卡的相关部门挂失。

三、抢劫和抢夺的预防措施

抢劫是指以非法占有为目的，对财物的所有人、保管人使用暴力、胁迫或其他方法，强行将公私财物抢走的行为。抢夺是指以非法占有为目的，乘人不备，公开夺取公私财物的行为。这两类犯罪行为都侵害他人的财产安全，而且容易转化为凶杀、强奸等侵犯人身安全的恶性案件，威胁和伤害大学生的生命健康、精神健康，具有较大的危害性。大学生只有充分认识其危害性，不断提高自我保护能力，才能有效地防止人身伤害和财产损失，才能在遇到危险时采取恰当的防范措施，减少不必要的伤害。

（一）校园抢劫和抢夺案的特点

1. 作案时间规律

人流量少的时间段。如午休、深夜、上课、晚自习期间，一般这时，室外行人稀少，同学们出行容易落单，往往孤立无援，而犯罪分子却人多势众，易于得手。

新学年开学入校时。新学年开学之初，同学及家长们一般带有较大数额的现金用于缴纳学费或生活费，容易为犯罪分子所垂涎。

2. 作案地点隐蔽

作案人员常选择校园内较为偏僻、阴暗的地带，如小树林、闲置的建筑物等，或校园周边地形复杂、人少及夜间无路灯的地段。因为这些地方犯罪分子比较容易隐藏，不易被人发现，得手后也容易逃脱。

3. 作案目标固定

作案人员的主要目标有三类人：一是穿着时髦、贵重财物外露的人；二是落单行走的人，特别是女性；三是避开人群谈恋爱的大学生情侣。

4. 作案人员复杂

作案人员除个别是流窜作案，一般是学校及周边的暂住人员、无业人员或有劣迹的人员，有时是社会青年与在校学生共同犯罪。这些人员往往三五成群，共同作案。有的在抢劫前还进行了周密的预谋，内部进行明确的分工，有的物色对象，有的充当打手，有的望风，有的负责逃跑掩护。

5. 作案频率反复

受害人被抢时受到抢劫者的威胁恐吓，之后出于怕家长担心、怕遭到报复或息事宁人的心态，有时不敢报案，导致抢劫者有恃无恐，三番五次地对同样的人下手，所以在受害人忍无可忍报案的时候，往往已经被反复抢劫多次。

（二）防抢的基本措施

根据校园抢劫和抢夺案的特点，预防抢劫和抢夺案件的发生，要从思想上引起高度的重视，严格遵守学校制定的有关安全规定，并自觉落实到具体的行动中，不给犯罪分子以可乘之机。

1. 校纪校规要遵守

为确保同学们的安全，学校都有相应的纪律规定。如不得擅自在外租房，按时就寝不得晚归等。但总有一部分同学违反校纪校规，晚归或夜不归宿，这样就给作案分子提供了作案的机会。

2. 外出结伴不独行

犯罪分子对大学生实施抢劫，被抢对象多为独行。因此，为了保护自身安全，大学生外出务必结伴而行，晚上最好不外出。

3. 大方朴素不炫富

作为求学的学生，经济往往不能独立，依靠父母支援，所以生活要简约一些，穿着打扮上大方、朴素，不要穿戴名牌、现金外露地炫富，容易成为作案分子盯梢的对象。

4. 偏僻小道要少走

同学们应该尽量选择校园内的大道走，特别是在夜间，莫贪近路走一些偏僻小道。校园情侣也要"发乎情止乎礼"，不选择在无人的、灯光昏暗的地点谈恋爱。

5. 校外网吧要少进

大学生尽量少光顾校外网吧，因为一些不法分子在手头较紧时，往往对经常出入网吧的大学生实施抢劫。这类案件在校园周围常有发生。

（三）遭抢时的应对措施

抢夺案件一般是飞车抢夺，两人骑行一辆车，在靠近目标后，后座的人瞬间身手抢夺受害人的手提包或身上佩戴的首饰、手机等，而后迅速骑车逃跑。所以出行背包时背在靠人行道侧或挎肩斜背，以免被抢；对于悄然驶近的摩托车、小车要特别注意防范。如果被抢夺人员拽住包，要及时撒手，免得被拖行而发生意外人身伤害。然后大声呼救，尽量记住作案人员或骑行工具的特征，及时拨打报警电话。

若遭遇抢劫时，最主要是保持镇静、克服恐惧，最关键是保证自我人身安全。具体来说，要注意以下几点：

1. 沉着冷静不恐慌

大学生无论何时遭抢劫，首先要保持镇定，克服畏惧、恐慌情绪，镇定下来才能冷静分析所处环境，灵活应对，巧妙周旋。

2. 快速撤离不犹豫

俗话说："三十六计走为上"，同学们如遇到抢劫时对比力量悬殊，感到无法抗衡时，可大声呼救或声东击西，待其慌乱或分神的时机，向有灯光或人员集中的地方快速奔跑。抢劫分子有其胆大妄为和凶悍的一面，更有其心虚的一面，一般不会穷追不舍，从而可有效避免劫案的发生。

3. 以柔克刚不蛮干

作案分子实施抢劫时，一般都做了相应准备，要么人多势众，要么以凶器相逼，当同学们已处于抢劫团伙的控制之下无法逃走时，不能蛮干，可先交出部分财物或进行恰当的对话，缓和气氛，麻痹对方心理，寻机逃脱。也可根据作案人员的心理，进行法制宣传教育或晓以利害，使其得到部分财物后，终止作案。总之，尽量避免正面冲突、受到人身伤害。

4. 留下印记不放过

同学们一旦遭遇抢劫，要注意观察作案人，尽量准确地记下其特征，如身高、年龄、发型、体态、衣着、胡须、特殊疤痕、语言及行为等，还可趁其不注意在作案人身上留下暗记，便于为公安机关侦破案件提供线索。

【典型案例】某高校一对学生情侣李某和张某，深夜十一点多在校园的小树林里漫步。突然，数名社会青年围上来，欲强行搜身，女生张某吓得直发抖。李某急中生智，掏出香烟和打火机，还有几百元现金，假说自己也是社会上玩的，愿意跟他们交个朋友，这群社会青年见李某"很爽快"，也没过多地为难，拿了钱和烟后扬长而去。这时李某和张某分别掏出手机拨打学校保卫处和报警电话，将这群社会青年的人数、大概年龄和穿着特征报告。很快，这群人还没来得及走出校园，便被学院保卫处和护校队的人团团围住，并与及时赶来的民警一道，全部抓捕归案。李某被抢的钱物悉数追回，等待这群抢劫分子的将是法律的严惩。

第三节 抵制传销

传销是一种非法牟取暴利的不法行为。受到利益的驱使，一些传销组织，把黑手伸向了广大在校和刚刚毕业离校的大学生们。抓住青年学生涉世未深、急于就业、渴望成功等弱点和心理，传销组织以介绍就业、高额报酬、支持创业为幌子，引诱其参与传销。大学生参与传销而上当受骗、受辱的案例屡有发生。传销对大学生的学习、生活和人身安全造成了严重危害。因此，正确认识传销，学习如何避免误入传销陷阱，抵制传销，对大学生健康成长、快乐地学习和工作具有重要的意义。

一、正确认识传销

（一）传销的定义

传销，是指组织者或者经营者发展人员，通过对被发展人员以其直接或者间接发展的人员数量或者销售业绩为依据计算和给付报酬，或者要求被发展人员以交纳一定费用为条件取得加入资格等方式牟取非法利益，扰乱经济秩序，影响社会稳定的行为。

传销产生于美国哈佛大学两位数学系学生的天才想法，两人开始只是研究倍增学，比如1变2，2变4这样的数学模型。后来被引用到市场营销学中成为了传销。传销分为有物传销和无物传销。有物传销又分固定价格和递增价格。传销方式在世界各地都较为流行，传销企业因此获取大量货物的差额利润，但并非佣金。正因为传销的巨大商业利润，驱使有些不法商人利用传销的方式开展非法传销，将正当传销演变为"网络连锁"等非法形式，变相聚敛财富、欺诈群众，从而连锁引发非法传销人以追求财产为核心的各类型犯罪。我们平时说的非法传销就是指传销，在我国，传销是违法的。

传销组织搞传销，其基本策略手段一是人身控制，二是"洗脑"。传销组织对每一位新人都限制了人身自由，只是强度不一样，如果新人是推荐人的亲人或者非常要好的朋友，他们会相对放心一些，看得不是太紧，一般也不会扣手机或钱物。而对于网友或者通过网上招聘骗来的新人，他们会看得很紧，将其手机、银行卡等财物扣下，而且不能外出，这就属于"非法拘禁"。如果新人不配合，还要遭受皮肉之苦。然后在封闭的环境里对新人反复"洗脑"，所谓"洗脑"，就是传销组织以种种手段，鼓吹通过传销迅速富裕的理论，迷惑新成员的判断力，改变他们的思维方式，调动他们的情感与情绪，激发他们内心的欲望，使他们对传销由怀疑到深信不疑，不仅认同其价值观，而且对其产生经济依赖、心理依赖、情感依赖，直至深陷其中而不能自拔，最终达到精神控制的目的。

（二）传销的特征

据有关部门保守估计，目前为止，参与非法传销的群众已经超过了 1000 万人，具有大学学历的占 30%，在校大学生占 5%。识别传销，需要看三个特征：

（1）入门费。是否需要认购商品或交纳费用取得加入资格或发展他人加入的资格，牟取非法利益。

（2）拉人头。是否需要发展他人成为自己的下线，并对发展的人员以其直接或间接滚动发展的人员数量为依据给付报酬，牟取非法利益。

（3）计酬方式。是否以直接或间接发展人员的销售业绩为依据计算报酬，牟取非法利益。

随着社会及互联网的发展，传销活动也逐步呈现出专业化、复杂化发展趋势，主要表现在：

（1）大学生由普通参加者向传销活动组织者发展，传销组织更加严密。

（2）传销活动由大中城市大规模聚集向县级城市小规模、多点分散发展，传销活动更加隐蔽。

（3）传销载体由传统实体商品向高端虚拟产业发展，传销载体更加高端。

（4）传销形式由熟人拉拢向线上陌生人引诱发展，传销形式更加多元。

【拓展资料】寿光市市场监管局总结 11 条传销规律警示，提醒你别被骗了。

（1）打着"国家扶持""国家特许的资本运作"等旗号，以"连锁销售"为幌子，引诱诱骗他人到当地以考察、旅游、做生意等为名参与从事传销活动。

（2）打着"国家扶贫项目""好项目产业大联盟"等旗号，以"发展代理""建立工作站"等方式从事传销活动。

（3）以销售保健品、化妆品以及介绍工作的幌子拉人头，进而限制人身自由的传销活动。

（4）以"网购""网络直购""网点加盟"等形式从事网络传销活动。

（5）宣传"免费获利""消费增值""消费多少返多少"等名义，诱骗人员参加传销活动。

（6）以"在家创业""网络创业""基金发售"等作诱饵，欺骗、引诱年轻人参加网络传销活动。

（7）以"玩网络游戏""网上博彩"为名，以直销奖、销售奖为诱饵发展下线。

（8）以"慈善救助""爱心互助""消费养老"等形式欺骗群众上当受骗。

（9）以微信、微商为平台，夸大宣传、造假炫富，以商品零售作幌子发展下线。

（10）以"高息理财"蛊惑人们投资，并以发展人员数量计算业绩、报酬和返利。

（11）打着"精英培训、提升自我"等旗号，要求参培人员介绍他人交高额培训费参加培训后可兑现奖励和返利等方式引诱人员参与从事传销。

（来源：山东省寿光市市场监管局，2019 年 1 月）

二、传销的种类及危害

（一）传销的种类

为维护社会主义市场经济秩序，2005 年 11 月 1 日起《禁止传销条例》开始施行。该法第七条规定下列三种行为属于传销行为：

（1）组织者或者经营者通过发展人员，要求被发展人员发展其他人员加入，对发展的人员以其直接或者间接滚动发展的人员数量为依据计算和给付报酬（包括物质奖励和其他经济利益，下同），牟取非法利益的；

（2）组织者或者经营者通过发展人员，要求被发展人员交纳费用或者以认购商品等方式变相交纳费用，取得加入或者发展其他人员加入的资格，牟取非法利益的；

（3）组织者或者经营者通过发展人员，要求被发展人员发展其他人员加入，形成上下线关系，并以下线的销售业绩为依据计算和给付上线报酬，牟取非法利益的。

（二）网络传销

随着互联网普及程度不断提高，以无接触、网络化、地域分散化为特点的新型网络传销逐渐成为主流，其中金融投资理财类占比高达 30%。而且研究表明，互联网程度越高的城市，受网络传销的影响越广泛。由于人们往往对于自己关系密切的人疏于防范，导致犯罪分子屡屡得手，针对熟人的网络传销，已经成为危害公众人身财产安全，影响社会稳定的一大公害。2018 年 4 月国家市场监督管理总局发布了《关于进一步加强打击传销工作的意见》，指出："当前打击传销工作形势依然十分严峻，网络传销违法犯罪活动蔓延态势迅猛，亟须采取更有力的措施加以整治。"

【典型案例】 应届大学生被骗，误入网络传销

近日小编接到一名应届大学生举报，他被骗一万元，欲要报警追回却无果。特找到小编想要曝光这家黑心平台，让更多人避免上当受骗。

据悉小王是被一家名叫 AOK 澳客国际的网络平台所诈骗，其手段之新，让人防不胜防，区别于传统的电话诈骗，AOK 澳客国际这家平台是一家典型的庞氏金融骗局结合网络传销的诈骗方式。小王也是经朋友推荐才了解这一平台，平台宣称对投资者负责，以日利率达百分之一到百分之一点五的利息支付给投资者。期初小王也是半信半疑，通过试水投了两百块钱，短短几天就返利获得了几十块！这让小王开始加大资金投入，从一千到三千再到五千，收益都稳稳的到账，而且暴利程度难以想象！短短十几天之内，投资的小王就获得了近五千多的收益，而且还有五千本金在以利滚利的方式为小王赚取更多利息！要知道小王只是一个应届大学生，实习的工作的薪资也才三千多一个月，听着着实让人心动。别的投资产品能年利率能有 4%～6% 就已经很不错了，但是这家平台年利率竟高达360%～450%。但是小王并没有丝毫怀疑和忌惮，在这一庞大的利益驱使之下，东拼西凑又投资进去两万元，可惜这一次没有和往常一样，收益再一次稳稳地回流他手中，他的账户被冻结，扣除以前所赚收益，还白白亏空了一万元作！而所谓的客服也人去楼空，到现在小王才意识被骗，但早已于事无补。

此外，AOK澳客国际还以传销的方式，进行更大规模的诈骗，至于小王那位朋友就是中了这招将这一平台推荐给了小王！导致小王上当受骗，那小王朋友为什么要这样做？AOK澳客国际还有一种牟利方式就是推荐会员！只有你成功推荐会员并进行投资，就能赚取投资者百分之五的利率！注意这还存在等级制度，只要你推荐的人够多，且他们持续不断的投资，你就能持续不断的拿钱，层层剥削，正是传销的牟利手法。到最后只有第一阶梯的人，也就是AOK澳客国际才真正的获利，至于其他所有人都是他吸食的血肉！

（来源：搜狐网，应届大学生被骗，误入网络传销，2018年8月）

1. 网络传销的类型

（1）实物传销。传统传销的"网络版"，即借助互联网推销实物产品，发展下线这种模式过于明目张胆，已经被逐渐抛弃。

（2）广告点击。靠发展下线会员增加广告点击率来给予佣金回报。通过网络浏览付费广告获得积分，并由单一的点击广告发展为点击广告、收发E-mail、在线注册等多种方式并存。这种在线注册多为免费的，目前这种形式已经伸向校园，学生成为一大群体。

（3）多层次信息网络营销模式。交纳一定费用后即可申请到一个用户名，可以使用网站提供的平台。而且，成功加入该网站后，即有资格推荐、发展他人加入该网站，并可以按照推荐成功加入的人数获取积分，按积分分配奖金。这样，拉人头取代了传统的商品销售方式，但本质仍是以下线交纳的入会费来支付上线的奖金，是一种典型的金字塔式的传销。

（4）广告提成。网上"云广告"盛行，非法组织便利用云广告概念进行非法传销。因为网络传销隐蔽性和欺骗性，很难让广大网民区分，一般人只以为是"网赚"或者是"广告位"，加上近几年广告在网上的大量流行，广告位的租金越来越贵，所以非法组织利用这一背景，提出花钱买广告位，然后拉取下线买广告位从而获得"提成"的新模式。而且，很多组织利用比较出名的公司或者纠费平台，如支付宝，财付通等进行宣传和蛊惑，利用网民相信合法网站的心理发展下线。

2. 网络传销的特性

（1）虚拟性更强。网络始终是一个虚拟空间，非法传销者利用网络的虚拟这一特征，假借"电子商务""基金运作""风险投资""新能源开发""外汇交易"以及"黄金期货交易"等名义，遮人耳目，大搞"空手道"，行空手套白狼之实。

（2）更具欺骗性。传销网站多打着远程教育、培训个人创业、电子商务的旗号吸引人，掩人耳目，掩盖其发展会员（下线）牟利的本质。许多传销人员（包括大学生）陷入网络传销陷阱后，认为这就是电子商务，在被查获后还屡屡强调他们参加的不是传销而是一种"新型消费"。

（3）隐蔽性更强。与传统传销相比，网络传销发展会员、汇款都在网络上进行，会员必须通过网站才能加入传销，使用的用户名都是假名或者代号，并且都有各自的登录密码，彼此之间的联系主要通过电子邮件或即时通讯工具来完成。操纵者由明转暗，传统传销中下线与上线必须见面的"风险"被完全化解，即使下线被执法部门查获后，上线也能马上逃之夭夭。

（4）跨地域性传播。网络传销突破了地域和国界的限制，即使在国内，传销骨干人员经常是"打一枪换一个地方"，全国各地流窜作案。由于属地管辖的限制，各地工商部门只能就本辖区的传销活动进行监督，对全国性的传销难以从源头上切断，对捣毁整个传销集团也无能为力，治标不治本。而对于跨国的网络传销，由于网站注册地在国外，因此面临着法律适用和国际管辖权的问题，取缔难度更大。

（三）传销的危害

1. 对自身的危害

大学生一旦被卷入传销，就完全荒废了学业、事业，而且也无法像组织者宣称那样一夜暴富，更多的是散尽钱财，甚至负债累累。参与传销的人往往从自己的家人、亲戚、朋友、同学下手，造成亲朋好友对其深恶痛绝，甚至是完全决裂。一旦觉悟了，想要脱离苦海，很可能会遭到组织者囚禁、毒打，甚至被杀害。如果组织领导传销活动，最终被警方破获，将面临法律制裁。即使侥幸躲过法律制裁，也不得不终生面对被自己伤害的人仇恨和报复。

2. 对社会治安的危害

传销违法活动具有很强的继发性，由此引发了大量刑事案件以及扰乱社会治安秩序案件。因传销引起的夫妻反目、父子相向，甚至家破人亡的惨剧时有发生，给不少家庭造成巨大伤害，动摇社会稳定的基础。各种传销组织对参与者的人身自由管制，往往会引发大量暴力杀人伤人案件。同时，传销失败者往往因为生活等原因，往往采取偷、抢等方式解决临时困难，由于传销洗脑效应，在作案过程中往往无所顾忌，极其歹毒，很容易杀人和误伤无辜。

3. 对市场经济秩序的危害

传销涉及地区广、人员多、资金大，有的还伴有非法集资、制售假冒伪劣商品、侵害消费者权益等大量违法行为，诱骗了大量社会人力资源，大量社会资金和资源被集中到骗局的金字塔顶尖，被组织者肆意挥霍，导致大量参与者家庭破产，企业荒废甚至破产，大量工人失业，破坏了市场经济的健康和谐发展。

4. 对国家安全和政治稳定的危害

被诱骗参与传销者，多为中低收入者，城市退休、下岗或无业人员、农民及在校学生等被骗参与传销的情况也日益突出。传销组织者对参与人员反复"洗脑"，进行精神控制，唆使参与人员阻挠、对抗执法部门，围攻、打伤工商、公安执法人员的事件时有发生，对抗性日益加剧，而且不断引发群体性事件。传销不但极大损害群众利益，还进一步激化社会矛盾，危害国家安全和社会和谐稳定。

三、如何预防传销

大学生应树立正确的价值观，提高对传销的识别能力，防止误入传销陷阱。

（一）创业需在勤奋中求索

不轻信天上掉馅饼，不幻想一夜暴富，不轻信同学、朋友对优厚待遇的许诺。传销公司最常用的话是"让你在消费的同时赚钱"，这是鬼话，消费就是消费，赚钱就是赚钱。把消费当职业，永远也别想赚钱。

（二）求职先审单位资质

1. 仔细查询即将应聘的公司的相关信息

在招聘网上投的求职简历被招上后，一定要仔细核查该公司的信息，比如地址、业绩评价，最近做过的案例等。可以上国家企业信用信息公示系统查询该公司的注册信息，正规公司的信息都可以查到，如果查不到任何信息，不去面试为宜。

2. 在面试的时候多问一些专业性的问题以及相关项目状况

如果他吞吞吐吐，闪烁其词，经不起深问，就很有可能是传销组织。

3. 面试前往公司地址，警惕临时变更地址

在你按照招聘网站的地址到了之后，他打电话过来让你去其他地方见面，这很有可能就是传销组织了！你可以问一下原来地址大厦的工作人员，这家公司是不是在这里办公，如果他说派车来接你，不要随便上车，有可能派过来的出租车就是与传销组织沟通好的。

4. 仔细观察面试环境

正规公司的基本办公设备一般是齐全的，比如办公桌椅、电脑、打印机、座机、传真机等，而传销公司的者一般比较简陋，大多数都是墙上贴满传销标语、面试问不出具体经营产品、待遇没有五保一金、不允许跟工作人员私下交流等。

（三）经济活动必签合同

商业界一切关系的建立都要签订合同。合同是保证双方平等互利的必要工具。特别是公司与个人发生劳资关系，我国《劳动合同法》规定一定要签订劳动合同。正规公司都会主动与你签订合同，如果对方丝毫不谈合同，甚至拒绝签订合同，那他们一定不正常。

如果不小心误入传销组织，首先克服恐惧心理，传销主要是谋财，并不会直接害命，所以不能做跳楼、拿刀伤人等过激的行为。然后保持清醒的头脑，不要被传销组织给"洗脑"，最后，与传销组织斗智斗勇、巧妙周旋，伺机报警或逃跑。

1. 记住地址，伺机报警

到一个陌生的地方，人生地不熟，家人知道你失踪了，肯定很着急，但是苦于不知道你的具体地址，报警也没用，不能救你。所以首先要掌握自己所处的具体位置，楼栋号、门牌号等，如果没有这些，可看附近有没有什么标志性建筑，暗中记下饭店、商场等名字。如果能发短信或打电话，可偷偷自己报警，或告知自己的亲人或朋友，叫他们帮忙报警。

2. 外出上课学习的途中逃离

传销组织每天都有一些户外活动，在这个过程中随行的人相对较少，便于逃离。而且在大庭广众之下，便于寻求别人的帮助。在外出后，要抓住时机赶紧跑，在经过一些机关

单位、企事业单位时，跑过去向保安或工作人员求助。提前写好求救纸条假装买东西等和钱一块递给对方，让对方帮助报警；跑向人多的地方高声向路人求救；实在不行，装坏人抢东西（这个迫不得已才做，而且不要跑远了，要让别人抓住，抓住赶紧申明，不然就要挨揍）。

3. 装病，寻找外出逃离的机会

如果传销组织控制比较严，外出的机会很少，我们可以想尽一切办法，找到外出的机会。装病是个好办法，但要装得像，不要被看出破绽。拉肚子等都是很好的借口。尽可能地折腾，让他们同意外出就医，然后找机会逃离。

4. 从窗户扔纸条求救

如果实在找不到逃跑的机会，可以在上厕所时偷偷写好求救纸条，为引起注意，可写在钞票上，然后趁人不备，从窗户扔下。

5. 骗取信任，寻机逃离

如果实在走不掉，看得很紧，在"敌强我弱"的情况下，就要想软办法，伪装、骗取他们的信任，让他们放松警惕，然后再寻找机会逃离。

第六章
网络信息安全

　　根据《中国互联网络发展状况统计报告》显示，截至 2018 年 12 月，我国网民规模达 8.29 亿，普及率达 59.6%，较 2017 年底提升 3.8 个百分点，全年新增网民 5653 万人次。我国手机网民规模达 8.17 亿人次，网民通过手机接入互联网的比例高达 98.6%，人均周上网时长为 27.6 小时，全年新增手机网民 6433 万人次。网络为大学生提供了丰富的信息资源和广阔的学习空间，成为大学生增长知识、开阔视野、休闲娱乐、互动交往、展示自我的重要平台。网络对大学生产生积极影响的同时，也对大学生的思想品德、学业、身心、人际关系、情绪情感、兴趣爱好等多方面带来不少负面影响，个别学生甚至达到网络成瘾的程度，问题十分突出。一些不法分子利用网络进行违法犯罪活动，也会给大学生带来财产损失和人身伤害。网络中存在的不良信息，会对大学生造成不良影响，容易诱发违法犯罪行为。因此，作为当代大学生，我们必须高度警觉，了解和掌握网络安全知识，提高网络安全意识。

第一节　信息安全防护

　　2014 年 2 月 27 日，中央网络安全和信息化领导小组成立，习近平总书记亲自担任组长。2016 年 4 月 19 日，习近平总书记在网络安全和信息化工作座谈会上指出，"维护网络安全是全社会共同责任，需要政府、企业、社会组织、广大网民共同参与，共筑网络安全防线"，说明了网络安全需要全社会的维护。我国政府还明确了要健全信息安全保障工作体系，制定和完善信息安全法律体系，2017 年 6 月 1 日，《中华人民共和国网络安全法》正式实行。作为当代大学生，需要更多地了解信息安全防护方面的知识。

一、网络不良信息的防范

（一）网络不良信息的分类

　　网络不良信息是指在互联网上能对人的身体造成损害、给人的精神带来困扰、使人的思想产生混乱、让人的心理变得异常的有害信息。大学生长时间接触网络不良信息，会严重危害自身的身心健康，产生恶劣的影响。目前，主要有以下五类常见网络不良信息：

1. 违反法律类信息

　　违反法律类信息是指违背《中华人民共和国宪法》《全国人大常委会关于维护互联网

安全的决定》《互联网信息服务管理办法》所明文严禁的信息以及其他法律法规明文禁止传播的各类信息。互联网上的违反法律类信息大致包括淫秽、色情、暴力等低俗信息，赌博、犯罪等技能教唆信息，毒品、违禁药品、刀具枪械、监听器、假证件、发票等管制品买卖信息，虚假股票、信用卡、彩票等诈骗信息，以及网络销赃等多方面内容。最为突出的就是淫秽色情类低俗信息。淫秽色情类信息是目前互联网上危害最大的违反法律信息，多以庸俗和挑逗性标题吸引点击，其内容包括表现人体性部位、性行为，具有污辱性的图片、音视频、动漫、文章等，也包括非法的性用品广告和性病治疗广告，还包括色情交易、不正当交友等信息，以及走光、偷拍、露点等利用网络恶意传播他人隐私的信息。

2. 违反道德类信息

违反道德类信息是指违背社会主义精神文明建设要求、违背中华民族优良文化传统与习惯以及其他违背社会公德的各类信息，包括文字、图片、音视频等。虽然违反道德类信息仅违背一般的道德准则，会受到主流道德规范的谴责和约束。但是，违反道德类信息一旦"过头"，造成了严重的后果和影响，就很容易演变为"违反法律类"信息。主要包括以性保健、性文学、同性恋、交友俱乐部以及人体艺术等内容构成的成人类信息，与暴露隐私相关的信息，容易引起社会争议，钻法律空子的"代孕""私人伴游""赴香港产子"等信息，"代写论文""代发论文"等学术造假、学术腐败信息，与风水、占卜相关的迷信类信息等。

3. 破坏信息安全类信息

破坏信息安全类信息是指含有病毒、木马、后门的高风险类信息，对访问者电脑及数据构成安全威胁的信息。由于病毒的网络化，使得网页浏览成为病毒传播的最主要渠道。而且，由于应用软件漏洞、浏览器插件漏洞等频发，仅依靠网民自身的安全意识，很难应对这类高风险信息。此类信息具有隐蔽特征，打开此类信息后不会有什么特别之处，但在浏览内容时，暗含在网页中的木马、病毒、插件等恶意程序已经进驻网民的电脑中了。此类信息往往还很具有诱惑力，多以明星照片、成人信息、免费下载为诱饵，吸引网民点击进入。

4. 暴力类信息

暴力类信息是指以一种非理性的方式宣传暴力、凶杀、血腥、绑架、强暴、战争和恐怖等内容的信息。这些信息往往以一些非法游戏为载体，场面、内容刺激，对大学生有极大的诱惑力。大学生往往会感到好奇，产生兴趣，从而歪曲原本健康的价值观。有的甚至还会在现实中效仿而伤害他人，触犯法律、法规。

5. 垃圾类信息

垃圾类信息通常包含虚假和欺诈的广告宣传、传销、骚扰、色情、病毒、恶意代码、反动和封建迷信等内容，这些垃圾信息无处不在，几乎所有的网民都曾遭受其骚扰，甚至出现了诸多危害国家安全和社会治安以及侵害他人合法权益的现象。其中，网络垃圾邮件是最主要的网络垃圾信息。

（二）网络不良信息的预防

大学生面对网络不良信息的侵害，可以通过以下方法进行预防：

1. 培养自身道德主体性

大学生的道德主体性是指在各种不同道德准则发生冲突时能做出正确的判断和选择、采取正确的行为，并且是大学生在面对道德困境时提出新行为准则的能力和勇气。面对日益复杂的信息环境，大学生要注重培养自身的道德判断和选择能力，培养对民族文化的热爱以及独立思考能力。这是抵御网络上不良信息影响的重要方面。

2. 加强网络法制意识

网络具有不可控性，是一个缺少规范而且难以实现合理制约的空间，大学生只有不断强化网络法律意识并构建起完善的网络道德体系，通过法律制约与道德规范的良性互动，才能有效地维护网络秩序的稳定性。近几年来，我国先后发布了《中华人民共和国计算机信息系统安全保护条例》《中国公用计算机互联网管理办法》《关于维护互联网安全的决定》《网络安全法》等法规，大学生要以此为要旨，加强网络法制意识教育，规范网络行为。

3. 加强网络自律意识

减少网络的负面影响，大学生要注重培养网络自律意识，培养内在的、自觉的道德情感和道德责任，使自身在良莠不齐的网络文化中自尊、自爱、自律、自控，对不良信息自觉抵制。不在网上发表不负责任的言论，参与电脑娱乐和网络游戏要把握好"度"，如果沉溺其中，最终会荒废学业，乃至出现更严重的后果。

4. 远离网络陷阱

在网络上，加强自我保护意识，时刻保持警觉，远离网络陷阱。网络陷阱包括恶意网站、不良网络游戏、黑网吧、淫秽色情、黑客教唆、邪教、网恋、网络同居、网络裸聊、网上算命、网络免费服务、网络一夜情、网上替考枪手、网络窥探隐私、网上教唆自杀等。

5. 预防垃圾邮件

用户可通过设置邮件主题、来源、长度等对电子邮件进行过滤。也可以使用一些专门的反垃圾邮件软件。同时，在浏览网页时应避免随意登记自己的邮箱地址，以免邮箱地址泄露，也不要随意回复垃圾邮件。

二、网络聊天的安全防范

当代大学生对 QQ、微信、飞信和陌陌等网络聊天软件一定不陌生，绝大多数大学生都有几个相关的账号。聊天工具的密码、个人资料和聊天记录能否安全成为至关重要的问题。

（一）网络聊天常见安全问题

1. 骗取钱财

大多数情况下，是以盗取 QQ 号冒充好友网聊并获得信任后提出借钱汇款、购物等手段进行诈骗。或通过假装网恋谎称遇急事借钱、委托购物等形式骗取钱财。

2. 感情诈骗

一些以玩弄别人感情为目的的网络骗子，在网上把自己包装成高富帅（或白富美），通过聊天使一些大学们很享受和依赖网上聊天虚幻的美好并一步一步陷入其中不能自拔，最终面目暴露，实施暴力恐吓、限制人身自由、强奸、轮奸、拐卖偏远地区、倒卖进卖淫窝点等。

3. 敲诈勒索

主要是指通过网络"钓鱼"（或网络视频聊天）取得个人信息或隐私，实施敲诈勒索钱财或身体交换等违法犯罪行为。

（二）网络聊天安全措施

1. 个人信息要保密

不能轻易在网上向陌生人透露自己的个人信息，个人的姓名、身份证号码、手机号码、银行卡密码、支付密码等，都是最核心的机密，切勿泄露，避免在网络上有人拦截你的信息，盗取你的财产。

2. 不要轻易见网友

谨慎对待网恋、陌生人交友，如果想要见网友一定要选择在公共场所，而且一定要有人陪伴，约在白天，安全第一。

3. 避免经济往来

骗子为了骗取的钱财，先取得你的信任后，让你感觉彼此成了朋友，再找你借钱借物，或者称自己有资源给你等，这个时候你要保持清醒，凡是涉及经济往来的一定要避免或者三思。

4. 不要感情用事

有些骗子手段高明，甜蜜密语，嘘寒问暖，让你觉得找到了知心人，不免就动了感情，容易失去理智而做出冲动的决定。大学生在这面一定要引起注意，不要感情用事，被人利用。

5. 不随便加陌生人好友

不要随便通过查找附近的人、摇一摇等方式添加陌生人，不要存在猎奇的心理而去添加陌生人为好友，也不要看人的头像而随便去添加好友，有些骗子就是利用女性美丽的头像吸引人添加，从而达到骗财、骗色的目的。

三、警惕网络

随着网络在社会经济、政治、文化、军事各领域的作用日益明显，其安全隐患也渐趋突出。目前大学生尤其要在沉溺网络、网络交友、网络诈骗等方面保持高度警惕。

1. 沉溺网络危害大

长期沉溺于网络会对大学生的生理与心理健康造成一定的危害。由于长时间上网，睡眠节律紊乱，导致大脑神经中枢持续处于高度兴奋状态。引起体内一系列复杂的生物化学变化，导致自主神经功能紊乱，内分泌失调，免疫力降低，诱发种种疾患：如肠胃神经症、紧张性头疼、腕关节综合征、视力下降、怕光、暗适应能力降低、腰背肌肉劳损、脊椎疼痛变形等，更严重的甚至导致猝死。另外，沉溺网络还表现在上网时间失控，陷于网络不能自拔，一旦停止上网便会产生强烈的渴望与冲动。注意力不能集中和维持，感知、觉能力降低，记忆力减退，逻辑思维活动迟钝。情绪低落消极悲观，缺乏对生活的兴趣和动机，自尊和自信的丧失。回到现实生活中的痛苦情绪和自我否定的消极体验，会促使其再次回到网络中，以逃避现实，不愿负担其应有的社会责任与义务。更有甚者为达到上网的目的，骗取钱财违法乱纪造成个人品行方面的问题，乃至人格的丧失。

2. 网络交友要谨慎

网络交友是以网络为媒介的人与人之间的交往，不少同学使用 QQ、微信等即时通信工具进行网络聊天，结交了一些五湖四海、志同道合的网友，然而，网络交友这种方式常常被某些不法分子利用。他们以网路交友为幌子，暗地里却进行着盗窃、诈骗、敲诈、绑架、强奸等违法犯罪活动。现实生活中，大学生因网络交友而受骗上当的案例并不少见，他们中有人钱财受损，有人身体受伤，甚至还有人失去了年轻的生命。在网络交友时，大学生要充分认识到网络的虚拟性、盲目性和不确定性。网络交友要保持理性和平常心，时刻保持警惕心，时刻俭省自己的所作所为，不要强迫做使自己或他人不愉快的事情。不要过早过快地投入自己的感情，谨防一些心存不轨的网友。

3. 网络诈骗需防范

虚拟的互联网造就了无限的商机，但是也潜伏着种种陷阱，这些陷阱让人防不胜防。大学生在进行网上购物、网上营销、网上理财等网络商务活动时，需要了解一些常见的网络欺诈形式，以确保财产安全，避免损失。网络诈骗主要通过制造虚假购物网站或以"超低价格""走私货"及"免税货"等名义促销商品、以"减少手续费""交易快捷"及"送红包"等借口劝说买家不通过"支付宝"等安全支付工具直接转账到其指定账户、通过网上竞拍网站或虚假竞拍网站以极低的价格拍卖一些贵重物品、通过群发软件向 QQ 等社交网络用户发布中奖提示信息、通过网站或者网上论坛发布"报酬优厚"的网上兼职广告等形式进行诈骗。大学生要加强对网络诈骗的安全防范，要时刻保持清醒，对于网上明显价格偏低的商品要特别留心，谨防上当受骗。不要轻易相信 QQ、微信、微博、电子邮件、手机等收到的各类中奖信息。要仔细查看金融、营销、购物网站的网址，对于要求提供账号、密码、银行卡卡号与密码的网站需仔细甄别核对。在购物网站购物时要仔细核准卖家的信用值，看是否是刷出来的信用，认真查阅商品描述，对商品品质货比三家，在支付时，不要通过银行、邮局直接转账，一定要用第三方支付工具支付。还要提高网络安全防范意识，养成经常升级防火墙和防病毒软件、经常升级系统等好的习惯。

【典型案例】大一学生方某（化名）有一天在手机 QQ 上遇到自己的远房表姐发来聊天信息，说现在手机上就可以赚钱，比如淘宝刷单，随后方某在一 QQ 群看到有人发"高薪兼职"的消息，说加他们的 QQ 号，帮他们淘宝商城刷信誉。方某就在 QQ 找表姐求证此事的可信度，"表姐"说是真的，并让方某拿钱帮她刷单，佣金表姐拿，但是她会把钱还给方某。就这样，方某将信将疑，添加了 QQ 群里那位叫做"金牌客服 8"陌生人为好友，该客服声称她们公司是正规的，是合法经营的，刷信誉已经不违法，并把公司营业执照发给方某看，至此，方某完全放下戒心，通过手机填写了对方发来的申请单，以及自己的银行卡和支付宝账号等个人信息。第二天，客服发来一个链接让方某点击进去，打开是一张价格为 108 元的充值卡，方某按照对方给的步骤打开链接，之后对方很快将佣金和本金打到方某的银行账户。半小时后，客服说有两个任务给方某做，要求她分别刷 34 件和 18 件商品，商品单价均为 108 元。方某先刷了 17 件，支付 1836 元，客服告知必须完成全部任务才能拿到所有本金和佣金，方某只好继续刷 17 单，再次支付 1836 元。然而，此时方某的支付宝已经超过了支付额度，遂告诉对方她无法继续拍剩下的 18 件充值卡，要求退还本金。但客服则说如果不能完成所有任务，系统将会自动冻结方某的交易端口，这样将拿不回本金，并坚持要求方某继续刷单。事后通过与辅导员和亲友沟通此事，方某才意识到自己遭遇了网络诈骗。在与对方 QQ 沟通无果的情况下，方某不但没有赚到佣金，还被骗走 3700 余元，QQ 号也被对方拉入了黑名单，查找无门。几天后，因方某之前用手机点开对方发来的网络链接，导致手机中毒而未觉察，对方竟自动生成交易，通过盗取支付宝将 1944 元余额转入诈骗分子账户，导致方某此次受骗经济损失高达近 6000 元。

提示：大学生平时应加强学习，积累网购经验，增加自我保护意识和鉴别意识。不轻信不明网站，不随意在网上输入自己的个人信息，尤其是银行卡和支付宝账号、密码等。当自己的财产不幸遭到入侵时，应用法律武器来保护，尽量减少损失。遇事及时同父母、老师、同学商量，避免自身的判断失误。掌握一些应对网络骗局的常用方法，如：网购的个人信息避免过于详细、被骗后立即冻结淘宝和银行卡账户等。

第二节　预防网络犯罪

网络犯罪是指运用计算机技术，借助于网络对其系统或信息进行攻击、破坏或利用网络实施触犯刑法的严重危害社会的行为。网络犯罪以计算机网络为工具或以计算机网络资产为对象，运用网络技术和知识实施犯罪。大学生应注意识别和防范网络犯罪分子，拒绝被不法分子利用而实施网络犯罪行为。

一、网络犯罪的特征与种类

（一）网络犯罪的特征

1. 犯罪主体多元化，年轻化

随着计算机技术的发展和网络的普及，各种职业、年龄、身份的人都可能实施网络犯罪。在网络犯罪中，特别是黑客中，青少年的比例相当大。网络犯罪主体的年轻化与使用电子计算机者特别是上网者年轻人占较大的比例及年轻人对网络的情有独钟和特有的心态有很大的关系。

2. 犯罪方式智能化、专业化

网络犯罪是一种高技术的智能犯罪，犯罪分子主要是一些掌握计算机技术的专业研究人员或对计算机有特殊兴趣并掌握网络技术的人员，他们大多具有较高的智力水平，既熟悉计算机及网络的功能与特性，又洞悉计算机及网络的缺陷与漏洞。他们能够借助本身技术优势对系统网络发动攻击，对网络信息进行侵犯，并达到预期的目的。

3. 犯罪对象的广泛性

随着社会的网络化，网络犯罪的对象从个人隐私到国家安全，从信用卡密码到军事机密，无所不有。

4. 犯罪手段的多样化

信息网络的迅速发展，信息技术的普及与推广，为各种网络犯罪分子提供了日新月异的多样化、高技术的作案手段，诸如窃取秘密、调拨资金、金融投机、剽窃软件、偷漏税款、发布虚假信息、入侵网络等网络犯罪活动层出不穷，花样繁多。

5. 犯罪的互动性、隐蔽性高

网络发展形成了一个虚拟的电脑空间，既消除了国境线，也打破了社会和空间界限，使得双向性、多向性交流传播成为可能。由于网络具有开放性、不确定性等特点，使得网络犯罪具有极高的隐蔽性，增加了网络犯罪案件的侦破难度。

（二）网络犯罪的种类

网络犯罪基本类型有两种：在计算机网络上实施的犯罪和利用计算机网络实施的犯罪。

1. 在计算机网络上实施的犯罪

（1）非法侵入计算机系统。指侵入国家事务、国防建设、尖端科学技术领域的计算机信息系统。

（2）制作、传播网络病毒。制作、传播网络病毒是网络犯罪的一种形式，是人为制造的干扰破坏网络安全正常运行的一种技术手段。网络病毒的迅速繁衍，对网络安全构成最直接的威胁，已成为社会一大公害。

（3）高技术侵害。这种犯罪是一种旨在使整个计算机网络陷入瘫痪、以造成最大破坏性为目的的攻击行为。

（4）高技术污染。高技术污染是指利用信息网络传播有害数据、发布虚假信息、滥发商业广告、侮辱诽谤他人的犯罪行为。由于网络信息传播面广、速度快，如果未进行有效控制，造成的损失将不堪设想。

2. 利用计算机网络实施的犯罪

（1）网上盗窃。网上盗窃案件以两类居多：一类发生在银行等金融系统，一类发生在邮电通信领域。前者的主要手段表现为通过计算机指令将他人账户上的存款转移到虚开的账户上，或通过计算机网络对一家公司的计算机下达指令，要求将现金支付给实际上并不存在的另一家公司，从而窃取现金。在邮电通信领域，网络犯罪以盗码并机犯罪活动最为突出。

（2）网上诈骗。网上诈骗是指通过伪造信用卡、制作假票据、篡改电脑程序等手段来欺骗和诈取财物的犯罪行为。

（3）网上色情犯罪。网上色情犯罪是指利用互联网络制作、复制、贩卖、传播色情信息，或者引诱、介绍卖淫等犯罪行为。

（4）网上赌博犯罪。网上赌博是指利用计算机网络开设赌场，或者为赌博网站兼任代理，以及明知道他人实施网络赌博行为还为其提供技术支持和资金结算服务的犯罪行为。

（5）网上洗钱。网络洗钱是指利用计算机系统、网络和计算机数据，隐瞒或掩饰犯罪收益所得，并使之成为表面上看起来合法的所有犯罪活动和过程的总称。与传统意义上的洗钱相比，网络洗钱更为隐蔽、全球化程度更高、成本更低廉。通常情况下，网络洗钱的方式有网络银行洗钱、SWIFT（环球同业银行金融电讯协会）系统洗钱、智能卡洗钱和网络赌场洗钱等。

（6）网上教唆或传播犯罪方法。网上教唆他人犯罪的重要特征是教唆人与被教唆人并不直接见面，教唆的结果并不一定取决于被教唆人的行为。这种犯罪有可能产生大量非直接被教唆对象同时接受相同教唆内容等严重后果，具有极强的隐蔽性和弥漫性。

此外，网络犯罪还有网上窃取或泄露国家机密、侵犯知识产权、侵犯隐私权、网上恐怖、网上报复、网上盯梢等多种形式。

二、网络犯罪的预防

网络犯罪既影响大学生自身的健康发展和前途命运，也会对社会造成危害，因此大学生必须提高自身防范能力，避免网络犯罪。

（一）增强法治理念

积极参加学校开展的一些有关网络犯罪方面的知识讲座，加强计算机网络方面的法律法规学习，遵守《全国青少年网络文明公约》《中华人民共和国网络安全法》等法律法规。不断增强法治理念，提高与网络犯罪作斗争的知识水平和能力。

（二）增强网络道德意识

通过自身的学习，自觉地树立网络尊重意识、责任意识、自律意识和安全意识，培养自己的健全人格和网络道德。把网络当成学习的工具而不是获取不良信息的途径和实施违法犯罪行为的对象和工具。

（三）培养良好的心理素质

大学生在大学学习阶段，在学校和老师的指导下，要通过多种方式培养自己良好的心理素质，增强社会应变力，学会处理现实与愿望的矛盾。建立和谐的人际关系，充满信心地对待生活，始终保持稳定的情绪及健康的心理。

（四）要正确、安全、科学使用网络

不要沉迷于网络游戏和聊天，更不要浏览内容不健康的网站，如充满凶杀、暴力、色情、淫秽、赌博等有损大学生身心健康的内容。

三、网络法律法规

我国网络安全领域的法律法规制度体系建设起步于上世纪九十年代后期，相关的规范性制度建设在本世纪前十年中逐步配套完善，自中央网络安全和信息化领导小组成立以来，我国网络安全法律法规体系建设取得了快速发展。

（一）《中华人民共和国网络安全法》

2017 年 6 月 1 日，《中华人民共和国网络安全法》（以下简称《网络安全法》）正式实施，《网络安全法》是我国第一部全面规范网络空间安全管理方面问题的基础性法律，是我国网络空间法治建设的重要里程碑，是依法治网、化解网络风险的法律重器，是让互联网在法治轨道上健康运行的重要保障。《网络安全法》将近年来一些成熟的好做法制度化，并为将来可能的制度创新做了原则性规定，为网络安全工作提供切实法律保障。本法要点主要体现在以下几个方面：

1. 《网络安全法》的基本原则

（1）网络空间主权原则。《网络安全法》第 1 条"立法目的"开宗明义，明确规定要维护我国网络空间主权。网络空间主权是国家主权在网络空间中的自然延伸和表现。习近平总书记指出，《联合国宪章》确立的主权平等原则是当代国际关系的基本准则，覆盖国与国交往的各个领域，其原则和精神也应该适用于网络空间。各国自主选择网络发展道路、网络管理模式、互联网公共政策和平等参与国际网络空间治理的权利应得到尊重。第 2 条明确规定《网络安全法》适用于我国境内网络以及网络安全的监督管理。这是我国网络空间主权对内最高管辖权的具体体现。

（2）网络安全与信息化发展并重原则。习近平总书记指出，安全是发展的前提，发展是安全的保障，安全和发展要同步推进。网络安全和信息化是一体之两翼、驱动之双轮，必须统一谋划、统一部署、统一推进、统一实施。《网络安全法》第 3 条明确规定，国家坚持网络安全与信息化并重，遵循积极利用、科学发展、依法管理、确保安全的方针；既要推进网络基础设施建设，鼓励网络技术创新和应用，又要建立健全网络安全保障体系，提高网络安全保护能力，做到"双轮驱动、两翼齐飞"。

（3）共同治理原则。网络空间安全仅仅依靠政府是无法实现的，需要政府、企业、社会组织、技术社群和公民等网络利益相关者的共同参与。《网络安全法》坚持共同治理原则，要求采取措施鼓励全社会共同参与，政府部门、网络建设者、网络运营者、网络服务提供者、网络行业相关组织、高等院校、职业学校、社会公众等都应根据各自的角色参与网络安全治理工作。

2. 《网络安全法》提出制定网络安全战略，明确网络空间治理目标，提高了我国网络安全政策的透明度

《网络安全法》第 4 条明确提出了我国网络安全战略的主要内容，即：明确保障网络安全的基本要求和主要目标，提出重点领域的网络安全政策、工作任务和措施。第 7 条明确规定，我国致力于"推动构建和平、安全、开放、合作的网络空间，建立多边、民主、透明的网络治理体系。"这是我国第一次通过国家法律的形式向世界宣示网络空间治理目标，明确表达了我国的网络空间治理诉求。上述规定提高了我国网络治理公共政策的透明度，与我国的网络大国地位相称，有利于提升我国对网络空间的国际话语权和规则制定权，促成网络空间国际规则的出台。

3.《网络安全法》进一步明确了政府各部门的职责权限，完善了网络安全监管体制

《网络安全法》将现行有效的网络安全监管体制法制化，明确了网信部门与其他相关网络监管部门的职责分工。第 8 条规定，国家网信部门负责统筹协调网络安全工作和相关监督管理工作，国务院电信主管部门、公安部门和其他有关机关依法在各自职责范围内负责网络安全保护和监督管理工作。这种"1+X"的监管体制，符合当前互联网与现实社会全面融合的特点和我国监管需要。

4.《网络安全法》强化了网络运行安全，重点保护关键信息基础设施

《网络安全法》第三章用了近三分之一的篇幅规范网络运行安全，特别强调要保障关键信息基础设施的运行安全。关键信息基础设施是指那些一旦遭到破坏、丧失功能或者数据泄露，可能严重危害国家安全、国计民生、公共利益的系统和设施。网络运行安全是网络安全的重心，关键信息基础设施安全更是重中之重，与国家安全和社会公共利益息息相关。为此，《网络安全法》强调在网络安全等级保护制度的基础上，对关键信息基础设施实行重点保护，明确关键信息基础设施的运营者负有更多的安全保护义务，并配以国家安全审查、重要数据强制本地存储等法律措施，确保关键信息基础设施的运行安全。

5.《网络安全法》完善了网络安全义务和责任，加大了违法惩处力度

《网络安全法》将原来散见于各种法规、规章中的规定上升到人大法律层面，对网络运营者等主体的法律义务和责任做了全面规定，包括守法义务，遵守社会公德、商业道德义务，诚实信用义务，网络安全保护义务，接受监督义务，承担社会责任等，并在"网络运行安全""网络信息安全""监测预警与应急处置"等章节中进一步明确、细化。在"法律责任"中则提高了违法行为的处罚标准，加大了处罚力度，有利于保障《网络安全法》的实施。

6.《网络安全法》将监测预警与应急处置措施制度化、法制化

《网络安全法》第五章将监测预警与应急处置工作制度化、法制化，明确国家建立网络安全监测预警和信息通报制度，建立网络安全风险评估和应急工作机制，制定网络安全事件应急预案并定期演练。这为建立统一高效的网络安全风险报告机制、情报共享机制、研判处置机制提供了法律依据，为深化网络安全防护体系，实现全天候全方位感知网络安全态势提供了法律保障。

(二)《互联网新闻信息服务管理规定》

《互联网新闻信息服务管理规定》（以下简称《规定》）最初于 2005 年 9 月 25 日开始实施。这对规范我国互联网新闻信息服务活动、促进互联网新闻信息服务健康有序发展发挥了积极的作用。但是，随着互联网技术及应用的快速发展，原《规定》的一些制度已不适应互联网新闻信息服务发展和管理的实际，需要进行修改。为了适应促进发展和规范管理的需要、适应深入推进依法行政的需要、适应互联网信息技术及应用迅猛发展的需要以及适应管理体制机制调整的需要，2017 年 5 月 2 日国家互联网信息办公室对外公布了新版本，正式实施时间是 2017 年 6 月 1 日。

（三）《互联网网络安全突发事件应急预案》

为进一步健全公共互联网网络安全突发事件应急机制，提高公共互联网网络安全突发事件综合应对能力，工业和信息化部印发了《公共互联网网络安全突发事件应急预案》，于 2017 年 11 月 23 日开始实施。《公共互联网网络安全突发事件应急预案》明确了网络安全突发事件分级、监测预警、应急处置、预防与应急准备、保障措施等内容。工信部根据社会影响范围和危害程度，将公共互联网网络安全突发事件分为四级：特别重大事件、重大事件、较大事件、一般事件。其中，全国范围大量互联网用户无法正常上网，.CN 国家顶级域名系统解析效率大幅下降，1 亿以上互联网用户信息泄露，网络病毒在全国范围大面积爆发，其他造成或可能造成特别重大危害或影响的网络安全事件为特别重大网络安全事件。工信部要求基础电信企业、域名机构、互联网企业、网络安全专业机构、网络安全企业通过多种途径监测和收集漏洞、病毒、网络攻击最新动向等网络安全隐患和预警信息，对发生突发事件的可能性及其可能造成的影响进行分析评估。认为可能发生特别重大或重大突发事件的，应当立即报告。

（四）《公安机关互联网安全监督检查规定》

公安部发布的《公安机关互联网安全监督检查规定》于 2018 年 11 月 1 日开始实施。根据规定，公安机关应当根据网络安全防范需要和网络安全风险隐患的具体情况，对互联网服务提供者和联网使用单位开展监督检查。公安机关开展监督检查，可以采取进入营业场所、机房、工作场所、要求监督检查对象的负责人或者网络安全管理人员对监督检查事项作出说明、查阅、复制与互联网安全监督检查事项相关的信息、查看网络与信息安全保护技术措施运行情况等措施。规定明确，公安机关在互联网安全监督检查中，发现互联网服务提供者和联网使用单位存在网络安全风险隐患，应当督促指导其采取措施消除风险隐患，并在监督检查记录上注明。发现有违法行为，但情节轻微或者未造成后果的，应当责令其限期整改。互联网服务提供者和联网使用单位有违法行为的，公安机关可以依法予以行政处罚。构成违反治安管理行为的，依法予以治安管理处罚。构成犯罪的，依法追究刑事责任。

【典型案例】大学生闫某出生于四川的一个小山村，父母均为本分的农民。由于学习计算机很有天分也很努力，他在大一的时候就基本自学完成了本科阶段的所有计算机课程，并多次获得省里及全国计算机比赛大奖，大三时就已经是高级软件开发工程师。一次偶然的机会，他在对所就读的学校教务管理系统进行扫描时发现该系统存在漏洞。在好奇心的驱动下，闫某通过系统漏洞下载了学校教务管理系统数据库中的数据，并用自制的小工具轻而易举地破译了密码，取得了系统管理员权限。为获取更多的数据样本撰写修复漏洞报告，闫某对十余所高校的教务管理系统进行了同样的操作，并获取了管理员权限。闫某临近毕业时来到某知名软件公司实习。由于生活成本陡然增高，而实习工资却少得可怜，在生活的压力下，闫某想到了那个存在漏洞的高校教务管理系统。"有没有挂科的同学需要改成绩？想改成绩的同学私聊。"闫某先后在十余所高校的贴吧、QQ 群里发出改成绩的帖子。很快，一名学生就回应了。最终，闫某以每科 300 元的价格帮该学生把 3 科不及格的成绩改成了及格。为逃避监管，闫某在网上购买了一个用户名为李某的支付宝账号，让对方把钱打入这个账号后，再把钱转入到自己的支付宝账户套现。后来，想修改成绩的人越来越多。在金钱的刺激下，闫某把法律法规抛在脑后，叫价也越来越高。后据警方统计，仅在某职业技术学院，闫某就非法帮助24名学生在教务管理系统中修改成绩。经过对用户名为李某的支付宝账号进行鉴定，闫某的非法所得数额为4.8万余元。最后经检察院提起公诉，闫某因犯破坏计算机信息系统罪被法院判处有期徒刑五年。

提示：大学生自身应当增强自己的网络道德意识，通过自身的学习，自觉地树立网络尊重意识、责任意识、自律意识和安全意识，培养自己的健全人格和网络道德。把网络当成学习的工具而不是获取不良信息的途径和实施违法犯罪行为的对象和工具。同时，大学生应该增强自己的辨别能力，通过学习使自己成熟起来，不被网络的不良信息所浸染，自觉抵制诱惑。

第三节　抵制校园网络贷款

近年来，随着互联网金融的快速发展，许多公司开始涉及网络贷款并不断向高校拓展业务，越来越多的大学生开始使用网络贷款。由于校园贷款的不规范发展，也出现了一系列的问题，如诱导学生过度消费，甚至陷入"高利贷"陷阱，给学生、家庭带来了沉重的心理压力和经济负担，给校园安全和社会治安也埋下了隐患。

一、校园网络贷款现状

（一）大学生申请网络贷款的特点

高校大学生申请网络贷款的特点是门槛低、申请迅速、可贷额度高。大学生在进行网络贷款时，仅仅需要提供身份证或学生证等相关证件，在线填写相应的申请信息，经系统审核通过后，短时间内资金就会到账，方便快捷。另外，大学生作为社会的前沿，对一些商品和服务表现出了超前的消费需求。新一代的大学生伴随着互联网成长起来，乐于接受提前消费的观念，除了提前消费以外，部分学生有攀比的心理，通过网络贷款购物满足自己的需求。据调查，部分学生的生活费不够用，想要满足他们的消费需求，生活费还需要额外的补充。

（二）网络贷款后对还贷缺乏规划

大学生网络贷款的资金使用主要表现在：网络贷款平台可以提供较低额度的现金，学生把这些现金用于旅游、购买衣服、吃饭等消费；有一部分学生利用P2P贷款平台进行助学和创业；还有学生通过电商平台提前消费物品。大学生在贷款之后对还贷计划缺乏应有的规划，在借得资金之后往往不去关注还款日期，甚至还无节制的进行下一轮的消费，当被催债时会选择"借东墙补西墙"的方式解决问题，这致使了他们的还款存在较大风险。网络交易是虚拟化的，学生花费的金钱只是在账面上的数字发生了变化，并没有真正从口袋里掏出，这样他们就感受不到规划钱财的重要性，最后导致债台高筑。

(三) 大学生对网络贷款的风险估计严重不足

很多大学生被大学生网络贷款所标榜的"低门槛、零首付、零利息、免担保"所打动，面对物质的诱惑毫无招架之力，对网上贷款的安全性缺乏应有的风险评估。首先，校园网络贷款打着"无利息，低利息"的口号进行宣传，但实际需支付服务费、管理费和交易费等，其合计可能比应缴利息还要高。其次，贷款平台的审核不严密，有的学生在申请贷款时隐瞒自己的真实身份，冒用、顶替其他同学的身份信息，导致一些学生"被贷款"。再者，大学生的法律风险和维权意识薄弱，当他们没有能力偿还贷款时，一些贷款平台用非正当的手段进行电话骚扰、威胁恐吓、甚至是网上曝光个人信息，致使有些学生因为承受不住压力而选择退学、甚至自杀。这些惨不忍睹的现象的发生很大一部分原因是由于大学生在借款时对风险没有认真地评估。

三、校园网络贷款的风险

(一) 对学生产生很大的负面影响

网络贷款平台能给大学生们提供非常便捷的贷款通道，但由于缺乏财会方面的知识，对于利率等计算不清，总是觉得贷款不多，可以偿还，只要平时的积蓄少花一点就没有问题，所以大学生贷款时非常大胆，往往等到真要还钱的时候，才发现压力太大，没有能力偿还。有的学生会选择借更多的贷款，拆东墙补西墙，并承受沉重的还贷心理负担。有些学生还会担心被家长和老师发现，整日担心和焦虑，在一定程度上影响了身体和学习。网络贷款还会导致一些大学生形成不良的消费习惯，并不断通过借贷来满足自己的欲望，从而造成更为严重的后果。另一方面，由于法律法规的不健全，致使网络贷款平台的监管缺失，可能会导致学生因个人信息遭到不法人员利用而遭受巨大的经济损失。

(二) 给家庭带来沉重的经济负担

有些贷款人或者借款人资质审核不过关或根本没有进行审核，他们不考虑学生贷款还款能力，盲目等待学生家长进行偿还，造成了学生过度消费没有节制。给学生的家庭特别是相对于经济条件比较差的家庭带来了严重的经济负担。

(三) 给校园安全和社会安全埋下更大风险

在校大学生作为弱势群体，在贷款到期后会经常遇到债权人恐吓、暴力威胁，甚至被非法手段控制失去个人自由，从而给校园安全和社会安全埋下风险隐患。

二、预防校园网络贷款的措施

(一) 学生自身方面

教育部、银监会联合印发了《关于加强校园不良网络借贷风险防范和教育引导工作的通知》(以下简称《通知》)。《通知》指出要加大校园不良网络借贷监管力度，这对规范校园网络贷款市场，引导学生形成正确的消费观和健康发展，会起到积极的影响。面对疯狂的校园网络贷款，大学生也要正确地认识和把控自己，提高风险防范意识，避免上当受骗或误入歧途。首先，要建立文明、理性、科学的消费观，拒绝过度消费、超前消费；其次，积极学习金融知识，提升金融理财实践能力，提高风险识别能力、风险防范意识；再次，结合自身需要，选择最恰当、对自己最有利的借款方式；最后，从校园网络贷款平台借款，一定要了解清楚相关细节，并签署正规合同。如果一定要通过校园网络贷款平台借款，有如下几点需要注意。第一，选择有资质、合规的平台；第二，详细了解利率、还款期限、逾期后果等细节，避免陷入高利贷陷阱；第三，评估并制订合理的还款计划。

（二）学校方面

高等院校要不断地完善工作体制，制定相关的规章制度，加强日常的监督检查，并有计划、分层次、分步骤地开展对校园网络借贷风险的防范和教育引导工作。要通过校园网络、广播、宣传栏、微信、微博等多种渠道，利用主题班会和观看电子影像等形式，进行网络安全知识的普及和宣传，提高学生网络安全意识。在学生的日常教育管理中，强化社会主义核心价值观的学习，开展"诚信"主题的教育学习活动，矫正学生的过度、从众消费观念，让学生学会不盲从、不比较、不炫耀，指引学生养成合理消费、适度消费的观念。要关注学生的生活和家庭状况，对学生的消费情况实行评估，调查学生是否存在借贷行径。要经过与家长的强化沟通，取得合理支持，让学生学会恰当支出，建立有计划的消费，保持收支平衡，减少超前消费、信贷和非从众消费，养成正确消费的好习惯。高校辅导员和班干部要与学生密切联系，对于一些行为举止异常的学生要给予关心，尤其是在消费方面，要加强管理，注意学生消费的趋势和出现的问题，对校园网贷的风险要给予正确的分析和评价。对于已经参加网贷的学生要及时与家长进行沟通协调，要为他们建立档案，积极采取措施，解决问题。

【典型案例】大学生小杨，在"梦想分期"借贷公司借款4000元后，两个月内借款就变成了5万元债务。为了逼迫小杨还钱，借贷公司使用"软暴力"，甚至跑到小杨老家"泼油漆"讨债。小杨马上向警方报了案。经警方调查，以龚某和何某为首的团伙在未取得任何借贷资质的情况下注册公司，面向非在校大学生开展非法"校园贷"。其中，龚某负责放款、收款，何某负责张贴广告和催收。团伙先是让学生签订贷款合同，再通过哄骗、恐吓等方式让借款大学生缴纳手续费、逾期费。团伙与受害人签订的"合同"中存在诸多收费名目，且每笔贷款仅一份"合同"，签完后就被公司收回。当贷款大学生表示无力还款的时候，团伙就向其介绍其他"校园贷"公司并迫使大学生"转贷"还款，并收取"转贷介绍费"。团伙催收债务不采用暴力方式，而是通过言语威胁、聚众造势等方式制造心理压迫。如果要不到钱，他们就用红油漆在学生家门口写字，让他们"欠债还钱"。

提示：防止网络贷款诈骗，坚决做到两个"不要"。一是不要相信网上发布的办理贷款虚假信息，办理贷款要到正规的金融机构办理借贷手续。二是不要有占便宜的心理，要牢记天上不会掉馅饼，天下没有免费的午餐。在办理贷款过程中，要查看对方公司是否有办理贷款资质，是否有固定的办公场所，谨防上当受骗。

扫一扫查看相关资料

第七章

消防安全

消防安全是学校公共安全的重要组成部分。学校人员密集、教学仪器、科研设备易燃品多、用电量大，一旦发生火灾，往往会造成人员伤亡和重大财产损失。因此切实加强消防安全工作，防范校园火灾的发生，既是保障师生生命财产安全的需要，也是法律赋予我们的责任。

第一节 火灾成因

一、火灾的特点

（一）火灾的基本常识

火灾是指在时间上或者空间上失去控制的燃烧而造成的灾害。火给人类带来了文明进步、光明和温暖，但是一旦失去控制也会给人类造成灾难。据联合国"世界火灾统计中心（WFSC）"统计，近年来在全球范围内，每年发生的火灾就有 600 万至 700 万起，每年有6.5 万人至 7.5 万人死于火灾，每年的火灾经济损失可达整个社会生产总值（GDP）的0.2%。我国的火灾损失也逐年呈上升趋势。只有掌握火灾发生的原因及引发火灾发生的条件，才能采取正确的预防和处置措施，有效地防止火灾发生和减少火灾造成的损失。

1. 火灾的分类

根据国家《火灾统计管理规定》，火灾可划分为特大火灾、重大火灾、一般火灾。

特大火灾是指有以下情况之一的：死亡 10 人以上；死亡重伤 20 人以上；受灾 50 户以上；直接财产损失 100 万以上。

重大火灾是指有以下情况之一的：死亡 3 人以上；重伤 10 人以上；死亡、重伤 10 人以上；受伤 30 户以上；直接财产损失 30 万以上。

一般火灾不具备有前两项情况的火灾。

2. 火灾的发展过程

火灾的发展，一般都经过一个火势由小到大、由弱到强、逐步发展的过程。火灾一般经过初起阶段、发展阶段、猛烈阶段、下降熄灭阶段。

①起始阶段：可燃物刚刚达到临界温度燃烧，此时火灾范围小，烟气量不大，不会产生高热量幅热。产生有害气体不大。这是消防扑救的最佳时段。

②发展阶段：如果火势没有得到控制，继续燃烧，温度不断升高，气体对流增强，烟气迅速扩散，火势也难以控制，这就是发展阶段。

③猛烈阶段：燃烧温度、气体对流强度燃烧的速度均达到峰值，因可燃物不完全燃烧或因高温分解而释放大量刺激性烟气。如有燃爆性气体时会产生爆燃，对被困人员、扑救人员会形成最大的安全威胁，同时对建筑物也会形成毁灭性破坏。

④下降阶段：因可燃物燃烧将尽，火场温度下降，气体对流减弱，这时火灾呈下降熄灭阶段。

（二）校园火灾的特点

1. 具有火灾事故突发、起火原因复杂的特点

学校的内部单位点多面广，设备、物资存储较为分散，生产、生活火源多，用电量大，可燃物特别是易燃物种繁多，稍有疏忽就容易发生火灾。

2. 高层建筑多，给火灾预防和扑救工作带来巨大困难

高校扩招、校园扩大、高层建筑增多，形成火灾难防、难救、人员难于疏散的特点，有的高层建筑还存在消防设备落后、消防投资不足等弊端，这些都给消防安全工作带来了一定难度。

3. 火灾容易造成巨大的财产损失

学校教学、科研、实验仪器设备多，中外文图书资料多，一旦发生火灾，损失无法想象。

4. 人员集中、疏散困难，火灾往往造成人员伤亡，社会影响极大

学校人口密度大，集中居住的宿舍公寓多，宿舍公寓内违章生活用电、用火较多，因用火不慎而发生火灾后，火势得不到控制能很快蔓延，如果疏散、逃生不顺利，难免会造成人员伤亡。

二、校园火灾的类型

（一）生活火灾

是指由学生炊事用火、取暖用火、照明用火、烧水用火以及吸烟、烧火、燃放烟花爆竹等生活娱乐用火造成的火灾。

（二）电器火灾

目前，学生群体拥有大量的电器设备，由于学生宿舍电源插座较少，违章乱拉乱接电源现象严重，引起电器火灾的隐患较多。个别学生购置的电器设备是不合格产品，也是致灾因素。尤其是电热器的使用不当，引发火灾的危险性最大。

（三）自然灾害

自然灾害导致的火灾，一般不常见，大致可分为两类；一类是雷击引起的火灾；一类是物质自燃引起火灾，最有效措施是安装避雷设施设备，并保证避雷设施设备正常运行的良好状态。自燃，是指物质自行燃烧的现象。如黄磷、锌粉、铝粉等燃点低的一类物质，

在自然环境的作用下，均可自行燃烧；钾、钠等碱金属遇水即自然燃烧；不干的柴草、煤泥、沾油的化纤、棉纱等大量堆积，经生物作用或氧化作用积聚大量热量，使物质达到自燃点也会自行燃烧。

（四）人为纵火

人为纵火，一种是旨在毁灭证据，逃避罪责火破坏经济建设等多种形式的刑事犯罪分子纵火；一种是旨在烧毁他人财产或危害他人生命的私仇报复纵火。这两类纵火，都是国家严厉打击的犯罪行为。另外，还有无法控制自己行为的精神病人纵火，防范的办法是加强对精神病人的监控。

三、校园火灾的起因

引发校园火灾事故的原因，归纳起来有以下八种：

（一）电器设备老化及超负荷运行引起火灾

一些高校的学生宿舍楼使用年限较长，楼内电线老化，加上原设计负荷载有限，而学校的发展使宿舍人数及电器设备增多，用电量明显增加，用电线路却没能及时更新改造。如果宿舍内有人违章使用电热器具，就会使电线超负荷运行，继而发生跳闸停电、烧毁保险丝等情况，甚至造成火灾事故。

（二）乱接乱拉电源线引起火灾

乱接乱拉临时电源线是学生集体宿舍中较为常见的不安全因素之一。所谓"乱接乱拉"，就是不按照安全用电的有关规定，随便拖拉电线，任意增加用电设备，这样做是很危险的。接线不规范、接头或线径不符合安全用电要求，极易造成短路、负载或电阻过大等而引起电线发热着火，这也是高校中常见的火灾现象之一。

（三）使用电热器具不当引起火灾

大学生中使用电暖气、电炉、热得快、电热壶、电饭锅、电烫斗等电器的现象普遍存在。由于长时间通电，有时外出忘记关电源，或使用、放置不当，致使电器温度升高而点燃附件的可燃物，这类火灾在大学生宿舍中较为常见。

还应该注意的是，许多同学都买了小型充电宝，以方便随时给手机充电，但个别同学充电时，随意将充电宝放在宿舍的床铺、枕头或书本上，人却离开了，结果因充电时间过长，引起充电宝过热，造成短路，产生火花，引燃床上用品，从而引发火灾。

（四）计算机等高科技设备引发火灾

随着科技与教育事业的发展，现在大学生宿舍中计算机的使用越来越普遍，这一方面提高了大学生运用现代化科技产品的能力，另一方面也为大学生宿舍的消防安全带来了潜在的隐患。

（五）照明灯具太靠近可燃物而引起火灾

学生宿舍一般都安装有明亮的日光灯，基本上能满足学习和生活的需要，但仍有相当一部分大学生喜欢安装床头灯。个别人没有认识到白织灯泡（特别是较大功率的灯泡）表面温度很高这一事实，用纸做灯罩，有的同学将灯泡靠近衣服或蚊帐，更有甚者用灯泡取暖，将灯泡放在被子里，这种因错误使用白炽灯而引起火灾的事故也时有发生。

（六）点蜡烛、蚊香引起火灾

停电或晚上统一熄灯的学生宿舍，会有个别同学图方便而点上蜡烛，如果不小心碰到或看书睡着了，让明火碰上可燃物，后果不堪设想。蚊香有很强的燃烧力，点燃后没有火焰，但能持续燃烧，燃烧着的蚊香一旦碰到可燃物也会引起燃烧，从而造成火灾。

（七）学生在实验过程中因操作不慎而引起火灾

大学生，特别是理工、农林、医科类大学生，在实验室进行实验是必不可少的，如果操作不慎也极易发生火灾。因此，凡是有化学实验室的高校，要制定严格的化学药品管理制度和化学实验室用电、消防管理制度。化学实验室的管理人员要经过培训后持证上岗，实验人员要注意防火安全，一切操作都要严格按照安全操作规程来进行。

（八）因吸烟而引起火灾

全国每年因吸烟引起的火灾，占火灾总数的1%左右。虽然烟头的火源很小，但是星星之火可以燎原。烟头的表面温度达300℃，中心温度可达800℃，碰到可燃物极易起火。一些人乱扔未熄灭的烟头，一些人喜欢躺在床上吸烟，一些人会把仍燃烧着的香烟放在一边而去干别的事情，这些都极易引起火灾。

【典型案例1】2008年11月14日早晨6点10分，上海商学院602宿舍女生在宿舍内违规使用"热得快"时，正好是学校夜间拉闸时间，突然停电使得她们忘记关闭"热得快"，清晨6时许，学校恢复供电，热得快空烧，将一个堆放杂物的下铺引燃。因为火苗不是很大，她们本以为用脸盆接水就可以迅速扑灭，于是，两女生离开宿舍前往卫生间接水，当这两名女生接水返回时，宿舍门怎么也打不开了。6点15分左右，留在宿舍内没有逃出去的四个女孩子被逼到了阳台。随后，火势加剧，四名女生在万般无奈之下选择跳楼逃生，先后从六楼跳下，待120急救人员赶到后，发现4人均已当场死亡。

【典型案例2】2013年4月29日中午，某高职院校教学楼四楼一厕所起火，走道内浓烟滚滚，所幸被隔壁上课的同学和老师及时发现并自发组织人员泼水扑灭。后查实，是因一同学在厕所内燃烧纸张，引燃PVC隔离板而起火。

第二节 火灾的预防与扑救

"预防为主、防消结合"是我国消防工作的基本方针。所谓防是做事故前的工作，防火工作做好了就可以不发生或者少发生火灾事故；所谓"消"是"防"的补救措施，是出事故后的工作，消的目的是减少火灾损失和人员伤亡。所以我们常说："隐患显与明火，防范胜于救灾"。只要我们在思想上高度重视，行动上落到实处，就可以有效地预防火灾

【典型案例1】2011年11月6日10：20，在某高校男生公寓的615宿舍，该宿舍一名男生在上课前洗头，然后使用电吹风。在使用时，公寓维修人员对其他宿舍进行照明电路维修，进行了断电操作，该男生建断电了，就将电吹风放置在宿舍的书桌上去上课，在公寓维修人员工作完成后，恢复供电。该宿舍的电吹风因未拔除电源，该电吹风不断对书桌

上的书籍、物品进行加热，引燃了书桌上的物品造成了火灾。

【典型案例2】某高校化工实验室的煤气管道因年久失修而漏气，一位学生在查找漏气部位时，因光线太暗，竟然点燃火柴去查找，结果引燃从管道中泄漏的煤气，并发生强烈爆炸，导致多人受伤，直接经济损失达10余万元。

【典型案例3】2010年11月，南方某高校学生刘某却因躺在床上吸烟，引燃了被褥。他没有掌握基本的消防安全知识，不清楚走道外就有足够的消防灭火器材，没能在第一时间将火控制，继而引发了一场火灾，造成较为严重的财产损失和负面影响。

一、校园火灾的预防

（一）学生宿舍内火灾预防

学生宿舍防火安全应做到十不准：

（1）不准私拉乱接电线。

（2）不准卧床吸烟和乱扔烟头。

（3）不准占用、堵塞疏散通道。

（4）不准在楼内焚烧杂物。

（5）不准携带易燃易爆物品入舍。

（6）不准使用"热得快"等电热设备。

（7）不准使用酒精炉等明火器具。

（8）不准擅自变动电源设备。

（9）不准离开宿舍不关电源。

（10）不准损坏灭火器和消防设施。

（二）教室、实验室防火

在教室、实验室时，一定要严格遵守各项安全管理规定、安全操作规程和有关制度。使用仪器设备前，认真检查电源、管线、火源、辅助仪器设备等情况，如放置是否妥当，对操作过程是否清楚等，做好准备工作以后再进行操作。使用完毕应认真进行清理。尤其涉及使用易燃易爆危险品时，一定要注意防火安全规定，按照规定进行操作，用剩的化学试剂，应送规定的安全地点存放。

（三）图书馆防火

图书馆储存的大量图书、报纸、杂志等都是可燃物，而书架、柜子、箱等多为木制品，室内装饰又多为可燃材料，因而火灾危险性较大，是消防防火安全的重点部门。

广大师生员工进入图书馆时，要严格遵守图书馆的有关规定。不得携带易燃易爆物品进入图书馆，图书馆内严禁吸烟或动用明火，不得在图书馆内私自使用各类电热器具。严禁堵塞消防通道、损坏消防设施或将消防设施挪作他用。

（四）树林草坪防火

学校的树林草坪等植被，不仅美化环境、净化空气，还能起到防风固沙、涵养水源、调节气候、维持生态平衡等作用。但是由于杂草多、枯草等地被物以及落到地上的枯枝、残叶、树皮、球果等都可成为引火物。一些树种如油松、侧柏、落叶松、桦树等树皮中含有油脂，大都容易燃烧。一旦发生火灾，很快就会蔓延，而且常常会带来巨大损失。所以在树林草丛，更要注意防火，要遵守有关消防法规，做到不使用明火，严禁做容易引起火灾的游戏；严禁在树林草坪中吸烟；一旦发现火灾隐患要及时向有关部门报告；秋冬季节封山时段及干旱天气尤其要注意防火；严禁燃放孔明灯。

（五）停电后要注意哪些问题

在日常生活中，由于各种原因，屋面经常遇到停电。停电后，由于人员的麻痹大意导致火灾发生的现象也较多。

（1）停电后要及时拔掉插座上的电器，关掉电烫斗、电烤炉、电吹风、电热毯、电视机等电器的电源。

（2）停电后应依靠应急灯或手电来照明，尽量不用明火照明。

（3）使用蜡烛照明时，要远离窗帘、纸张等可燃物品，应将蜡烛稳固放在非燃物品的座基上，同时必须有人看管，人离开时或睡觉前将火熄灭。

（六）常见安全标志图

常见安全标志图如图 7-1 所示。

图 7-1

二、校园火灾的扑救

（一）形成火灾的三个条件

可燃物、助烧物（氧化剂）和温度（引火源）是形成火灾的三个必备条件。无论缺少哪个条件，燃烧都不可能发生。但是，并不是上述三个条件同时存在，就一定发生燃烧，三个因素还必须相互作用，才能发生燃烧。

（1）可燃物。凡是能够与空气中的氧或其他氧化剂起剧烈化学反应的物资，一般都称为可燃物质。如木材、纸张、汽油、酒精、氢气、钠、镁等。各种物质的燃烧温度不一样，如白磷燃烧所需要的温度很低（34℃），而煤所需的燃烧温度很高（一般大于900℃）。

（2）助燃物。凡能和可燃物发生反应并引起燃烧的物资，称为助燃物资。如空气、氧、氯、过氧化钠等。

（3）着火源。凡能引起可燃物资燃烧的热能源，叫着火源。如明火、赤热体、火星、聚焦的日光灯、机械热、雷电、静电、电火花等。

（二）扑救火灾的一般原则

（1）边报警，边扑救；

（2）先控制，后灭火；

（3）先救人，后救物；

（4）防中毒，防窒息；

（5）莫惊慌，听指挥。

（三）初起火灾的扑救基本方法

灭火是为了破坏已经产生的燃烧条件，只要有效地去掉任何一个条件，火即可熄灭。根据这个原理，人们在灭火斗争实践中，总结出以下几种基本的灭火方法。只要全面了解并掌握了这些方法，就可以结合实际情况，创造出多种多样而行之有效的灭火方法，可为救火、灭火发挥重要作用。

1. 隔离法

（1）将燃烧点附近可能成为火势蔓延的可燃物质迅速搬走。

（2）关闭有关阀门、切断电源、中止和减少可燃物质进入燃烧区域。

（3）打开有关阀门、将已经燃烧的容器或受到火势威胁的容器中的可燃物质通过管道转移到安全地带。

2. 冷却法

冷却的主要办法是喷水或将灭火剂直接喷射到燃烧物上，以降低燃烧物的温度。当燃烧物的温度降低到该物的燃点以下时，燃烧就会停止。或者将灭火剂喷洒在火源附近的可燃物上，使其温度迅速降低，以防止辐射热的影响而再次起火。冷却法的灭火的主要方法，主要用水和二氧化碳冷却降温。但必须注意，对禁忌用水的物质和部位切不可用水进行扑救。

3. 窒息法

窒息法是一种简易常用的灭火应急方法，其原理是阻止空气流入燃烧区或用不易燃烧的物质冲淡空气，使燃烧物得不到足够的氧气而熄灭。实际运用时，如用石棉毯、湿棉被、黄沙、泡沫等一时不易燃烧的物资迅速覆盖在燃烧物上；用水蒸气或二氧化碳等惰性气体灌注容器设备；用沙土覆盖燃烧物或封闭起火的建筑设备的门窗、孔洞等。应该注意的是，运用窒息法灭火，要动作快捷，当火苗压住以后，应该检查火源是否彻底熄灭，如有余烬，应补以其他灭火措施，以防止覆盖物未能到位而引燃更大的火种。窒息法在容器失火时使用较为有效，如油锅着火，只要立即盖上锅盖，火就可熄灭。

4. 抑制法

这种方法是用含氟、溴的化学灭火剂喷向火焰，让灭火剂参与到燃烧反应中去，使燃烧链反应中断，以达到灭火的目的。

三、常用灭火器的使用

（一）灭火器的种类

目前，我们常见的灭火器有三种：干粉灭火器、二氧化碳灭火器和卤代烷型灭火器；其中卤代烷型灭火器由于对环境保护有影响，已不提倡使用。

（二）灭火器的使用方法

1. 干粉灭火器的使用方法

干粉灭火器主要适用于扑救各种易燃、可燃液体和气体火灾，以及电气设备火灾，操作步骤如下：

（1）右手握着压把，左手拖着灭火器底部，轻轻取下灭火器；

（2）除掉铅封；

（3）拔掉保险销；

（4）左手握着喷管，右手提着压把；

（5）在距火源两米左右的地方，右手用力压下压把，左手拿着喷管左右摆动，喷射干粉覆盖燃烧区。

2. 泡沫灭火器的使用方法

泡沫灭火器主要适用于扑救各种油类火灾和木材、纤维、橡胶等固体可燃物火灾，操作步骤如下：

（1）右手握着压把，左手拖着灭火器底部，轻轻取下灭火器；

（2）右手提着灭火器到现场；

（3）右手捂住喷嘴，左手执筒底边缘；

（4）把灭火器颠倒过来呈垂直状态，用力上下晃动几下，然后放开喷嘴；

（5）右手抓筒耳，左手抓筒底边缘，把喷嘴朝向燃烧区，站在离火源八米左右的地方喷射，并不断前进，围着火焰喷射，直至把火扑灭。

3. 二氧化碳灭火器的使用方法

二氧化碳灭火器主要适用于各种易燃、可燃液体和气体火灾，还可扑救仪器仪表、图书档案、工艺器和低压电气设备等初起阶段的火灾，具体操作步骤如下：

（1）右手握住压把；

（2）除掉铅封；

（3）拔掉保险销；

（4）站在距火源两米左右的地方，（尽量在上风处），左手拿着喇叭筒，右手用力压下压把。

4. 推车式干粉灭火器的使用方法

推车式干粉灭火器主要适用于扑救易燃液体、可燃气体和电器设备初起阶段的火灾。这种灭火器移动方便，操作简单，灭火效果好，具体操作步骤如下：

（1）把干粉车拉或推到现场；

（2）右手握着喷粉枪，左手顺势展开喷粉胶管，直至平直，不能弯折或打圈；

（3）除掉铅封拔掉保险销；

（4）用手掌使劲按下供气阀门；

（5）左手把持喷粉枪管托，右手把持枪把，用手指扳动喷粉开关，对准火焰喷射，不断靠前并左右摆动喷粉枪，把干粉笼罩在燃烧区，直至把或扑灭。

第三节　火场逃生自救

【典型案例】2008 年 9 月 20 且 23 时许，深圳市龙岗区龙岗街道龙东社区舞王俱乐部发生一起特大火灾，经龙岗区消防部门全力扑救。火灾很快被扑灭，事故共造成 43 人死亡，87 人受伤，其中 51 人需住院治疗。当第一批消防队员赶到歌舞厅时，发现有的人坐在沙发上，有的趴在地上，毫发未损，还以为他们还活着，走近一看，却已经七窍流血。

据深圳市公安局龙岗分局消防大队的副大队长白兴荣分析，死者主要死于一氧化碳和氰化物中毒，是俱乐部屋顶的装修材料聚氨酯隔音棉燃烧产生的毒气，因吸入过量有害毒烟气窒息而死。在这面积不大的地方，倒下 40 余人，还有的人在四处寻找出路时，死在过道上，惨不忍睹。

消防专家分析，舞王俱乐部火灾之所以会在短时间内造成大量人员伤亡，主要有五个方面的原因：一是场内人员高度聚集。700 多平方米的大厅，内设 92 个小方桌，14 个卡座，但大厅内聚集了近 500 人。二是火势发展迅猛超出想象。演员使用道具枪 15 秒后发现起火，30 秒后火势迅猛蔓延，浓烟迅速笼罩整个大厅，1min 后全场断电。三起是烟雾浓、毒性大。该场所采用了大量吸音海绵装修，海绵属于聚氨酯合成材料，燃点低、发烟大，燃烧产物毒性强。海绵燃烧后生成大量的二氧化碳、一氧化碳、氰化氢、甲醛等烟雾，给火场被困人或造成了致命的灾难。消防专家称，当空气中的氰化氢浓度达到万分之二点七时，足以让人立即死亡；当空气中的一氧化碳浓度达到百分之一时，可以让人在一分钟内死亡。四是组织疏散混乱。火灾发生后，在很短的时间内现场即陷入一片漆黑。人群极度恐慌，又缺乏有组织的人员疏散引导，加上酒吧大厅吧台桌椅设置密集，几百名顾客同时涌向主出入口正门，造成了严重的拥挤和踩踏。五是消费人员缺乏自救逃生知识。据了解，许多顾客发现冒烟之后，仍在观望，没有立即撤离场所。当场内浓烟弥漫后，也没有采取湿布捂住口鼻等自救措施。同时，由于不熟悉消防通道位置，许多顾客只知道走正门，仅有少数人从消防安全出口逃生。在这次事故中，舞王俱乐部工作人员由于熟悉逃生通道位置，100多名员工无一死亡。有幸存者因使用啤酒淋湿衣衫捂鼻最终获救；有幸存者跑进厕所，紧闭厕所门，堵住了浓烟侵入，最终获救；有幸存者迅速躲进包房，拽掉墙上的空调管子，通过孔洞使室外新鲜空气进入才得以幸存；另有几个人打破窗户呼叫救援，最终通过消防云梯和救生绳救出，可见火场逃生技巧的重要性。

一、安全疏散

安全疏散是指发生火灾时在火灾初期阶段，建筑物内所有人员及时撤离，到达安全地点的过程。果断指挥和正确的疏散方法，能减少人员伤亡及财产损失。应急疏散应坚持以下原则：

1. 先疏散人员，后疏散物资

人的生命是最宝贵的，当人受到火灾威胁的时候，首先疏散人员，然后疏散物资，现场工作人员要打开一切能够通向室外的安全通道，要快捷引导受困人员从疏散通道和安全出口迅速撤离，严防出现聚堆、拥挤、甚至相互踩踏现象，造成通道堵塞和发生不必要的人员伤亡。

2. 疏散物资，必须坚持先重点，后一般原则

现场如有易燃易爆物品时，要迅速撤离到安全区域，并派专人看管。

3. 合理选择疏散线路

发生火灾时应选择离安全出口，疏散楼梯最近的路线，一般是沿疏散指示标志所指向的方向疏散，但应考虑着火层的位置。着火房间附近房间的人因向着火相反的方向疏散。一般先考虑向地面疏散，因疏散到地面是最安全的，但也要考虑通向地面的通道万一被封堵，也可以向楼顶疏散，设有避难间避难层的高层建筑，可考虑向避难间避难层疏散。

4. 应急疏散工作必须在应急指挥部的统一指挥下，各司其职，紧张有序进行

在指挥部和行动成员未到来之前，现场职务最高的工作人员担任临时指挥，在现场人员均无职务的情况下，义务消防员担任临时指挥，临时指挥有权做出一切有利于安全疏散的决定。

二、火灾逃离的方法

（一）应对突发火灾的基本方法

1. 扑灭小火，防止火势蔓延

当火灾发生时，如果火势并不大，尚未对人身造成很大威胁时，应迅速利用就近的消防器材，或采取行之有效的灭火方式进行灭火，同时呼叫就近人员支持，千万不能惊慌失

措，乱叫乱跑，置之不顾而酿成大火。

2. 突遇大火，坚持做到"三要""三不"原则

（1）要保持头脑冷静，迅速采取果断措施保护自己和别人的安全，如果惊慌失措，就可能出现错误行动，延误逃生的宝贵时间，如果把拉门当推门，把墙当门推，甚至盲目跳楼。

（2）要注意防护避烟毒。在火灾事故中，最大的杀手并非大火本身，而是大火所产生的大量有毒成分如一氧化碳、二氧化硫等。有资料表明，火灾致死亡人数 80% 是由于烟毒引起的，因此逃生时要加强个人防护，防止和减少烟气的吸入。应该用湿毛巾捂住口鼻，防止吸入有毒气体，用水浸湿地毯、被单包裹好身体，身体贴近地面通过火焰区。如果所处的环境逃生困难时，防烟楼梯及前室阳台是临时避难场所。

（3）要熟悉自己所在的环境。平时留心各处的疏散通道，安全出口及楼梯方位等，当突发火灾时便可以摸清通道，尽快逃离现场。

（4）不乘普通电梯。发现火灾后，人们为了阻止大火沿着电气线路蔓延开来，都会拉闸停电。有时候，大火会将电线烧断。如果乘坐普通电梯逃生，遇上停电就非常麻烦，既上不去，又下不来，无异于将自己困在"囚笼"里。

（5）不轻易跳楼。跳楼求生的风险极大，弄不好往往不是死就是伤，不可轻取。即使在万般无奈之际出此下策，也要讲究方法。首先，应该向楼下抛掷棉被或床垫，以便身体着落时不直接与硬的水泥或者石头路面相撞，减少受伤的可能性；然后双手抓住窗沿，身体下垂，双脚落地跳下，缩小与地面的落差。

（6）不贪恋财物。火灾来势极快，10 min 后便可进入猛烈的阶段。因此，消防专家警告，遇上火灾时，必须迅速疏散逃生，千万别为穿衣或寻找贵重物品而浪费时间，因为任何财物都不如生命。更不要在已经逃离火场后，为了财物而重返火口，到头来只能是人财两空，自取灭亡。

（二）典型场所火灾逃生方法

1. 平房火灾的逃生方法

（1）睡觉时被烟呛醒，应迅速下床俯身冲出房间，不要等穿好衣服才往外跑，此刻时间就是生命。

（2）如果你被烟火围困在屋内，应用水浸泡毯子或被褥将其身包在身上，尤其包好头部，用湿毛巾捂住口鼻再往外冲。

（3）不要趴在床下、桌下或钻到壁橱里躲藏，不要为了抢救家中贵重物品而冒险返回还在燃烧的房间。

2. 单元式住宅火灾的逃生方法

火灾发生后，具体的逃生方法如下：

（1）利用门窗逃生。把被子、毛毯或褥子用水淋湿裹住身体，用绳索（可用床单、窗帘斯成布条代替）一端系于门、窗、管道或其他牢靠的固定物体上，另一端系于老人、小孩的两肋和腹部，将其沿窗放至地面，其他人可沿绳滑下。

（2）利用阳台逃生。相邻单元的阳台相互连通的，可打破分隔物，进入另一单元逃生。无连通阳台但阳台相距较近时，可将室内床板或门板置于阳台之间，搭桥通过。

（3）利用空间逃生。室内空间较大而可燃物较少时将室内可燃物清除干净，同时清除相连室内的可燃物，紧闭与燃烧区相通的门窗，防止烟和有毒气体进入，等待救援。

（4）利用时间差逃生。火势封闭通道时，人员应先疏散至离火势最远的房间内，争取时间以准备逃生器具，利用门窗，安全逃生。

（5）利用管道逃生。房间外墙壁上有落水管或供水管道时，有能力的人可以利用管道逃生。这种方法一般不适用于妇女、老人和儿童。

3. 高层建筑火灾的逃生方法

高层建筑发生火灾后的特点是火势蔓延速度快，火灾扑救难度大，人员疏散困难。在高层建筑火灾中被困人员的逃生自救可以采用以下几种方法。

（1）尽量利用建筑内部设施逃生。利用消防电梯、防烟楼梯、普通楼梯、封闭楼梯、观景楼梯进行逃生；利用阳台、避难层、室内设置的缓降器、救生袋、安全绳等进行逃生。

（2）根据火场广播逃生。高层建筑般装有火场广播系统，当某楼层或楼层的某一部位起火且火势已经蔓延时，不可惊慌失措盲目行动，而应注意听火场广播和救援人员的疏导信号，从而选择合适的疏散路线和方法。

（3）自救、互救逃生。利用各楼层存放的消防器材扑救初起火灾。充分利用身边物品自救逃生（如床单、窗帘等）。对老、弱、病残、孕妇、儿童及不熟悉环境的人要引导疏散，共同逃生。

4. 公交车发生火灾的逃生方法

（1）保持冷静，积极自救逃生。公交车着火有个最大的特点就是火势蔓延特别迅猛，往往在数秒内就席卷全车，封住车门，稍有犹豫就丧失逃生良机。如果赶上上下班高峰期，车厢内人都挤得很满，发生火灾就更为可怕，这时只有积极自救方可逃生。当公共汽车发生火灾时最可怕的就是慌乱，如果每个人都想挤着先下车，反而会在慌乱中错失机会，这个时候要特别的冷静、果断。寻找最近的出路，比如门、窗等，找到出路立即以最快速度离开。

（2）疏散人群，远离易燃易爆区。

（三）火灾逃生的心理误区

发生火灾时，最重要的就是找到正确的逃生方式，为什么有的人能够临危不惧，顺利躲过劫难，重获新生，而有的人急于生还，想一步踏出死亡地带，结果却恰得其反。所以，除平时要学习一些自防自救常识外，还要克服逃生中的某些心理误区。

1. 原路脱险

因为大多数建筑物内道路出口一般不为人们所熟悉，一旦发生灾，人们总是习惯沿着进来的出入口和楼道逃生，发现此路被封死时，才被迫去寻找其他出入口。殊不知，此时也许已失去最佳逃生机会。因此，当进入一个新的大楼或宾馆时，一定要对周围的环境和出入口进行必要的了解与熟悉，以备不测。

2. 向光、向亮

在紧急危险情况下，由于人的本能、生理、心理所决定，人们总是向着有光、明亮的方向逃生。但是，这时的火场中，90%的可能是电源已被切断或已造成短路、跳闸等，光亮之地正是火灾肆无忌惮的逞威之处。

3. 盲目追随

当人的生命突然面临危险状态时，极易因惊慌失措而失去正常的判断能力，当听到或看到有人在前面跑动时，第一反应就是紧紧地追随，而不管是否有出口。常见的盲目追随行为模式有跳窗、跳楼、逃（躲）进厕所、浴室、门角等。克服盲目追随的方法是平时要多了解与掌握消防自救与逃生知识。

4. 惯性思维

当高楼大厦发生火灾，特别是高层建筑且失火，人们总是习惯性地认为：火是从下面往着的，越高越危险，越低越安全，只有尽快逃到一层，跑出室外，才有生的希望。殊不知这时的下层可能是一片火海，盲目地朝楼下逃生，岂不是自投火海？随着消防装备现代化水平的不断提高，在发生火灾时，如向下无路可逃时，有条件的可登上房顶或在在房间内采取有效的防烟、防火措施后等待救援。这种习惯心理还表现在，发生火灾时人们只会朝经常使用出入口和楼梯疏散，即使那里已挤成一团，还是争相夺路不肯离去。

5. 惊慌心理

人们在开始发现火灾时，会作出第一反应。这时的反应大多是比较理智的分析与判断。但是，当选择的逃生路线失败，而逃生之路又被大火封死时，面对越来越大的火势、愈来愈浓的烟雾，人们就容易失去理智。但此时也不要轻易做出跳楼、跳窗等危险举动，要考虑你所在楼房位置的安全高度和楼下场地安全情况，要考虑是否有可靠的下楼安全保护措施；当然，最好还是另找出路或采取其他办法避险待援。

第八章
交通安全

第一节　交通安全常识

人们应该承认，交通安全已成为今天国家最大的问题之一，它比消防问题严重，是因为每年由于交通事故死伤的人比火灾事故死伤的人更多，遭受财产损失更大；它比犯罪问题严重，是因为它跟整个人类有关，无论是强者还是弱者，富人还是穷人，聪明还是愚钝，每一个男人、女人、小孩或者老人，只要他们在公路上或者在街上，每一分钟都可能死于交通事故。

——《交通法院》乔治·威伦

一、交通标识

交通是指旅客和货物通过各种方式发生空间和位置位移的过程，交通使得人类文明得以发展和繁荣。随着人类文明的不断发展，各类交通工具相继出现，在便利人们的同时也带来了极大的安全隐患，甚至开始威胁人们的生命健康。而为了最大限度地发挥交通的便利优势，同时保障人们的安全，社会开始自发形成了各种规范和制度，并被国家以法律法规的形式确立了下来。而交通标识作为这些法律法规的重要组成部分，常被人们成为永不下岗的"交通警察"，认识并熟悉这些交通标识不但能让我们理解交通规则更为简单，也有利于我们保护自身不受交通违法行为的伤害，避免安全隐患和事故的发生。

（一）交通信号灯

1. 机动车和非机动车信号灯

一般情形：

（1）绿灯亮时，准许车辆通行，但转弯的车辆不得妨碍被放行的直行车辆、行人通行；

（2）黄灯亮时，已越过停止线的车辆可以继续通行；

（3）黄灯不断闪烁时，车辆须在确保安全的原则下通行；

（4）红灯亮时，禁止车辆通行；

（5）红灯亮时，右转弯的车辆在不妨碍被放行的车辆、行人通行的情况下，可以通行。

车道信号灯：

（1）方向指示信号灯的箭头方向向左、向上、向右分别表示左转、直行、右转；

（2）绿色箭头灯亮时，准许本车道车辆按指示方向通行；

（3）红色叉形灯或者箭头灯亮时，禁止本车道车辆通行。

2. 人行横道信号灯

（1）绿灯亮时，准许行人通过人行横道；

（2）黄灯亮时，但是已经进入人行横道的，可以继续通过或者在道路中心线处停留等候；

（3）红灯亮时禁止行人进入人行横道。

（4）在未设置人行横道信号灯的路口，行人应当按照机动车信号灯的表示通行。

道路与铁路平面交叉道口有两个红灯交替闪烁或者一个红灯亮时，表示禁止车辆、行人通行；红灯熄灭时，表示允许车辆、行人通行。

（二）道路交通标志

道路交通标志是指使用图形符号、颜色和文字向交通参与者传递特定信息，用于管理交通的设施。道路交通标志按照作用类型划分，可分为主标志和辅助标志两大类，而主标志又可以分为以下四个类别：

1. 警告标志

警告标志（图8-1）是交通标志中主要标志的一种，用以警告驾驶员注意前方路段存

十字交叉	T形交叉	Y形交叉	环形交叉	向左（右）急转路	反向弯路
连续弯路	上（下）陡坡	两侧变窄	右（左）侧变窄	窄桥	双向交通
注意行人	注意儿童	注意牲畜	注意信号灯	注意落石	注意横风
易滑	傍山险路	堤坝路	村庄	隧道	渡口
驼峰桥	路面不平	过水路面	有人看守铁路道口	无人看守铁路道口	注意非机动车
事故易发路段	慢行	左右绕行	左（右）侧绕行	施工	注意危险

图8-1

在危险和必须采取的措施，如预告前方是道路交叉口、道路转弯、铁路道口、可能落石路段等，其样式为黄底、黑边、黑图案，形状为等边三角形。

2. 禁令标志

禁令标志（图8-2）是交通标志中主要标志的一种，对车辆加以禁止或限制的标志，如禁止通行、禁止停车、禁止左转弯、禁止鸣喇叭、限制速度、限制重量等。其样式通常为白底、红圈、红斜杠和黑图案，形状为圆形。

禁止通行	禁止驶入	禁止机动车驶入	禁止载货汽车驶入	禁止三轮机动车驶入	禁止大型客车驶入
禁止小型客车驶入	禁止拖、挂车驶入	禁止拖拉机驶入	禁止农用车驶入	禁止二轮摩托车驶入	禁止非机动车驶入
禁止行人进入	禁止向左（右）转弯	禁止直行	禁止掉头	禁止超车	解除禁止超车
禁止车辆长时停放	禁止车辆临时或长时停放	禁止鸣喇叭	限制宽度	限制高度	限制质量
限制速度	解除限制速度	停车检查	停车让行	减速让行	会车让行

图8-2

3. 指示标志

指示标志（图8-3）是指用以指示车辆和行人按规定方向、地点行驶。其样式为蓝底白图案，形状为圆形、正方形或长方形。

4. 指路标志

指路标志（图8-4）用以指示市镇村的境界、目的地的方向和距离、高速公路出入口、著名地点所在地等。其样式除地点识别标志、里程碑、分合流标志外，为长方形或正方形。一般指路标志为蓝底白图案，高速公路为绿底白图案。

禁止小型客车驶入	禁止拖、挂车驶入	禁止拖拉机驶入	禁止农用车驶入	禁止二轮摩托车驶入	禁止非机动车驶入
禁止行人进入	禁止向左（右）转弯	禁止直行	禁止掉头	禁止超车	解除禁止超车
会车先行	人行横道	右（左）转车道	直行车道	分向行驶车道	公交线路专用车道
机动车行驶	机动车车道	非机动车行驶	非机动车车道	允许掉头	单行路（直行）

图 8-3

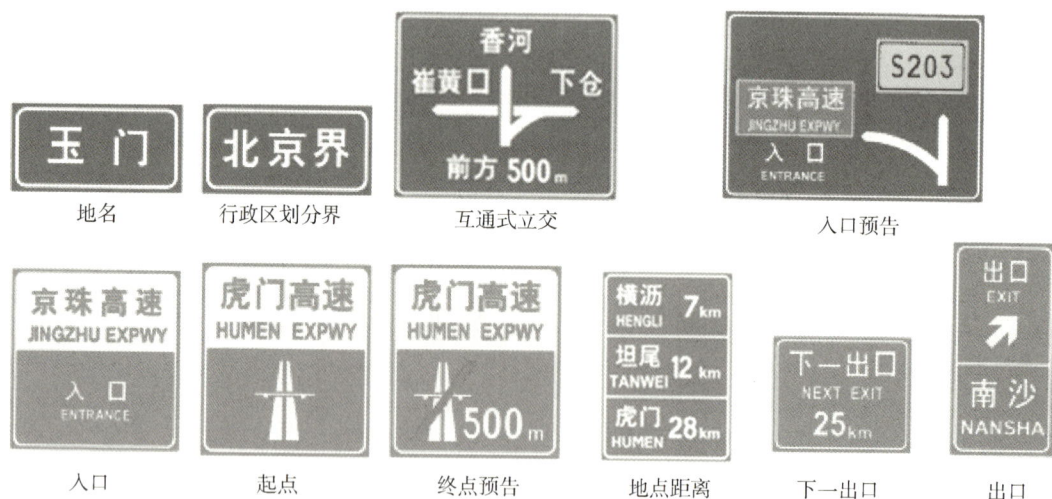

地名	行政区划分界	互通式立交	入口预告
入口	起点	终点预告	地点距离
		下一出口	出口

图 8-4

二、交通违章

交通违章是指违反交通管理法规的行为，所有违反交通法规的行为均属于交通违章。交通违章属于广义上的行政违法行为，并可能给社会、团体、企业、学校以及其他组织带来不便，给社会的管理带来很多不确定因素，故而应当承担法律规定的相应责任。

（一） 交通违章的认定

（1） 交通违章行为必须是明确违反禁止性的交通法规的行为。

（2） 交通违章行为实施的主体须为具有责任能力的自然人或法人，对于自然人而言根据《行政处罚法》第 25 条《治安管理处罚法》第 12 条、第 21 条之规定，14 周岁以上的自然人才具备责任能力，可以为自己的行为承担相应的行政违法责任。但这并不意味着 14 周岁以下就可以任意的实施交通违章行为，不满 14 周岁的自然人虽然不用自己承担责任，但如果违章也需要责成父母加以教育，而民事责任则由父母承担。

（3） 交通违章行为所侵犯的客体是国家对交通的管理活动和社会正常的交通秩序。

（4） 交通违章行为一般必须是行为人对行为的发生具有故意或过失的主观方面的过错。原则上，由于过错，才构成违法行为。但没有过错，法律规定应承担法律责任的，仍应承担。

（二） 交通违章的分类

（1） 轻微违章。指主观上由于不良习惯或过失行为所致，在客观上对交通秩序影响不大，未造成不良结果的违章行为。

（2） 一般违章。是指主观上属明知故犯，有一般过错，在客观上对交通秩序影响较大，可能造成一定不良后果的违章行为。

（3） 严重违章。指主观上无视交通法规和安全，在客观上导致交通堵塞或交通事故，造成严重后果的不良行为。

（三） 交通违章的责任

（1） 警告是处罚机关对道路交通违章行为人的告诫，这种行政处罚带有教育性质，又具有强制的性质。警告处罚的作用在于指出违法行为的危害，促使行为人认识违章错误，不至再犯。警告是一种较轻的行政处罚，一般适用于初犯，同时其违法行为必须具有情节比较轻微、后果极小的条件。

（2） 罚款是限定违法行为人在一定期限内交纳一定数额货币的经济性处罚，具有强制性。罚款是一种行政处罚，其执行必须依据法律、法规的规定，在法定程序和法律规定的具体处罚幅度内执行。

（3） 暂扣机动车驾驶证是将机动车驾驶人的驾驶证予以扣留，在一定期限内停止其机动车驾驶资格的处罚。这种处罚一般要比罚款严厉。暂扣机动车驾驶证可以单独使用，也可以和其他处罚合并使用。

（4） 吊销机动车驾驶证是取消机动车驾驶人驾驶资格的处罚，属于非常严厉的处罚。吊销机动车驾驶证可以单独使用，也可以和其他处罚合并使用。

（5） 行政拘留是处罚机关对道路交通安全违法行为人短期强制限制人身自由的一种行政处罚。是对违反道路交通安全法律、法规的行为人，违法情节比较严重、造成严重影响或者严重危害后果的一种处罚。

三、交通事故

所谓交通事故，是指驾驶、乘坐交通工具或与交通工具发生意外的人身或财产损失的事件。广义上的交通事故还包括航行事故、航空事故等，但我们接触最多的还是道路交通事故。道路交通事故是指车辆在道路上因过错或者意外造成人身伤亡或者财产损失的事件，交通事故不仅是由不特定的人员违反道路交通安全法规造成的。本书此后所谈及的交通事故除特别备注，均指代道路交通事故。

(一) 交通事故的认定

(1) 必须是车辆造成的。车辆包括机动车和非机动车，没有车辆就不能构成交通事故，例如行人与行人在行进中发生碰撞的就不构成交通事故。

(2) 是在道路上发生的。道路是指公路、城市道路和虽在单位管辖范围但允许社会机动车通行的地方，包括广场、公共停车场等用于公众通行的场所。

(3) 在运动中发生。是指车辆在行驶或停放过程中发生的事件，若车辆处于完全停止状态，行人主动去碰撞车辆或乘车人上下车的过程中发生的挤、摔、伤亡的事故，则不属于交通事故。

(4) 必须具有交通性质。非交通性质造成的事故，如军事演习、体育竞赛等活动中发生的事故，均不属道路交通事故。

(5) 有事态发生。是指有碰撞、碾压、刮擦、翻车、坠车、爆炸、失火等其中的一种现象发生。

(6) 造成事态的原因是人为的。是指发生事态是由于事故当事者（肇事者）的过错或者意外行为所致。如果是由于人无法抗拒的各种自然灾害造成，均不属于交通事故。

(7) 必须有损害后果的发生。损害后果仅指直接的损害后果，且是物质损失，包括人身伤亡和财产损失。

(8) 当事人对交通事故发生的心理状态是过失或有其他意外因素。若当事人心理状态属故意，则不属于交通事故。

(二) 交通事故的分类

1. 按后果分类

(1) 轻微事故。是指一次造成轻伤 1 至 2 人，或者财产损失的数额中机动车事故不足 1000 元，非机动车事故不足 200 元的事故。

(2) 一般事故。是指一次造成重伤 1 至 2 人，或者轻伤 3 人以上，或者财产损失不足 3 万元的事故。

(3) 重大事故。是指一次造成死亡 1 至 2 人，或者重伤 3 人以上 10 人以下，或者财产损失 3 万元以上不足 6 万元的事故。

(4) 特大事故。是指一次造成死亡 3 人以上，或者重伤 11 人以上，或者死亡 1 人，同时重伤 8 人以上，或者死亡 2 人，同时重伤 5 人以上，或者财产损失 6 万元以上的事故。

2. 按原因分类

（1）主观原因。指造成道路交通事故的当事人本身内在的原因，即主观故意或过失，主要包括：违反规定、疏忽大意、操作技术等方面的错误行为。

（2）客观原因。指由于车辆、道路、环境条件（包括气候、水文、环境等）不利因素而引发的交通事故。

3. 按交通工具分类

（1）机动车事故。指在事故当事方中机动车负主要以上责任的事故；但在机动车与非机动车或行人发生的事故中，机动车负同等责任的，也应视为机动车事故。

（2）非机动车事故。指畜力车、三轮车、自行车等非机动车辆负主要以上责任的事故。

（3）行人事故。指事故当事方中行人负主要以上责任的事故。

（三）交通事故的责任

1. 民事责任

机动车发生交通事故造成人身伤亡、财产损失的，由保险公司在交通事故责任强制保险限额范围内予以赔偿；超过交强险赔偿的损失，由第三者责任险进行赔偿，对于标的车及标的车上人，标的车驾驶员的赔偿由车损险，车上人员和驾驶员座位险进行赔偿。

不足的部分，按照下列规定承担赔偿责任：

（1）机动车之间发生交通事故的，由有过错的一方承担赔偿责任；双方都有过错的，按照各自过错的比例分担责任。

（2）机动车与非机动车驾驶人、行人之间发生交通事故，非机动车驾驶人、行人没有过错的，由机动车一方承担赔偿责任；有证据证明非机动车驾驶人、行人有过错的，根据过错程度适当减轻机动车一方的赔偿责任；机动车一方没有过错的，承担不超过百分之十的赔偿责任。

交通事故的损失是由非机动车驾驶人、行人故意碰撞机动车造成的，机动车一方不承担赔偿责任。机动车未参加的，由机动车所有人或者管理人在相当于相应的交通事故强制保险责任限额范围内予以赔偿。

交通事故各方的过错通常通过交警部门出具的交通事故认定书来确定，当事人如果对交通事故认定书不服的可以在收到交通事故认定书之日起三日内向上一级交警部门申请复核，未申请复核或者对复核结果不服的，可以在向法院提起诉讼时进行举证，由法院结合证据进行判断。但是由于自行举证的难度一般都很大，如果对交通事故认定书有异议的，还是应当在规定的时间内提出复核。交通事故责任分为全部责任，主次责任，同等责任。每种责任具体的承担比例无全国统一的标准，各省、自治区、直辖市在制定自己的实施意见时作出了不同的规定，需参照当地规定确定。

2. 行政责任

（1）造成重大事故，负次要责任的，处 10 日以下拘留或者 50 元以上 150 元以下罚款，并处吊扣 1 个月以上 6 个月以下机动车驾驶证。

（2）造成重大事故，负同等责任以上的，处 10 日以上 15 日以下拘留或者 150 元以上 200 元以下罚款，并处吊销机动车驾驶证。

（3）造成特大事故，负次要责任以上的，处 10 日以上 15 日以下拘留或者 150 元以上 200 元以下罚款，并处吊销机动车驾驶证。

（4）造成一般事故，负主要责任以上的，处 10 日以下拘留或者 50 元以上 150 元以下罚款，并处吊扣 1 个月以上 6 个月以下机动车驾驶证。

（5）造成一般事故，负同等责任以下的，处 50 元以下罚款或者警告，并处吊扣 1 个月以上 6 个月以下机动车驾驶证。

（6）造成轻微事故，负有交通事故责任的，处 50 元以下罚款或者警告，并处吊扣 1 个月以上 6 个月以下机动车驾驶证。

（7）发生交通事故后，机动车驾驶员有逃逸，破坏、伪造现场、毁灭证据，隐瞒交通事故真相，嫁祸于人以及有其他恶劣行为的，并处吊销机动车驾驶证。

吊销机动车驾驶证从裁决之日起生效。被吊销机动车驾驶证的，两年内不准重新申请领取机动车驾驶证。

3. 刑事责任

（1）交通肇事罪的构成要件。如果发生重大的交通事故，且肇事者负主要或全部责任，可能就构成了交通肇事罪，肇事者除了要承担民事责任外，还需要承担相应的刑事责任。以下四个要件就是衡量是否构成交通肇事罪的必要条件：

①主体要件方面：本罪的主体为一般主体。即凡年满 16 周岁、具有刑事责任能力的自然人均可构成。一切直接从事交通运输业务和保证交通运输的人员以及非交通运输人员均可构成该罪的主体。

②在主观要件上本罪主观方面表现为过失，包括疏忽大意的过失和过于自信的过失。

交通肇事罪属于过失犯罪罪名，在主观上只能是过失，如果行为人在主观上存在故意，那么就不是该种犯罪，而是相应地构成其他故意犯罪了，在处罚方面也比该罪要严重得多。

③在客体要件上，本罪侵犯的客体，是交通运输的安全。

④客观要件。本罪客观方面表现为在交通运输活动中违反交通运输管理法规，因而发生重大事故，致人重伤、死亡或者使公私财产遭受大损失的行为。

（2）交通肇事罪的入罪条件。并非所有的交通事故都会构成交通肇事罪，交通肇事罪需要满足一定的情节要求，只有在发生以下情形时才可能会构成交通肇事罪：

①死亡 1 人或者重伤 3 人以上，负事故全部或者主要责任的；

②死亡 3 人以上，负事故同等责任的；

③造成公共财产或者他人财产直接损失，负事故全部或者主要责任，无能力赔偿数额在 3 000 000 元以上的。

交通肇事致 1 人以上重伤，负事故全部或者主要责任，并具有下列情形之一的，以交通肇事罪定罪处罚：

①酒后、吸食毒品后驾驶机动车辆的；

②无驾驶资格驾驶机动车辆的；

③明知是安全装置不全或者安全机件失灵的机动车辆而驾驶的；

④明知是无牌证或者已报废的机动车辆而驾驶的；

⑤严重超载驾驶的。

（3）交通肇事罪的量刑档次。根据《中华人民共和国刑法》第 133 条的规定，对交通肇事罪规定了三个不同的刑级（量刑档次）：

①犯交通肇事罪的，处 3 年以下有期徒刑或者拘役；

②交通运输肇事后逃逸或者有其他特别恶劣情节的，处 3 年以上 7 年以下有期徒刑；

③因逃逸致人死亡的，处 7 年以上有期徒刑。

第二节　交通事故的预防

现代交通在给人们带来高效和便利的同时，也带来了无数危及生命和财产安全的交通事故。近年来致使大学生遭受伤害的交通事故屡见不鲜，无论是发生在校外还是校内的交通事故，都给大学生及其家庭带来了极大的痛苦。因此，加强高校交通安全教育，帮助大学生了解交通事故发生的原因，强化学生的交通安全意识，培养学生遵守规则的良好习惯，预防遭受交通事故的伤害，已成为大学生安全教育的重要组成部分。

一、了解原因，分辨风险

（一）大学生易发交通事故的原因

交通事故频发是一个社会问题，看起来交通事故的发生仅是部分交通参与主体不遵守法律所导致的结果，但如果深究原因则可以发现这一社会问题高发的背后有着更深层次原因。对交通事故发生原因的了解将有助于大家更好地认识自己行为的错误，从而明辨风险，以达到预防交通事故发生，保障自身人身财产安全的目的。

1. 表层直接因素

这方面因素主要指交通参与者错误或者故意的直接行为所导致的交通事故发生率上升的原因。包括：遵法意识淡薄、图方便、省时间、违章成本低、从众心理等。任何行为都是在一定的心理因素指导下的，不管是图方便还是节省时间亦或是从众心理都是直接影响交通违章的重要因素，同时，遵法意识淡薄更是火上浇油，让交通参与者无视那些强制性达到保护目的的规定，导致交通事故的发生概率大幅提高。值得注意的是，交通慢性参与者，如行人和非机动车驾驶者受表层直接原因的影响最大，这与慢性交通参与者的违法成本低不无关系。

2. 潜在间接因素

潜在因素是指隐藏于交通参与者背后，间接影响交通参与者实际行为的因素，主要包括受教育程度、习惯心理、侥幸心理、交通设施和标志设置。受教育程度所影响的不仅仅是参与者对于自身行为的认知程度，也影响其自尊程度，直接决定了交通参与者是否在意自己的违规行为在他眼中的形象。而交通设施和标志的设置是否合理，如人行横道的设置、红绿灯的长短、监控设施的设置等，也决定着交通参与者实施交通违法行为的违法成本，如果交通设施和标志设置合理和恰当，也有助于交通参与者更好地利用交通设施和遵守交通法规，反之如果设置不合理也将在极大程度上提升交通违法行为发生的概率，从而导致交通事故的发生。

（二）大学生易发交通事故的类型

对于大学生而言，诱发交通事故伤害的最主要原因还是表层直接原因，而如果对大学生易发的交通事故类型进行归纳，主要有以下几种常见的类型：

1. 在道路上嬉戏、打闹而造成的交通事故

大多数在校大学生正值青春年华，活泼好动，在结伴同行的过程中容易出现相互嬉戏、追逐打闹的情形，此时由于学生们注意力都集中于嬉戏的过程之中，容易忽略外在的危险，且学生的突然举动也会导致道路上的车辆驾驶员反应不及从而容易发生交通事故，且事故的受害方往往为学生。

2. 玩手机或听音乐而造成的交通事故

移动互联网的发展给人们的生活带来了诸多便利，但也极大程度上占用了人们的注意力，特别是学生由于自制力不足，更容易沉迷于手机网络之中不可自拔，甚至在道路上行走和过马路时，眼睛仍然不能离开手机，注意力被大量占用，完全忽视了外界的危险，极易由此引发交通事故，这类交通事故也是近年来上升比例最高的一类事故类型。

3. 骑自行车速度过快，下坡不控制车速而造成的交通事故

随着我国高等教育的不断发展和高等教育的不断改革，大面积的校园和开放式校园日益成为主流，有时学生的住宿区域和学习区域之间间隔着较远的距离，使得学生们上下学需要比步行更为省时、省力的交通工具，而随着共享单车的普及和覆盖，自行车自然成为了学生们的主流交通工具。但是由于部分学生喜欢追求刺激，在骑车的过程中不能很好地遵循安全原则，骑行速度过快，特别是在下坡路段，很多学生甚至都不会进行制动减速。殊不知这种片面寻求刺激的行为存在着极大的安全隐患，特别是在突然遭遇机动车辆或行人时，即使紧急制动也很有可能发生碰撞或摔倒从而造成交通事故。

4. 不走人行横道而造成的交通事故

在校园中学生是人数最多的群体，因而多数校园都有对车辆的车速及行为进行的管控，而对于学生却缺乏应有的交通安全意识教育且少有人行横道的设置，学生们在校园中横过马路时大多都是任意穿行。而如果将这种随意的态度带到校外则是风险极大的行为，容易在不按规定的横穿过程中发生交通事故。

5. 乘坐非法承运车辆而造成的交通事故

当前很多校园都处于城市的边缘地带，交通颇为不便，而在正规交通工具难以满足学生的出行需求时，很多学生就会选择较为便宜和方便的非法营运车辆。但这种表面上的实惠和方便的背后却是非常大的安全隐患，为了更大程度的获取收益，非法营运车辆经常会

出现超载、超速等交通违法行为，且由于常常缺少营运车辆所必备的安全保障设备，非法营运车辆也更容易发生损害较大的交通安全事故。

6. 无证或违规驾驶而造成的交通事故

相比起自行车，当前许多学生会购买摩托车或电动车，但由于缺乏安全意识，很多学生都没有摩托车驾照，摩托车和电动车也并未上牌。特别如果购买的是二手的老旧车辆，这些车辆的安全性可能会存在极大的问题。而在购买后，学生们也通常不了解相关的交通法规，经常会出现竞速、醉酒驾驶等情形，一旦发生交通事故不但危害自身安全，也给社会公共秩序造成极大破坏。

二、遵守规则，预防事故

交通安全是一个社会和谐发展和文明程度的表现，是公民文化素养的集中体现。而交通规则更是建立在无数血淋淋的事故教训之上的，遵守交通规则将最大程度上降低个人发生交通事故的概率，任何无视或侥幸的心理都将极大地提升事故的发生概率，逞一时之快终将害人害己。所以，作为学生理应掌握各种交通安全知识，养成遵守交通规则的良好习惯。

（一）行人交通安全

（1）有人行道路段应在人行道内行走，没有人行道路段应靠路边行走。

（2）通过路口或横穿道路时，应利用人行横道或人行天桥、人行地道等过街设施通行，并遵循交通信号灯或交通标志。通过有人行横道信号灯路口时，应按照人行横道信号灯通行，如果未设置专门的人行横道信号灯则参照机动车交通信号灯通行；通过无交通信号灯路口或无过街设施的道路时，应在确保安全的情况下迅速通过。

（3）在通过铁路道口等特殊道口时，应按照交通信号或者管理人员的指挥通行。没有交通信号和管理人员时，应在确认无火车驶近后迅速通过，不得翻越隔离设施通行，不得在铁路等特殊道口停留、倚坐，不得实施扒车、挡车等阻碍交通通行的行为。

（4）横穿道路时应遵循人行横道地标等交通标志通行，无人行横道地标时应选择垂直于道路的最短直线通行。不得迂回穿行或斜向穿行，在穿行道路过程中不得前后犹豫倒退，遇紧急情况时应立于道路中线处停止通行，待车辆通过或停下后才可继续通行。不得突然横穿道路或突然加速奔跑通过。

（5）在道路上行走时不得一边通行一边看书或手机，横穿道路时应摘下耳机后通过，应注意来往车辆情况，不得在道路上嬉戏或追逐。

（6）雾天、雨天行走时应格外注意安全，尽量不要在无人行横道或过街设施路段穿行道路，着颜色鲜艳的衣服或雨衣。夜间行走时应利用手电筒或手机手电筒功能照明。

（7）行人不得进入高速公路，不得在高速公路上行走或横穿高速公路。

（二）骑行交通安全

（1）应在他人指导下熟练掌握骑行技术后才可上路行驶。

（2）骑行非机动车辆时应在非机动车道内行驶，在没有非机动车道的道路上，应靠行车道的右侧行驶，在非机动车道内行驶时，最高时速不得超过 15km/h。

（3）因非机动车道被占用无法在本车道内行驶的非机动车，可以在受阻的路段借用相邻的机动车道行驶，并在驶过被占用路段后迅速驶回非机动车道，不得长时间并行。机动车遇此情况应当减速让行。

（4）非机动车通过交叉路口时的规则：

①非机动车通过有交通信号灯控制的交叉路口，应当按照下列规定通行：

● 转弯的非机动车让直行的车辆、行人优先通行；

● 遇有前方路口交通阻塞时，不得进入路口；

● 向左转弯时，靠路口中心点的右侧转弯（即大转弯）；

● 遇有停止信号时，应当依次停在路口停止线以外。没有停止线的，停在路口以外；

● 向右转弯遇有同方向前车正在等候放行信号时，在本车道内能够转弯的，可以通行；不能转弯的，依次等候。

②非机动车通过没有交通信号灯控制也没有交通警察指挥的交叉路口，除应当遵守上述第①项、第②项和第③项的规定外，还应当遵守下列规定：

● 有交通标志、标线控制的，让优先通行的一方先行；

● 没有交通标志、标线控制的，在路口外慢行或者停车瞭望，让右方道路的来车先行；

● 相对方向行驶的右转弯的非机动车让左转弯的车辆先行。

（5）非机动车左转需二次过街。非机动车需要左转通过路口时，应按照逆时针方向二次过街。即首先按照顺向非机动车信号灯指示前行至前方待行区，再按照垂直方向非机动车信号灯指示通过路口。非机动车掉头须在斑马线推行。非机动车需要到路口掉头行驶时，应在确保安全的前提下，沿就近的人行横道下车推行通过路口。在人行横道上推行非机动车时应靠右侧通行。

（6）驾驶非机动车禁止行为：

①驾驶自行车必须年满 12 周岁；

②驾驶电动自行车必须年满 16 周岁；

③不得醉酒驾驶；

④转弯前应当减速慢行，伸手示意，不得突然猛拐，超越前车时不得妨碍被超越的车辆行驶；

⑤不得牵引、攀扶车辆或者被其他车辆牵引，不得双手离把或者手中持物；

⑥不得扶身并行、互相追逐或者曲折竞驶；

⑦不得在道路上骑独轮自行车或者 2 人以上骑行的自行车；

⑧自行车不得加装动力装置。

（7）非机动车，特别是共享单车等非机动车，应当在规定地点停放。未设停放地点的，非机动车停放不得妨碍其他车辆和行人通行。

（三）乘车交通安全

（1）乘车时，须在站台或指定地点排队候车，待车停稳后，应先下后上排队上车，不得强行上下或攀爬行驶中的车辆。乘车应自觉购票，文明乘坐，有安全带的公共汽车应系好安全带。

（2）不得携带易燃、易爆等危化品乘坐公共汽车。不得在行驶途中在车内喧哗、嬉戏、打闹。车辆行驶途中不得将身体任何部位伸出车外，更不能跳车。乘坐公共交通应当在固定站点下车，如错过站点应在最近的下一站点下车，不得要求司机在非固定站点停车下客，更不得实施任何妨碍司机驾驶、危害公共安全的行为。

（3）不得在行车道或者交叉路口拦截出租车，应在指定地点或非交叉路口的人行道上拦截出租车。

（4）不乘坐没有营运资质的"黑车"，黑车因欠缺监管存在更大安全隐患。乘坐网约车时应核对司机信息和APP上的信息是否一致，如不一致应拒绝乘坐。女大学生应尽量避免单独夜间乘坐网约车，如无法避免应将乘车信息及时告知家人、朋友和老师，如察觉危险应及时报警。

（5）不得乘坐载货汽车等非载人车辆。

（6）车辆在高速公路上行驶时，应系好安全带，不得在车厢内站立走动，不得向窗外抛物。不得在高速公路上随意上下公共汽车，车辆因故障停车或发生交通事故时，应立即从车辆上撤离至右侧护栏外等候，不得随意在高速公路上拦截汽车。

（四）乘地铁等轨道交通安全

（1）应当按照有关规定接受并配合安全检查，禁止携带法律法规所规定的危化品、刀具等违禁品。

（2）搭乘轨道交通应遵守以下乘车规定：

①候车时应自觉排队，禁止越过安全线，禁止倚靠屏蔽门；

②乘车时应当先下后上，从车门两侧依次登车，留意列车与站台间的空隙；

③列车到达终点站，乘客应当全部下车；

④列车因故不能继续运行时，应当服从工作人员的安排或者换乘其他交通工具。

（3）严禁出现下列行为：

①擅自进入轨道、隧道等高度危险活动区域；

②在轨道线路上放置、丢弃障碍物；

③列车车门或屏蔽门提示警铃鸣响时，禁止强行上下列车；车门或屏蔽门关闭后，禁止扒门；

④在非紧急状态下动用紧急或者安全装置；

⑤在车站、车厢或者疏散通道内堆放物品、设置摊点等影响疏散的行为；

⑥在运行的自动扶梯上逆行。

（4）应自觉为老、幼、病、残、孕、怀抱婴儿者或者其他有需要的人士让座和提供方便。应当自觉保持车站、车厢的文明卫生，在乘地铁等城市公共轨道交通过程中禁止在车厢内饮食。禁止吸烟、随地吐痰、便溺、吐口香糖、乱扔废弃物、乱写乱画；禁止携带宠物乘车（警犬、导盲犬除外）；禁止大声喧哗或者弹奏乐器、播放音乐等；不得踩踏车站和车厢内的坐席。

（5）轨道交通范围内发生突发事件或意外情况时，应当保持冷静，服从现场工作人员指挥或按广播提示有序疏散。

（五）乘船交通安全

（1）不要搭乘吃水线明显低于水位或乘客拥挤的超载船只，不要乘坐缺乏救护设施或无证营运的船只。

（2）上下船时应等待船只彻底停稳，工作人员完成船只固定工作和安置乘船跳板后才能 登船，上下船时应排队行进，不得推挤、争抢，在船员的指示下落座。不得携带法律法规禁止携带的违禁品上船。登船后应尽快确认安全出口位置及救生衣等救生器具位置，熟悉穿戴程序，如有需要应按照船员的指示穿戴好救生衣。

（3）客船航行时，不得在船头、甲板等地嬉戏、追逐、打闹，不得翻越护栏，以免落水；在航行时不要集群站在船身一侧，以免引起船体倾斜。不要跑到船舶工作场所，以免影响船舶正常工作或发生意外。

（4）若在航行途中遇到大雾、大风等恶劣天气临时停泊时，要静心等待，不要让船员冒险开航，以免发生事故。在航行中遇到大的风浪，会出现颠簸，这时不必惊慌，要听从船员指挥，不要乱跑乱闯、大声喧哗，以免引起全船人员的混乱，使船体失去平衡，造成不可预料的严重后果。

（六）乘机交通安全

（1）不携带法律法规禁止的违禁品登机，充电宝等含锂电池设备应放置于随身行李中，且在航行途中不得使用。在登机时注意不要阻塞过道，放置行李时避免影响他人通行。

（2）登机后应熟悉安全出口位置、救生衣等救生器具位置，查看安全须知并注意乘务员的安全注意事项。在乘机过程中全程打开手机的飞行模式，关闭电子设备的 Wi-Fi、通信信号、蓝牙等能够发送电磁信号的功能。飞行全程均不得在机舱内任何位置吸烟。

（3）在起飞和降落时应调直座椅靠背、收起小桌板、打开窗户遮阳帘，以便自己、他人随时安全撤离。

（4）在飞机起降和飞行途中遭遇气流安全指示灯亮起时，应迅速落座并系好安全带，避免因过度颠簸而导致撞击机舱内设施或他人而致自己或他人受伤。

（5）如遇机舱内气压下降，氧气安全面罩落下时，应按照乘务员的指示尽快佩戴好安全面罩，并在自己佩戴好后再帮他人佩戴。

（6）如在水面迫降或按照乘务员指示乘坐气垫滑梯撤离时，不要携带任何行李，且应将耳环、项链、手链、钥匙等尖锐物品摘下，避免在撤离时划伤自己或划破气垫。在水面迫降时应佩戴好充气救生衣，但在机舱内请勿充气，以免阻碍快速撤离。

（7）机舱内的安全门把手等安全撤离设施仅在遭遇危急时在空中乘务员的指示下方能使用，切勿在正常时使用，如乘客非必要时打开安全设施，可能面临行政处罚和高达数十万元的赔偿。

（1）必须取得驾驶相应车型的驾驶资格才能上路行驶，驾驶机动车上道路行驶前，驾驶人要对机动车的安全技术性能进行认真检查，不得驾驶安全设施不全或者机件不符合技术标准等具有安全隐患的机动车。

（2）在驾驶过程中应遵循驾驶规范，遵守交通信号灯和交警的指挥，避免出现以下行为：

①饮用含酒精类饮品后驾驶机动车；

②在车门、车厢没有关好时行车；

③在机动车驾驶室的前后窗范围内悬挂、放置妨碍驾驶人视线的物品；

④拨打接听手持电话、观看电视等妨碍安全驾驶的行为；

⑤下陡坡时熄火或者空挡滑行；

⑥向道路上抛撒物品；

⑦连续驾驶机动车超过 4h 未停车休息或停车休息时间少于 20min；

⑧在禁止鸣喇叭的区域或者路段鸣喇叭。

（3）途经人行横道时，应减速行驶；遇到行人正在通过人行横道时应停车礼让；途经没有交通信号灯的道路时，遇行人横穿道路，应当让行。

（4）驾驶机动车停车，要在规定地点停放。需要在路边停车时，选择在停车泊位内停放。

①在道路上临时停车，不得妨碍其他车辆和行人通行。在没有施划停车泊位的道路上，路边停车要紧靠道路右侧，按顺行方向停放，车身距道路边缘不超过 30cm，机动车驾驶人不得离车，上下人员或者装卸物品后，立即驶离。

②遇机动车故障或交通事故停车时，车辆难以移动的，应当开启危险报警闪光灯。夜间须开启危险报警闪光灯、示廓灯和后位灯。并在来车方向 50～100m 处位置放置警示标志。

③在设有禁停标志、标线的路段，在机动车道与非机动车道、人行道之间设有隔离设施的路段以及人行横道、施工地段，不得停车。

④驾驶机动车在距离公共汽车站、急救站、加油站、消防栓或者消防队（站）门前 30m 以内的路段不得停车。

⑤驾驶机动车在距离交叉路口、铁路道口、急弯道、宽度不足 4m 的窄路、桥梁、陡坡、隧道 50m 以内的路段不能停车。

⑥机动车停稳前不能开车门和上下人员，开关车门时不得妨碍其他车辆和行人通行。

（5）驾驶机动车在高速公路上行驶须注意以下事项：

①驾驶人在实习期内驾驶机动车上高速公路行驶，应当由持相应或者更高准驾车型驾驶证三年以上的驾驶人陪同；

②驾驶机动车从匝道驶入高速公路，在高速公路三角地带开启左转向灯，注意观察行车道内的车辆，正确选择汇入行车道的时机，确保安全；

③驾驶机动车在高速公路上行驶，应当注意限速标志，不得超速驾驶；

④车速超过 100km/h 时，与同车道前车保持 100m 以上的距离；车速低于 100km/h 时，与同车道前车距离可以适当缩短，但最小距离不得少于 50m；

⑤驾驶机动车在高速公路遇雾、雨、雪、沙尘、冰雹天气，能见度小于 200m 时，车速不得超过 60km/h；能见度小于 100m 时，车速不得超过 40km/h；能见度小于 50m 时，车速不得超过每小时 20km，并尽快从最近的出口驶离高速公路。

⑥驾驶机动车驶离高速公路时，要开启左转向灯，驶入减速车道，按照标志限定的速度，降低车速后驶入匝道。

（6）驾驶机动车在高速公路上行驶严禁出现下列行为：

①倒车、逆行、穿越中央分隔带掉头或者在行车道内停车；

②在匝道、加速车道或者减速车道上超车；

③骑、轧车行道分界线或者在路肩上行驶；

④非紧急情况时占用应急车道行驶或者停车；

⑤试车或者学习驾驶机动车。

（7）驾驶机动车在高速公路上发生故障时，迅速将车移至不妨碍交通的地方停放。故障车难以移动的，要立即开启危险报警闪光灯，在故障车来车方向 150m 以外设置警告标志，车上人员应当迅速转移至右侧安全护栏外，并且迅速报警。

三、提高意识，安全防范

当前大量交通事故的发生，已成为了危害大学生生命健康安全的重大原因。但如果深入分析事故发生原因后可以发现，事故的发生可能与被害人并无关联。因而为了更好地保护在校大学生的生命健康和财产安全，通过安全教育帮助大学生们形成正确健康的自我保护意识是最为有效的预防手段。

（一）需要注意大型载货汽车

经过一次次血淋淋的教训，"珍爱生命，远离大货车"已经成为大家所公认的交通安全注意事项。庞大的身躯、难以制动的系统、两侧较大的盲区、夜间常开的远光灯、腰灯、摇摇欲坠的货物……各种各样的因素造就了大货车"马路第一杀手"的称号。日常在道路边行走或者在公路、高速路上行车，遇到那些货物层层叠叠的大货车，最好离它越远越好，如果是驾驶机动车不要长时间跟在货车后面或者与它并列行驶，能超车就尽快超车，不能超车则离它远点。

（二）需要注意出租车

强插、并线、超车、截头猛拐等野蛮驾驶行为在出租车身上经常看到。而这种野蛮行为的背后，无非就是为了"拉客"。当有乘客在路边一招手时，出租车驾驶员经常会突然变道甚至不打转向灯直接变道靠边，随时给后车辆来个防不胜防的"突击"，而后车一旦反应不及时很容易就会酿成交通事故，日常出行过程中要多加注意。

（三）需提防电动三轮车

电动三轮车安全性能较差，安全隐患较多。驾驶员多是老年人、残疾人、中年妇女，驾驶技术含量不高，交通安全意识淡薄，经常三五成群并排行驶、逆向行驶、乱停乱放、随意调头、闯红灯、侵占机动车道，严重干扰了正常的道路交通秩序，极易发生交通事故。加之，大多数电动三轮车制造工艺粗糙，私自改装，头轻脚重，车辆稳定性差，无照明和转向灯装置，车主往往用篷布搭建防雨篷，严重影响驾驶员人视线。极易发生刮擦、失控、翻车等情况，从保护自身安全和维护正常交通秩序出发，希望大家远离电动三轮车，不要乘坐电动三轮车。

（四）注意电动车

电动摩托车、自行车夹杂在机动车流中肆意穿梭，严重影响行车安全，逆行、抢道、超载、闯红灯等乱象屡禁不止。大多数电动车驾驶员根本不把安全当回事，不管旁边车辆是否避让，硬是在机动车道上与滚滚的车流并排行驶。在自认为安全的情况下，无视交通法规，经常引发交通事故。同时也有很多电动车驾驶员从事非法营运，这些驾驶员安全意识差，经常转弯不打转向灯，反应迟钝，对电动车操控能力也不强，一旦发生交通事故后果不堪设想，因而大家一定不要乘坐非法营运的电动车，以免因贪图一时的便利，让自己蒙受巨大风险。

第三节　交通事故的处理

交通事故的发生必然带来一定的财产损失和人员伤亡，掌握正确的交通事故的应急处理方法，不但有助于保存事故证据，划分事故责任，还将有效地降低事故所造成的损害程度，避免不必要的损失扩大，更有可能挽救危在旦夕的生命。

一、保护现场，及时报警

当遭遇交通事故时，大家一定要在第一时间保持自身的人身、财产安全，应当下车查看情况，并靠边进行下一步处理。如果事故发生在高速公路，还应当站到护栏外等候救援。同时，在公安机关到来之前应当保护好现场，不要离开现场，要防止肇事者或他人故意破坏、伪造现场，破坏证据。

如果交通事故并未造成人身伤害和严重的财产损失，且基本事实清楚，当事人双方对于事故原因及责任划分无争议，则应当在拍照固定证据之后，将交通工具靠边停放，避免阻塞交通。双方可以自行进行协商处理，以及决定是否由事故责任方通知保险公司进行现场勘查。

如果交通事故较为严重，造成了人身伤害或严重财产损失，则应当及时报警，将事故发生的时间、地点、肇事交通工具和伤亡情况第一时间告诉公安机关，同时及时拨打医疗急救电话，抢救伤员。如果现场发现火情，还应当及时撤离至安全距离，并及时拨打消防救援电话。

如果交通事故导致事故车辆受损而无法移动，则应当按照相关交通法规开启车辆的危险警示灯并根据道路情况在事故车辆后方 50m 至 100m 处设置警告标志。如果事故发生在夜间，还应当同时开启示廓灯和后位灯。

如果肇事者想要逃跑，可向周围人群求助，设法进行阻拦，如果实在无法阻拦，应当准确记录肇事者的逃逸方向、肇事车辆的颜色、型号、碰撞位置等特征和车牌号码以及肇事者个人的特征情况。

二、救助伤员，正确急救

抢救伤员时，应保持冷静，不要盲目操作，应当在把握要领和轻重缓急，否则可能会加重伤情，甚至危及伤员的生命安全。所以，为了避免意外，更好地保护自己和他人生命安全，我们每人都应当掌握一些基本的急救常识。

（一）将伤者安全转移并确认状态

1. 从车行道上把受伤者拖出来

把受伤者拖出，使其离开车行道的方法，如图 8-5 所示。

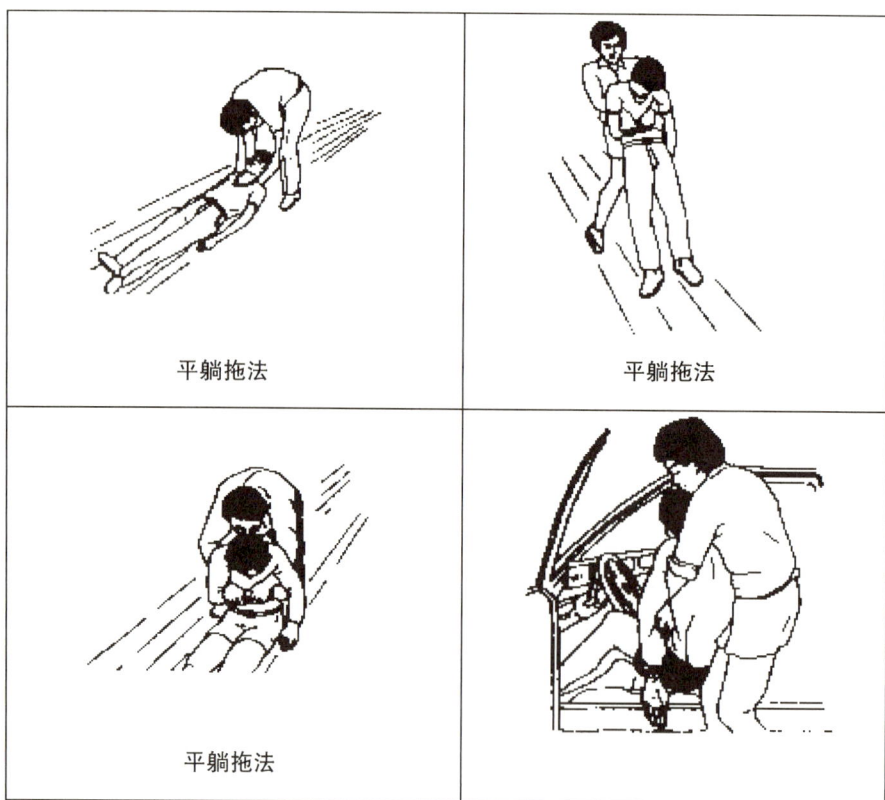

平躺拖法

平躺拖法

平躺拖法

图 8-5

2. 从车内把受伤者拖出来

受伤者在车内无法自行下车时，可按上图所示将其从车内拖出。

3. 判断伤员是否还有意识

可以大声呼叫伤员，看伤员有没有反应。把耳朵凑近他的鼻、口处，看是否有呼吸。触摸他的颈动脉，看是否有搏动。如果没有，就要进行心肺复苏术。

(二) 根据伤员的情况正确施救

1. 伤员处于昏迷状态

可能产生昏迷的原因：

（1）天气炎热。

（2）缺氧。

（3）撞击刺激大脑。

伤者不会讲话是判断昏迷失去知觉的症状。抢救前应检查伤者呼吸，也可用纸巾、小树叶等放置于伤员鼻部不远处看是否有呼吸状态。然后保持侧卧。对失去知觉的伤者，可采用下列措施，如图 8-6 所示。

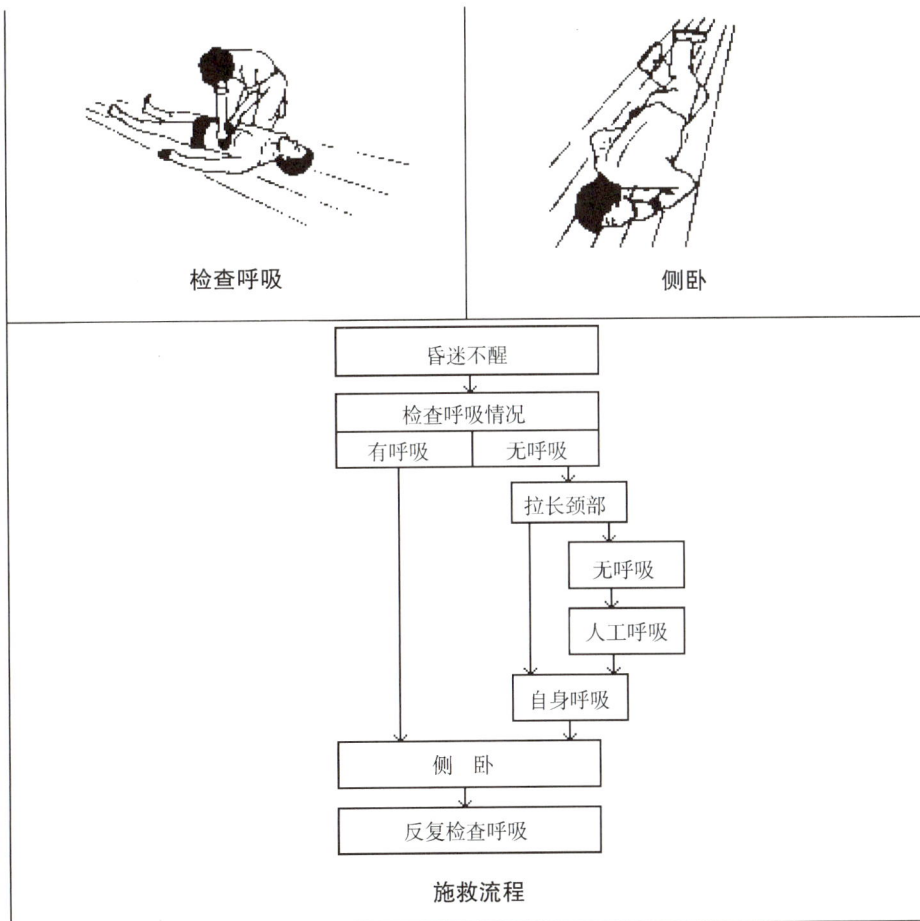

图 8-6

2. 伤员出现呼吸和心跳中断

呼吸中断后，应立即分秒必争进行抢救，否则会由于缺氧而危及生命。

呼吸中断者的症状表现为无呼吸声音和无呼吸运动。

抢救方法：如图 8-7 所示，抬下颌角使呼吸道畅通无阻，这种措施在很多场合下对恢复呼吸起很大作用。

如果伤员仍不能呼吸，那就要进行口对口的人工呼吸。

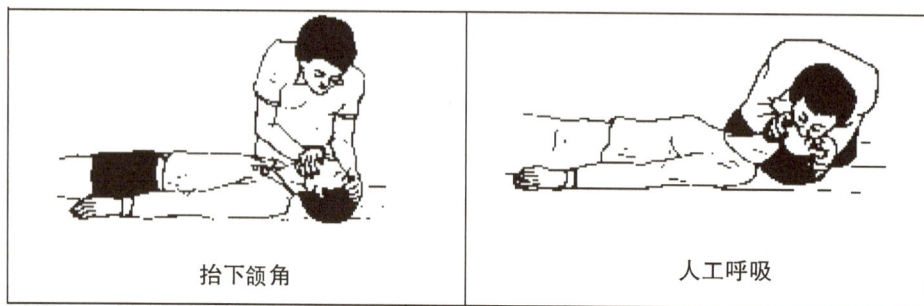

抬下颌角　　　　　　人工呼吸

图 8-7

如果伤员仍无好转，则情况紧急，应开始进行心肺复苏，如图 8-8 所示。

第一步：确定正确的胸外心脏按压位置。将一只手的掌根放在患者胸部的中央，胸骨下半部上，也可置于两乳头连接线的中点处，将另一只手的掌根置于第一只手背上，两手手指交叉扣起，下面的手指离开胸壁。

第二步：施行按压。操作者前倾上身，双肩位于患者胸部上方正中位置，双臂与患者的胸骨垂直，利用上半身的体重和肩臂力量，垂直向下按压胸骨，使胸骨下陷 4~5cm，按压和放松的力量和时间必须均匀、有规律，不能猛压、猛松。放松时掌根不要离开按压处。按压的频率为 100~120 次/分钟，约每秒 2 次。按压时须辅以人工呼吸，按压与人工呼吸的次数比率为：单人复苏 15∶2，双人复苏 5∶1。

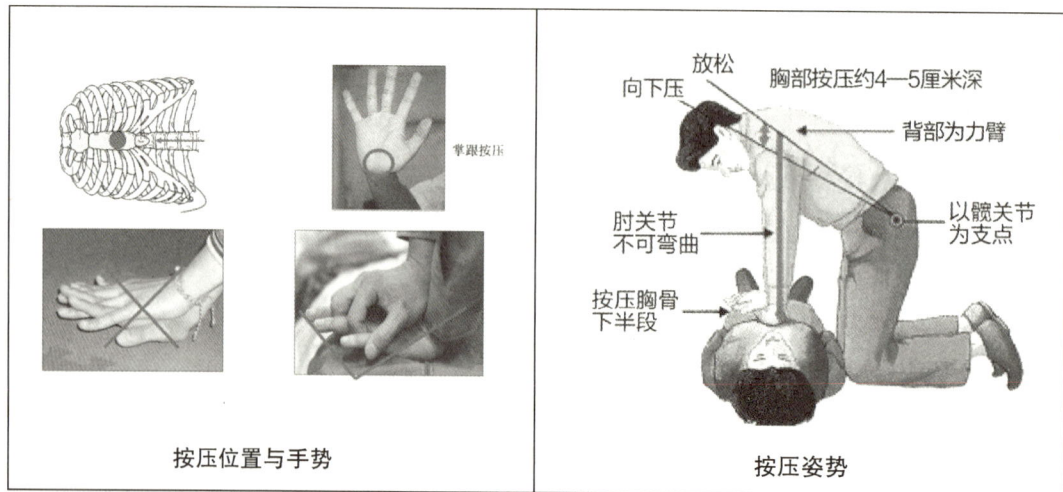

放松　向下压　胸部按压约4—5厘米深

背部为力臂

以髋关节为支点

肘关节不可弯曲

按压胸骨下半段

按压位置与手势　　　　　　按压姿势

图 8-8

如果上述人工呼吸不能起作用时，就要检查嘴和咽喉中是否有异物，并设法排除，继续进行人工呼吸和心肺复苏。

3. 如果伤员出现大量失血

如果受伤者失血过多，将会出现危险，如：出现休克等症状。处理失血措施可按图8-9所示进行操作。

通过外部压力，使伤口流血止住，然后系上绷带。

失血过多，往往会产生休克，所以流血止住后，应接着采取一些防止休克的措施。

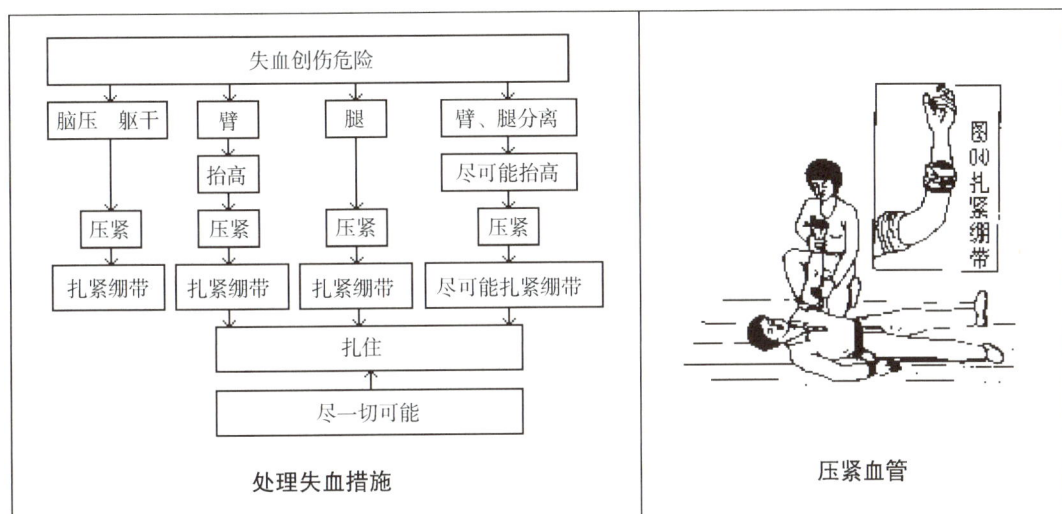

处理失血措施 　　压紧血管

图8-9

4. 如何抢救休克受伤者

受伤者失血过多就有危险，出现休克，其症状表现为：

（1）面色苍白。

（2）四肢发凉。

（3）额部出汗。

（4）口吐白沫。

（5）显著焦躁不安。

（6）脉搏跳动变得越来越快和虚弱，最后脉搏几乎摸不出来。

以上症状有时会部分出现，有时又一起出现。

由于休克时间过长，可能致死，所以应及时采取下列措施（图8-10）：

①安置病人到安静的环境。

②自我输血：抬起腿部到处于垂直状态，使休克停止。

③检查脉傅与呼吸。

④语言安慰。

⑤防止热损耗。

⑥呼救送往医院。

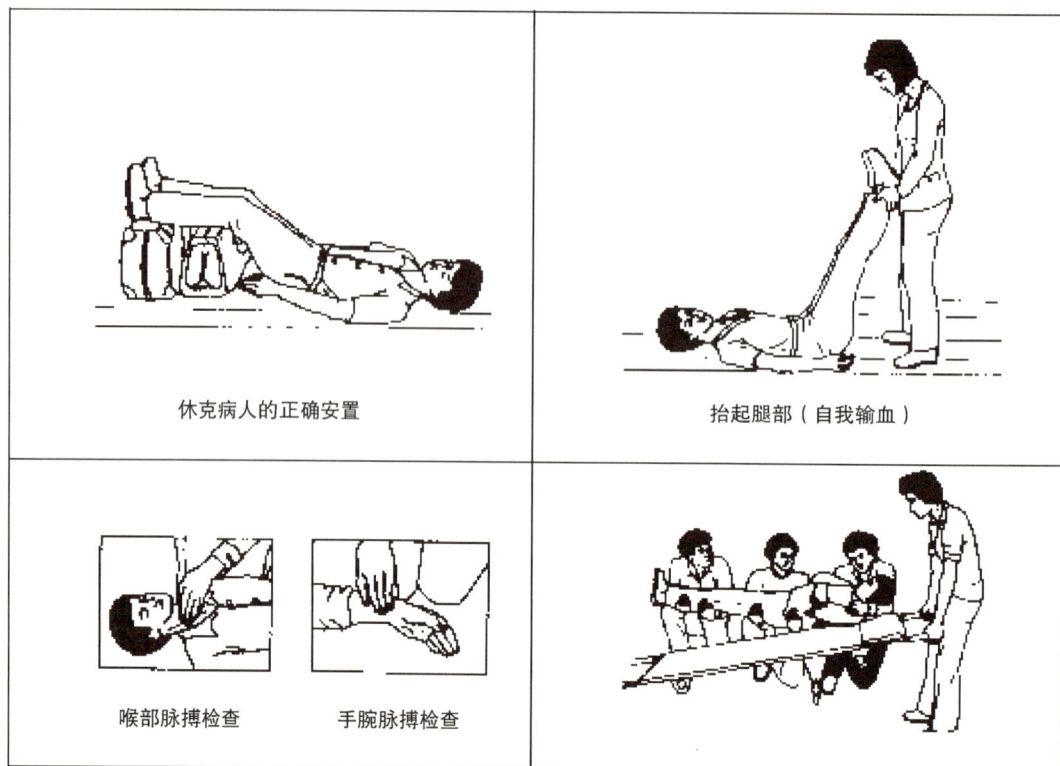

休克病人的正确安置

抬起腿部（自我输血）

喉部脉搏检查　手腕脉搏检查

图 8-10

5. 如何抢救烧伤受伤者

其症状为：皮肤发红、起泡、感觉疼痛。内部组织受损的烧伤可引起呼吸困难、休克、烧伤性疾病等危险。

对于烧伤程度来说，其烧伤面积和深度是有标准的。应采取如下急救措施：

（1）迅速扑灭衣服上的火。

（2）要脱下烧着的衣服。

（3）全身燃烧时，可向其喷冷水。

（4）用消过毒的绷带包上烧伤口。

（5）反复检查呼吸和脉搏。

（6）防止热损耗，可饮盐水（1杯水中放1匙食盐）

（7）不可使用粉剂、油剂、油膏或油等敷料。

（8）脸部烧伤时，不要用水冲洗，也不要盖着。

（9）防止休克。

三、防火防爆，消除隐患

机动车辆发生交通事故时，如果机动车存在严重损毁，或出现漏油现象将极易引发火灾，严重的还会引发爆炸，危及司乘人员，甚至周围群众和急救人员的生命财产安全。因此，在交通事故现场应当做好以下的防火防爆措施，消除安全隐患：

（1）立即关闭事故车辆的引擎，观察事故车辆是否存在漏油或冒烟现象；

（2）严禁在事故现场吸烟，谨防引燃泄露的燃油，进而发生火灾或爆炸；

（3）当载有危险品的车辆发生事故时，应尽快通过车辆上的警示标识分辨危险品种类，并立即报警并告知危险品种类和泄露情况，以便救援人员采取措施；

（4）不要在现场逗留，在设置好警示标志后，应尽快转移至安全地带等待救援。

四、沉着应对，学会自救

（一）迎面碰撞

迎面碰撞是机动车交通事故中较为常见的一种类型，此时受到致命威胁的一般为坐在前排的司乘人员，但后排的乘坐人员若未系紧安全带，也有可能因为强大的惯性而与车辆的前部发生碰撞进而受到伤害，所以无论是乘坐于前排或者后排都应当在行车过程中系好安全带。

在正面碰撞无法避免时，应当采取紧急刹车，尽量减少碰撞的冲击力，同时观察可能碰撞的位置采取相应的保护措施。如果碰撞的主要方位在副驾驶一侧，则司机应当双手紧握方向盘，两腿向前蹬直，身体后倾保持身体平衡，避免在车辆撞击的瞬间，头撞到方向盘或挡风玻璃上而受伤。如果碰撞发生在驾驶位一侧，那么在迎面相撞发生的瞬间，迅速判断将受到撞击的部位和力量，要迅速且毫不犹豫的放开方向盘，并抬起双腿，身体向右侧座位躲避，避免身体被方向盘抵住或是车辆受到冲击变形后受伤。

（二）车辆倾覆

车辆倾覆时，司机应抓紧方向盘，两脚钩住踏板，尽量固定身体位置，随车体旋转。车内乘客应趴到座椅上，抓住车内固定物，使身体夹在座椅中稳住身体。翻车时，应向车辆翻转相反方向跳跃。落地时应双手抱头顺势向惯性方向滚动或奔跑一段距离，避免二次受伤。如果车辆在非正向位置停止翻转，应在第一时间将车辆熄火，避免发生燃烧和爆炸。逃生时，不要急于解开安全带，需先调整好坐姿，双手先撑住车顶，双脚蹬住车两边，背臀紧贴座椅，待固定好坐姿后再一手解开安全带，慢慢放下身子以免受到第二次撞击。

（三）车辆落水

当车辆不幸落水后，并不会很快就沉入水底，而是车头下倾、车尾翘起，漂浮在水上，逐渐下沉。落水后车内司乘人员应保持冷静，在深呼吸后尽快打开车门或车窗，因为在车体刚落水的时候车门是最容易打开的，所以此时为逃生的最佳时机。如果发现车辆已经下沉且车门因为巨大的水压无法打开，且车窗没办法正常落下时，则应当找到尖锐物品或者用肘部击碎车窗进行逃生。

【典型案例 1】2018 年 10 月 28 日凌晨 5 时 1 分，公交公司早班车驾驶员冉某（男，42 岁，万州区人）离家上班，5 时 50 分驾驶 22 路公交车在起始站万达广场发车，沿 22 路公交车路线正常行驶。事发时系冉某第 3 趟发车。9 时 35 分，乘客刘某在龙都广场四季花城站上车，其目的地为壹号家居馆站。由于道路维修改道，22 路公交车不再行经壹号家居馆站。当车行至南滨公园站时，驾驶员冉某提醒到壹号家居馆的乘客在此站下车，刘某未下车。当车继续行驶途中，刘某发现车辆已过自己的目的地站，要求下车，但该处无公交车站，驾驶员冉某未停车。10 时 3 分 32 秒，刘某从座位起身走到正在驾驶的冉某右后侧，靠在冉某旁边的扶手立柱上指责冉某，冉某多次转头与刘某解释、争吵，双方争执逐步升级，并相互有攻击性语言。10 时 8 分 49 秒，当车行驶至万州长江二桥距南桥头348m 处时，刘某右手持手机击向冉某头部右侧，10 时 8 分 50 秒，冉某右手放开方向盘还击，侧身挥拳击中刘某颈部。随后，刘某再次用手机击打冉某肩部，冉某用右手格挡并抓住刘某右上臂。10 时 8 分 51 秒，冉某收回右手并用右手往左侧急打方向（车辆时速为51km/h），导致车辆失控向左偏离越过中心实线，与对向正常行驶的红色小轿车（车辆时速为58km/h）相撞后，冲上路沿、撞断护栏坠入江中。

【案例分析】乘客刘某在乘坐公交车过程中，与正在驾车行驶中的公交车驾驶员冉某发生争吵，两次持手机攻击正在驾驶的公交车驾驶员冉某，实施危害车辆行驶安全的行为，严重危害车辆行驶安全。冉某作为公交车驾驶人员，在驾驶公交车行进中，与乘客刘某发生争吵，遭遇刘某攻击后，应当认识到还击及抓扯行为会严重危害车辆行驶安全，但未采取有效措施确保行车安全，将右手放开方向盘还击刘某，后又用右手格挡刘某的攻击，并与刘某抓扯，其行为严重违反公交车驾驶人职业规定。乘客刘某和驾驶员冉某之间的互殴行为，造成车辆失控，致使车辆与对向正常行驶的小轿车撞击后坠江，造成重大人员伤亡。因此，乘客刘某和驾驶员冉某的互殴行为与危害后果具有刑法意义上的因果关系，两人的行为严重危害公共安全，已触犯《刑法》第一百一十五条之规定，涉嫌犯罪。

【典型案例 2】2019 年 2 月 20 日中午，浙江省江山市大学生小芳（化名）骑着电动车去一家单位面试，一路上她都骑行在非机动车道上。14 点 30 分许，小芳接近应聘单位，因为对具体位置不熟，她拿出手机导航。因为赶时间，小芳并没有停车再导航。因为边看手机边骑车，小芳没看清停在非机动车禁停区的法拉利轿车，电瓶车一头撞了上去。小芳随即摔倒，头盔飞到马路中间。小芳抹掉脸上的雨水，看清追尾的是法拉利轿车时，因为害怕一时忘记了疼痛，她呆呆坐在湿滑的马路边，直到交警过来处理事故。经保险公司定损，此款法拉利车辆尾部保险杠为碳纤维材质，加上其他零部件损坏及工时费，当时初步估算在 4S 店修理费用要达到 20 万元左右。

【案例分析】根据《中华人民共和国道路交通安全法》第五十六条，机动车应当在规定地点停放。禁止在人行道上停放机动车；在道路上临时停车的，不得妨碍其他车辆和行人通行。根据《中华人民共和国道路交通安全法》第三十八条，车辆、行人应当按照交通信号通行；遇有交通警察现场指挥时，应当按照交通警察的指挥通行；在没有交通信号的道路上，应当在确保安全、畅通的原则下通行。江山市交警大队经过调查后出具道路交通事故认定书：电动车车主雨天未注意观察，撞上前方占用非机动车道违停的法拉利轿车，事故双方负同等责任。

第九章
应对自然灾害

自然灾害，也称天灾，指由于自然异常变化造成的人员伤亡、财产损失、社会失稳、资源破坏等现象或一系列事件。它的形成必须具备两个条件：一是要有自然异变作为诱因；二是要有受到损害的人、财产、资源作为承受灾害的客体。自然灾害对人类社会所造成的危害往往是触目惊心的，比较常见的有地震、泥石流、海啸、台风、洪水等突发性灾害，也有地面沉降、土地沙漠化、干旱、海岸线变化等在较长时间中才能逐渐显现的渐变性灾害，还有臭氧层变化、水体污染、水土流失、酸雨等人类活动导致的环境灾害。以目前人类的科学技术水平和能力，人类还无法完全阻止自然灾害的发生，也无法抵御自然灾害带来的破坏。但是，人类可以根据自然灾害发生的规律和特点，学会和掌握自救的基本常识，提高我们的应变能力；在遇到自然灾害发生时，能够保持冷静，迅速地分析情况，做好自救和逃生准备，采取积极有效的措施，尽量地减少损失。

第一节　防范气象灾害

一、应对台风与沙尘暴

（一）台风

【典型案例】2004年8月12—13日，第14号强台风"云娜"正面袭击浙江省。据中国气象局分析，这次台风是1956年以来登陆我国大陆强度最大的台风，具有风力强、降雨强度大、影响范围广、风暴增水高等特点，强降雨导致部分地区山洪暴发，发生滑坡、泥石流等灾害，使杭州、嘉兴、舟山、宁波、绍兴、衢州、金华、台州、温州、丽水等10个市、75个县（市、区）、756个乡（镇）不同程度受灾，其中台州、温州两市和宁波市南部受灾最为严重。据统计，受灾人口1299万人，因灾死亡179人、失踪9人，因灾伤病4000余人，一度被洪水围困44.4万人，紧急转移安置人口46.8万人；倒塌房屋6.4万间，损坏房屋18.4万间；黄岩、椒江、温岭、玉环等4个县（市、区）城区受淹；农作物受灾面积39.1万公顷，绝收面积6.9万公顷；交通、电力、通讯、水利等基础设施损毁严重；因灾直接经济损失181.3亿元。

【案例分析】台风是一种具有很强破坏性的、灾害性的自然现象，是一种可怕的天气，稍不注意将会造成重大的损失。但台风也是可以预知、防范的。人们总有一种侥幸心理，认为没有那么严重，在台风来临时，即使各级气象台都已提前发出预告、预报，但总有人不重视。对此，每个机构、每个部门、每个家庭、每个成年人心中，都应准备一套完整的防范措施和办法，有效地减少台风所带来的损失。

台风是热带气旋的一种。我国将热带气旋依其中心附近的最大风力划分为六个等级：热带低压、热带风暴、强热带风暴、台风、强台风和超强台风。其中热带气旋中心持续风速达到 12 级以上（即 32.7m/s 或以上）的称为台风。由于能量大、突发性强、破坏力大等特点，台风给所到之处造成的影响也是巨大的，是世界上最严重的自然灾害之一。

通常所说的"台风"和"风"都属于北半球的热带气旋，由于它们产生在不同的海域，不同国家的人给予其不同的称谓。一般来说，在东太平洋和大西洋海域生成的热带气旋，风力达到 12 级以上，被称作"飓风"，而在西太平洋上生成的热带气旋称作"台风"。

1. 台风的形成条件

从台风结构看到，如此巨大的庞然大物，其产生必须具备特有的条件。

（1）要有广阔的高温、高湿的大气。热带洋面上的底层大气的温度和湿度主要取决于海面水温，台风只能形成于海温高于 26~27℃ 的暖洋面上，而且在 60m 深度内的海水水温都要高于 26~27℃。

（2）要有低层大气向中心辐合、高层向外扩散的初始扰动。而且高层辐散必须超过低层辐合，才能维持足够的上升气流，低层扰动才能不断加强。

（3）垂直方向风速不能相差太大，上下层空气相对运动很小，才能使初始扰动中水汽凝结所释放的潜热能集中保存在台风眼区的空气柱中，形成并加强台风暖中心结构。

（4）要有足够大的地转偏向力作用，地球自转作用有利于气旋性涡旋的生成。地转偏向力在赤道附近接近于零，向南北两极增大，台风发生在大约离赤道 5 个纬度以上的洋面上。

2. 台风的危害

我国是受台风影响最严重的国家之一，西北太平洋热带气旋有近 50% 影响我国。台风灾害主要是在台风登陆之前和登陆之后引起的。台风引起的直接灾害通常由以下三方面造成：

（1）狂风。台风风速大都在 17m/s 以上，甚至在 60m/s 以上。因此台风及其引起的海浪可以把万吨巨轮抛向半空拦腰折断，也可以把巨轮推入内陆；飓风级的风力足以损坏甚至摧毁陆地上的建筑、桥梁、车辆等。在建筑物没有被加固的地区，造成的破坏更大。大风亦可以把杂物吹到半空，使户外环境变得非常危险。

（2）暴雨。一次台风登陆，降雨中心一天中可降下 100~300mm、甚至 500~800mm 的大暴雨。台风暴雨造成的洪涝灾害，来势凶猛，破坏性极大，是极具危险性的气象灾害。

（3）风暴潮。当台风移向陆地时，由于台风的强风和低气压的作用，海水向海岸方向强力堆积，潮位猛涨，水浪排山倒海般向海岸压去。强台风的风暴潮能使沿海水位上升 5~6m。如果风暴潮与天文大潮高潮位相遇，能产生高频率的潮位，导致潮水漫溢、海堤溃决，冲毁各类建筑设施，淹没城镇和农田，造成大量人员伤亡和财产损失。

台风这种等级高、强度大的自然灾害发生以后，不但破坏人类生存的环境，还常常导致一连串的其他灾害。在一些大中城市，台风造成的暴雨和海水倒灌很可能造成内涝等引发交通瘫痪，影响城市正常运行甚至造成人员伤亡；台风还可能造成生态破坏、疫病流行，如台风引起的风暴潮会造成海岸侵蚀，海水倒灌造成土地盐渍化等灾害；台风造成的泥石流会破坏森林植被；台风引发的洪水过后常常容易出现疫情等；台风也会造成农作物的病虫害。

3. 台风危害的应对

（1）台风前的防范措施。台风前的防范措施能很好地减少台风造成的损失。台风的防范措施主要有以下方面：

①强风有可能吹倒建筑物、高空设施，造成人员伤亡。所以，居住在各类危旧住房、工棚的人们，在台风来临前，要及时转移到安全地带，不要在临时建筑（如围墙等）、广告牌、铁塔等附近避风避雨。

②强风会吹落高空物品，要及时搬移屋顶、窗口、阳台处的花盆、悬吊物等。

③在台风来临前，最好不要出门，以防被砸、被压、触电等不测；检查门窗、室外空调、太阳能热水器的安全，并及时进行加固。

④准备手电、食物及饮用水，检查电路，注意炉火、煤气，防范火灾。

⑤关好门窗，检查门窗是否坚固；取下悬挂的东西；检查电路、炉火、煤气等设施是否安全。

⑥不要去台风经过的地区旅游，更不要在台风影响期间到海滩游泳。

⑦住在低洼地区和危房中的人员要及时转移到安全住所。

⑧及时清理排水管道，保持排水畅通。

⑨有关部门要做好户外广告牌的加固；建筑工地要做好临时用房的加固，并整理、堆放好建筑器材和工具；园林部门要加固城区的行道树。

（2）台风中的防范措施。台风到来时的防范措施也很重要，台风期间要做到以下几点：

①台风期间尽量不外出，关好门窗，在窗玻璃上用胶布贴成"米"字图形，以防窗户玻璃破碎。

②不要在临时建筑、广告牌、铁塔等附近避风避雨。

③台风期间倘若不得不外出时，应弯腰将身体紧缩成一团，一定要穿上轻便防水的鞋子和颜色鲜艳、紧身合体的衣裤，把衣服扣扣好或用带子扎紧，以减少受风面积，并且要穿好雨衣，戴好雨帽，系紧帽带，或者戴上头盔。应慢慢地走稳，顺风时不要跑；要尽可能抓住墙角、栅栏、柱子或其他稳固的固定物行走；在建筑物密集的街道行走时，要特别注意落下物或飞来物，以免砸伤；走到拐弯处，要停下来观察一下再走；经过狭窄的桥或高处时，最好伏下身爬行，否则极易被刮倒或落水。如果台风期间夹着暴雨，要注意路上水深，看清路标。

④由于台风经过岛屿和海岸时破坏力最大，所以要尽可能远离海洋；在海边和河口低洼地区旅游时，应尽可能到远离海岸的坚固宾馆及台风庇护站躲避。

⑤如果正在海上旅游，则应尽快动员船员将船只驶入避风港，封住船舱；如果在帆船上，要尽早放下船帆。

⑥如果住在帐篷里，则应收起帐篷，到坚固结实的房屋中避风。

（3）台风后的防范措施。台风过后要警惕隐患，主要做到以下几点：

⑦台风信号解除后，要在撤离地区被宣布为安全以后才可以返回。因为台风的"风眼"在上空掠过后，地面会风平浪静一段时间。通常，这种平静持续不到1个小时，风就会从相反的方向再度横扫过来，如果你是在户外躲避，那么此时就要转移到原来避风地的对侧。

⑧台风过后不要随意使用煤气、自来水、电线线路等。

⑨台风过后伴随而来的停电停水期间，要注意食物和饮水方面的卫生，以保证身体的健康和安全。

（二）沙尘暴

沙尘暴，是沙暴和尘暴两者兼有的总称。沙尘暴的天气状况可以分为浮尘、扬沙、沙尘暴和强沙尘暴四种。浮尘，指地面尘土或者细小沙粒均匀地飘浮在空中，使空气水平能见度小于10km的天气现象；扬沙，指风将地面的沙尘卷起，使空气十分混浊，空气水平能见度在1~10km的天气现象；沙尘暴，指强风将地面大量的尘沙卷起，使空气特别混浊，空气的水平能见度小于1km的天气现象；强沙尘暴，指大风将地面尘沙卷起，使空气模糊不清，混浊不堪，空气水平能见度小于500m的天气现象。

1. 沙尘暴的成因

沙尘暴天气主要发生在冬春季节，因为此时干旱区降水特别少，地表异常干燥松散，抗风蚀能力很弱。当有大风刮过时，就会将大量细小沙尘卷入空中，形成沙尘暴天气。强劲的风是沙尘暴得以形成的动力基础，也是沙尘暴能够长距离蔓延、肆虐的动力保证。地表的细沙和尘源是沙尘暴形成的重要基础。不稳定的热力条件有利于形成空气流动，从而使风夹带沙尘，卷扬到空中形成沙尘暴。同时，干旱少雨气候，气温冷热不均，变化明显，是沙尘暴形成的气候背景。当冷暖气团相交，在冷暖锋交汇处最容易形成强大的上升或下降气流。形成沙尘暴还和狭长的地形有关，该地形可以进一步提高风速和强化对地面的风蚀作用。

2. 沙尘暴的危害

沙尘暴通过强风、沙埋、土壤风蚀和空气污染对人类的生产和生活造成严重的不良影响。

（1）沙尘暴天气下，空气的冲撞、摩擦噪声会使人们心里感到不适，特别是大风音频过低，能直接影响人体的神经系统，使人头痛、恶心、烦躁。

（2）猛烈的大风、沙尘常使空气中的"维生素"即负氧离子严重减小，导致那些对天气变化敏感的人体内发生变化，在血液中开始分泌大量的血清素，让人感到神经紧张、压抑和疲劳，并会引起一些人的甲状腺负担过重。

（3）大风使地表面蒸发强烈，驱走大量的水汽，空气中的湿度大大减小，使人口干唇裂，鼻腔黏膜变得干燥、弹性减小，容易出现微小的裂口，免疫功能随之降低，使许多病菌乘虚而入，易导致呼吸道疾病的发生，如流感、支气管炎、肺结核等。

（4）沙尘暴天气下，灰尘及沙土容易吹进眼睛里，由于外界的刺激，极易引起急性结膜炎。

3. 沙尘暴危害的应对

（1）沙尘季节注意收听气象预警。沙尘暴来临之前，气象部门会向社会发布预警信号，可以通过电视、广播、报纸、互联网、手机短信等，或者拨打电话121向当地气象台咨询，或查看户外预警信号警示装置（如警示牌）来获得预警信息，也可以登录中国气象局官方网站和中国天气网等获取沙尘暴预警信息。沙尘暴根据出现时间迟早和能见度大小可分为三级，由弱到强分别用黄色、橙色、红色表示。

（2）防范沙尘暴危害。①应及时关好门窗，将门窗的缝隙用胶带封好；如果在危旧房屋应及时撤出；尽量减少外出，尤其是老人、未成年人和体弱者；学校要推迟上学或者放学，直到沙尘暴结束。②外出前应戴好防护镜及口罩或纱巾罩；行人要远离高层建筑、工地、广告牌、老树、枯树、水渠、水沟及水库等。③沙尘天气里司机应开启雾灯、防眩目近光灯、示廓灯和前后位灯，如果能见度在100～200m，时速最好控制在40km/h以下，夜间时速应在30km/h以下。④出现沙尘天气时，各级政府及相关部门要制定应对措施，机场、高速公路、铁路等部门，要科学调度，确保交通安全。发生强沙尘暴时，飞机、火车长途客车等应暂时停飞、停运。⑤医院、食品加工厂、精密仪器生产或使用单位，要做好食品、药品和重要精密仪器的密封工作。⑥有关单位要妥善放置易受大风影响的物资，加固围板、棚架、广告牌等易被风吹动的搭建物，建筑工地要覆盖好裸露沙土和废弃物，以免尘土飞扬。⑦停止一切露天生产活动和高空、水上等户外危险作业。⑧沙尘暴结束后，市政环卫部门要及时洒水、清扫城市街道和院落沉积的大量沙尘。

二、应对雷电

【典型案例1】某天雷雨天气下午，我校某学生亲戚在山中自己家房内，更换电灯泡遭雷击，正在更换灯泡的亲戚被击倒不幸身亡。

【典型案例2】某日下午，某大学的一群大学生冒雨在学校足球场踢足球，一声雷响，5人被击倒，其中2人被送医院抢救。

【案例分析】雷击虽然是天灾，但如果在事前考虑到雷击的问题，采取一些避雷措施，就能避免灾祸的发生。痛定思痛，大学生有必要了解雷电的知识，学习避雷的方法，在发生雷击的时候，从容避祸。

雷电是伴有闪电和雷鸣的一种自然放电现象。雷电一般产生于对流发展旺盛的积雨云中，因此常伴有强烈的阵风和暴雨，有时还伴有冰雹和龙卷风。长期以来，雷电一直以直击雷的形式给自然界带来灾难性的打击。雷电灾害被联合国列为"最严重的十种自然灾害之一"。

（一）雷电的危害

雷电对人的伤害方式归纳起来有直接雷击、接触电压、旁侧闪击和跨步电压四种形式。

1. 直接雷击

直接雷击就是在雷电现象发生时，闪电直接袭击到人体。因为人是一个很好的导体，高达几万到十几万安培的雷电电流，从头顶部一直通过人体到两脚，流入到大地。因此，人能遭到雷击，受到雷电的击伤，直接雷击比较严重的会导致死亡。

2. 接触电压

当雷电电流通过高大的物体，如高的建筑物、树木、金属构筑物等泄放下来时，强大的雷电电流，会在高大导体上产生高达几万到几十万伏的电压。人不小心触摸到这些物体时，受到这种触摸电压的袭击，发生触电事故，这就是接触电压。这也是为什么雷电天气不要躲在大树下的原因。

3. 旁侧闪击

当雷电击中一个物体时，强大的雷电电流通过物体泄放到大地。一般情况下，电流是最容易通过电阻小的通道穿流的。人体的电阻很小，如果人在被雷击中的物体附近，雷电电流就会在人头顶高度附近，将空气击穿，再经过人体泄放下来，使人遭受袭击。

4. 跨步电压

当雷电从云中泄放到大地时，就会产生一个电位场。电位的分布是越靠近地面雷击点的地方电位越高；远离雷击点的电位就低。如果在雷击时，人的两脚站的地点电位不同，这种电位差在人的两脚间就产生电压，也就有电流通过人的下肢。两腿之间的距离越大，跨步电压也就越大。

（二）对雷击触电者进行急救

雷击对人体可造成巨大的伤害，强大的雷电流会使人或动物的心脏、大脑麻痹而死亡，甚至能把身体烧焦。此外，雷电流还能将局部皮肤组织烧坏，出现有灰白色的肿块和线条，称为"电的烙印"。强大的雷声还可致耳膜受伤。但是，不论何时何地发生雷电事故，只要按科学的方法分秒必争地进行抢救，都能在一定程度上减少伤亡。

（1）遭雷击被烧伤或严重休克的人，身体并不带电。此时要保持镇静，首先应让其躺下，扑灭伤者身上的火，再对其实施抢救。

（2）如果伤者神志清醒，呼吸心跳均正常，应让伤者就地平卧，严密观察，暂时不要站立或走动，防止继发休克或心衰。

（3）如果伤者已经失去知觉，但仍有呼吸和心跳，则自行恢复的可能性很大。这时应让伤者舒适平卧、安静休息后，再送医院治疗。

（4）如果伤者呼吸已停止或心脏停止跳动，应迅速对其进行口对口人工呼吸和心脏按压，并尽快送往医院，在送往医院的途中也不要中止心肺复苏的急救。

（5）现场抢救中，不要随意移动伤员，如果确实需要移动，抢救中断时间不应超过

30s。移动伤员或将其送医院，除应使伤员平躺在担架上并在背部垫以平硬阔木板外，应继续抢救。

（6）对电灼伤的伤口或创面不要用油膏或不干净的敷料包敷，应用干净的敷料包扎，或送医院后待医生处理。

（三）防范雷电知识

1. 室内防雷电

雷电来临时，在室内一般是比较安全的。但一些特殊条件下仍可能遭受雷击。如球形雷直接袭入室内，甚至间接雷击也会对室内人员和电器造成危害。因为对于钢筋水泥框架结构的建筑物来说，侧击雷和球雷是很容易从门窗进入的，大多数球雷是沿着建筑物的烟囱、窗户和门进入室内，在室内运动数秒钟后逸出，逸出时引起爆炸。所以雷雨时，在室内的人员要及时关闭门窗。其次，在室内不要靠近、更不要触摸任何金属管线，包括水管、暖气管、煤气管等；此外，建筑如无防雷装置，在室内最好不要使用任何家用电器，包括电视机、收音机、电脑、有线电话、洗衣机、微波炉等，而且最好拔掉所有的电源插头。还有一点需要我们特别注意的是，在室内，雷雨时千万不要使用太阳能热水器洗澡，因为此时的热水器已成为导电系统。

2. 旷野中防雷电

如果雷雨来临，恰巧我们有事在外，可能遇到的情况就更为危险，特别是当人们身处旷野时，雷雨来临，无处躲避，极易发生雷击事故。国外曾有报道说，在高尔夫球场，有人在挥动球杆指向空中的瞬间遭受了雷击。雷雨时要谨记，不能打雨伞和高举其他金属物件，因为高举的雨伞等金属物件在旷野地区比较突出，雷电由伞尖导下，使打伞者被击伤亡。此外，在旷野中避雷时最好将身上的金属物取下，避免导电；其次，在旷野中不宜进入孤立的棚屋、岗亭等低矮建筑物。因为低矮的建筑物如果没有防雷设施，也容易吸引闪电落击；再次，不宜躲在大树底下。当雷雨来临时，一般人都会很自然地跑到大树底下避雨，殊不知，往往是避过了雨淋却惹来了雷祸，因为大树较高，常常是这片地带的突出物，最容易招致雷击。最后，在野外如果我们找不到合适的避雷场所，应采用尽量降低重心和减少人体与地面的接触面积的方法，可蹲下，双脚并拢，手放膝上，身向前屈，千万不要躺在地上、壕沟或土坑里，如能披上雨衣，防雷效果更好，还要提醒那些在野外的人们，无论是运动，还是不动，人员之间都应拉开几米的距离，不要挤在一起，当然，如果自然条件允许，最好是躲进较大的山洞。

3. 室外防雷电

雷电发生时，对于还在室外活动的人员，这时就要尽量避免一些运动，比如走路或骑车。因为雷雨时走路或骑车遭受雷击的概率是极高的，需要加倍小心。雷雨时在公路上，最不宜快速开摩托车、骑自行车，因为雷暴天气时，摩托车车身多为金属，在宽阔的公路上比较突出，当强雷暴时，骑车人很容易遭受雷击；还有当人们在室外活动一旦遇雷雨，切忌在打雷时为避雨狂奔，因为步子大了，通过身体的跨步电压就大，更容易遭受伤害；尽管雷雨天一般人会选择进入室内避雨，但一些运动发烧友还是想在下雨天体验运动的快感，其实雷雨天是最不宜运动的，特别是户外的球类活动，因为雷雨天进行室外、野外球类活动，容易造成群死群伤的严重后果，这已经被国内外许多雷击灾害案例证明了，尤其是足球，因为在广阔的足球场中，一个人就是一个尖端放电体，招致雷击的可能性很大。

三、雾霾

雾霾是雾和霾的组合词，我国不少地区将雾并入霾一起作为灾害性天气现象进行预警预报，统称为"雾霾天气"。2013 年，"雾霾"成为年度关键词。2014 年 1 月 4 日，国家减灾办、民政部首次将危害健康的雾霾天气纳入自然灾情进行通报。

（一）雾霾的成因

1. 环境因素

"雾"和"霾"实际上是有区别的。雾是指大气中因悬浮的水汽凝结，能见度低于 1km 时的天气现象；而霾的形成主要是空气中悬浮的大量微粒物和气象条件共同作用的结果。实际上，家庭装修中也会产生粉尘"雾霾"，室内粉尘弥漫，不仅有害于人体健康，增添清洁负担，粉尘严重时，还给装修工程带来更多的隐患。

2. 大气污染

在各种污染物中，机动车尾气是雾霾颗粒组成的主要成分。最新数据显示，北京雾霾颗粒中机动车尾气占 22.2%、燃煤占 16.7%、扬尘占 16.3%、工业废气占 15.7%。

3. 气候

入冬以后，我国中东部大部地区雾霾频发，雾霾日数普遍在 5 天以上。如果 1 月影响我国的冷空气活动较常年偏弱，风速小，中东大部地区稳定类大气条件出现频率明显偏多，尤其是华北地区易造成污染物在近地面层积聚，从而导致雾霾天气多发。

（二）雾霾的危害

雾霾天气对人体有以下危害：

1. 上呼吸道感染

雾霾天气时，空气中飘浮大量的颗粒、粉尘、污染物病毒等，一旦被人体吸入，就会刺激并破坏呼吸道黏膜，使鼻腔变得干燥，破坏呼吸道黏膜防御能力。细菌进入呼吸道，容易造成上呼吸道感染。

2. 支气管哮喘

雾霾天气时，大气污染程度较平时严重，空气中的细菌和病毒易导致传染病扩散和多种疾病发生。尤其是城市中空气污染物不易扩散，增加了二氧化硫、一氧化碳、氮氧化物等物质的浓度，严重威胁人的生命和健康。同时，粉尘、烟尘、尘螨也可能悬浮在雾气中，人体吸入这些物质，就可能刺激呼吸道，出现咳嗽、闷气、呼吸不畅等哮喘症状。

3. 角膜炎、结膜炎

专家介绍，雾霾天气空气中的微粒附着到角膜、结膜上，可能引起角膜炎或结膜炎，或加重角膜炎、结膜炎患者的病情。近年来，由于雾霾等恶劣环境的影响，角膜炎、结膜炎患者明显增多。患者症状大致为：眼睛干涩、酸痛、刺痛、红肿和过敏。

4. 影响生殖能力或致胎儿畸形

中国社会科学院联合中国气象局发布《气候变化绿皮书》，报告称雾霾天气影响健康，除众所周知的会使呼吸系统及心脏系统疾病恶化等，还会影响生殖能力。上海交通大学附属仁济医院研究团队曾对上海男性不育进行了长达 10 年的研究，证实因环境日趋恶化，男子精液质量每况愈下。

（三）雾霾危害的应对

（1）避免雾天晨练。可以改为太阳出来后再晨练，也可以改为室内锻炼。

（2）尽量减少外出。如果不得不出门时，戴好口罩。

（3）患者坚持服药。呼吸病患者和心脑血管病患者在雾霾天更要坚持按时服药。

（4）不要把窗户关得太严。可以选择中午阳光较充足、污染物较少的时候短时间开窗通风换气。

（5）尽量远离马路。上下班高峰期和晚上大型汽车进入市区这些时间段，污染物浓度最高。

第二节　防范地质灾害

一、应对地震

【典型案例】2008 年 5 月 12 日，在四川汶川县发生 8.0 级地震，震中位于北纬 31.0 度，东经 103.4 度。截至 2008 年 5 月 14 日 16 时，四川省震区共发生余震 3345 次，最大余震为 6.1 级。据不完全统计，这次灾害截至 2008 年 9 月 25 日，汶川地震已确认 69 277 人遇难，374 643 人受伤，失踪 17 923 人。目前四川地震重灾区面积达到 6.5 万 km^2，直接严重受灾地区达 10 万平方千米。涉及阿坝、绵阳、德阳、成都、广元、雅安等 6 个市、州，严重受灾的县区达到 44 个，受灾乡镇 1061 个，人口大约 2000 万人，根据有关方面介绍，直接受灾人数 1000 余万。

汶川地震是自新中国成立以来影响最大的一次地震，震级是自 1950 年 8 月 15 日西藏墨脱地震（8.5 级）和 2001 年昆仑山大地震（8.1 级）后的第三大地震，汶川大地震是浅源地震，震源深度 10~20km，因此破坏性巨大。灾情发生后由武警总医院 22 人组成的国家地震灾害紧急救援队陆续奔赴汶川灾区，负责搜索、营救和医疗救护任务。中国空军派出军用运输机，向四川地震灾区空运空降兵和指挥车，执行抗震救灾任务。民政部也紧急调拨 25000 顶救灾帐篷支援四川灾区，其他救灾物资正在调集运输中。而社会各界人士、中国多家企业公司、中国红十字会，也在援助四川。我国将每年 5 月 12 日定为国家"防灾减灾日"。

地震是地球内部介质局部发生急剧的破裂，产生的震波，从而在一定范围内引起地面振动的现象。地震给人类造成的灾难是难以估量的，但懂得地震前的征兆、地震中的避震和地震后的互救知识，可以有效地减少损失。

（一）震级和烈度

衡量地震强度大小的"尺子"有两把，一个是地震震级，另一个是地震烈度。地震震级是根据地震时释放能量的多少来划分的；地震烈度是指地面及房屋等建筑物受地震影响和破坏的程度，用"度"来表示。同一个地震而言，因其对不同地方的影响程度不同，故各地方所表现的烈度大小也不一样，一般而言，距震中近的地方破坏大，烈度高，距震中远的地方破坏小，烈度低。

（二）地震灾害的类型

地震灾害可分为原生灾害、次生灾害和诱发灾害三种类型。地震直接产生的地表破坏、各类工程结构的破坏及由此而引发的人员伤亡与经济损失，称为原生灾害。由于工程结构物的破坏而随之造成的诸如地震火灾、水灾、毒气泄漏与扩散、爆炸、放射性污染、海啸、滑坡、泥石流等灾害，称为次生灾害。由地震灾害引起的各种社会性灾害，如瘟疫、饥荒、社会动乱、人的心理创伤等，称为诱发灾害。

（三）地震灾害的特点

（1）突发性。地震孕育过程时间很长，但发生却只有短短的十几秒或几十秒时间。

（2）连锁性。地震破坏房屋及工程设施，导致人员伤亡，引发爆炸、火灾、毒品污染等一系列次生灾害。

（3）破坏性。地震具有巨大的破坏性。一个中强以上地震造成的 6 度以上破坏面积，5 级地震约数十平方千米，8 级以上地震可达十数万平方千米。

（四）地震前的征兆

地震是有前兆的，地震发生前，自然界出现的与地震孕育、发生有关的各种征兆，有宏观前兆和微观前兆两大类。由人的感觉器官所能直接觉察的地震前兆统称为宏观前兆，宏观前兆具体有地下水异常、动物异常、气象异常、地声与地光等；微观前兆是人的感官无法观察，只有用专门的仪器才能测量到的地震前兆现象。

地震征兆是有一定的科学依据的，地震是地壳运动中岩层受力产生的突然破裂，岩层从受力到破力需要一个长期过程。当岩层所受到的力超过极限时，地壳就会发生变形。在这个过程中，一方面，岩石的物理性质因破裂而发生变化；另一方面，地下水、气体及地球磁场都会发生明显变化，这样就引起了地下水、电磁场和动物行为的异常等地震征兆。由于地震的微观异常，人的感官无法觉察，所以这里我们不再进行介绍。下面我们主要介绍常见的宏观异常。

（1）生物异常。如冬蛇出洞、老鼠搬家、鸡鹅高飞、鸟乱飞、猪狗不进食、牛马惨叫不进圈等；除了动物会出现异常意外，有些植物在地震前也会出现异常反应，如不适季节的发芽、开花、结果，或大面积枯萎与异常繁茂等。

（2）地下水异常。如井水位大幅度上升或下降、井水自溢或自喷、井水突然干枯、泉水突然断流、井（泉）水发浑或发响、井（泉）水翻花、冒泡、冒气、井（泉）水变色、变味、变臭、井（泉）水中漂油花等。

（3）天气异常。地震之前，天气也常常出现反常，如出现大风、暴雨、大雪、骤然降温等。

（4）其他异常。其他地震宏观异常主要指地声、地光、地气、地动、地鼓及各种气象与气候异常。

（五）震时个人应急措施

一般来说，地震从开始到结束，时间不过十几秒到几十秒。因此，地震发生时，要保持清醒的头脑，充分利用这短暂的瞬间科学避震。在地震发生瞬间，首先判断地震的远近及大小，一般近震先上下颤动后左右摇晃，远震颤动不明显，以左右摇晃为主。一般小震和远震不必外逃，对强烈近震，是逃是躲，要因地制宜。

（1）在平房内的人，应充分利用时间，头顶被子、枕头或安全帽，跑出屋外；来不及跑时可迅速躲在桌下、床下、墙根下和坚固家具旁，蹲在地上，保护头、胸等要害部位，闭目，用鼻子呼吸，并用毛巾或衣物捂住口鼻，以隔挡呛人的灰尘；正在用火时，应随手关掉煤气或电开关，然后迅速躲避。

（2）在楼房内的人，要迅速远离外墙、门窗和阳台，选择厨房、卫生间、楼梯间等开间小而不易倒塌的空间避震；也可以躲在墙根、墙角、坚固家具旁等易于形成三角空间的地方；千万不要盲目跳楼，也不能使用电梯。

（3）室外的人要避开高大建筑物，把书包等物顶在头上，防止被玻璃碎片、屋檐、装饰物砸伤，应迅速跑到街心或空旷场地蹲下；尽量远离高压线及石化、化学、煤气等有毒工厂或设施；不要急于跑进室内救人；行驶的汽车、火车要紧急停车。

（4）正在工作场所的人，要迅速关掉电源和气源闸门、开关，然后就近选择在设备和办公家具下躲藏，防止次生灾害发生。

（5）在公共场所，如车站、影剧院、商店、教室、地铁等场所的人，要保持镇静，就地选择桌、凳、架等地方躲避，伏而待定，听从指挥，有序撤离；千万不要乱跑，更不要卷入人流中，乱拥乱挤，拥向出口，以免挤伤踩死，造成大祸。

（6）正在野外的人，要避开山脚、陡崖，以防山崩、滚石、滑坡、泥石流等的击砸，如遇山崩滑坡，要向垂直于滚石方向跑。

（7）遇到特殊危险的人要根据不同情况采取避险措施，燃气泄漏时，用湿毛巾捂住口鼻，不可用明火，震后设法转移；遇到火灾时，趴在地上，用湿毛巾捂住口鼻，匍匐逆风转移到安全地方；毒气泄漏时，用湿毛巾捂住口鼻，要绕到上风方向，震后及时转移。

（六）震后自救互救应急措施

地震之后，有的可能被废墟埋压、砸伤，要学会地震后的自救和互救。

1. 自救

自救是指被埋压人员自己创造条件保存生命，脱离险境，要点如下：

（1）保持镇静，克服恐惧，坚定生存信念。

（2）寻找薄弱部位和可以自救脱险的办法，尽快脱离险地。

（3）不能自行脱险时，应视情况而采取以下措施：

①设法将手脚挣脱出来，清除压在自己身上的物体，用湿毛巾、衣服和其他透气的物体捂住口鼻和头部，防止烟尘窒息和意外事故。

②用石块或铁器等敲击物体与外界联系，不要无谓消耗体力，不可大声呼救，保存体力，延长生命。

③想方设法用砖头、木棍支撑坠落的重物，保存生存空间。

2. 互救

互救指灾区幸免于难和自救脱险的人员对仍埋压人员的救助。根据唐山地震等一些典型经验，如震后 2 小时内还救不出被埋压人员，因窒息和砸伤失血过多而死亡的人数就会大幅上升。因此，震后及时组织互救，抢时间，尽量提高救助效率，是减轻人员伤亡的关键。

互救要点如下：

（1）应当先抢救医院、学校、旅社、商场等人员密集地方的人员，先抢救建筑物边沿瓦砾中幸存者以及容易救出的人，先救出青壮年和医务人员，以增加救援和医护力量。

（2）注意听，寻找被困人员的呼喊、呻吟和敲击器物的声音。

（3）根据房屋结构，先确定被困人员位置，再进行抢救，以防止意外伤亡。

（4）不可用利器刨挖，以免伤人。应保护支撑物，防止房屋进一步倒塌。

（5）救援要讲究科学性，首先应快速使被埋者的头部和胸部暴露，及时清除其口鼻内的尘土，保持呼吸畅通，再行抢救。对已经窒息的人应立即进行人工呼吸。

（6）对于埋在废墟中的幸存者，首先应输送食物和饮料，然后边抢救边支撑，注意保护好幸存者的眼睛。

（7）对于颈椎和腰椎受伤的人员，施救时切忌生拉硬扯，要先慢慢地暴露全身，然后慢慢移出，用硬木板担架送到医疗点，防止造成伤员瘫痪。

（8）对于埋压过久处于黑暗、窒息、饥渴状态下的人，救出后应予以必要的护理，蒙上眼睛，避免阳光刺激，不可突然呼吸大量新鲜空气，不可一下进食过多，应避免被救者情绪过于激动。

（9）对于那些一息尚存的危重伤员，应尽可能在现场抢救，并迅速送往医疗点。

【典型案例】　　　　　　地震中学生疏散踩伤

2005 年 11 月 27 日上午 8 时 49 分 37 秒，江西省九江县与瑞昌市交界处发生 5.7 级地震，震波影响到湖北、湖南、安徽等地。第一次地震发生时，阳新县浮屠镇中学 580 名学生正在上课。校舍摇晃、文具落地……学生们知道事情不妙，纷纷涌向教室门口冲往操场。场面一时失控，在 2 楼和 3 楼之间的楼梯口，几名学生跌倒，引发踩踏事件，47 名学生不同程度受伤。另外，蕲春 5 所中学 28 名学生，武穴市 2 所中学 28 名学生，在疏散过程中挤压受伤。

【案例分析】地震时，如果在教室内上课，教师要组织学生不要往外逃，迅速蹲在课桌下，闭眼、抱头，等地震过后，再进行疏散。而且也不要从楼上往下跳。在疏散时，要稳定学生的情绪，不要慌张，不要拥挤。

二、泥石流

泥石流是指在山区或者其他沟谷深壑和地形险峻的地区，因暴雨、暴雪或其他自然灾害引发的山体滑坡并携带有大量泥沙以及石块的特殊洪流。泥石流具有突然性以及流速快、流量大、物质容量大和破坏力强等特点。泥石流以极快的速度，发出巨大的声响穿过狭窄的山谷，倾泻而下，所到之处，墙倒屋塌，一切物体都会被厚重黏稠的泥石所覆盖。山坡，斜坡的岩石或土体在重力作用下，失去原有的稳定性而整体滑坡。泥石流常常会冲毁公路、铁路等交通设施甚至村镇等，造成巨大损失。如果发现河（沟）床中正常流水突然断流或洪水突然增大并夹有较多的柴草、树木，深谷、沟内传来类似火车、闷雷似的轰鸣声，并伴有轻微震感，可确认上游已形成泥石流，此时应迅速离开危险地段。

（一）泥石流的成因

泥石流一般发生在半干旱山区或高原冰川区。这里的地形十分陡峭，泥沙石块等堆积物较多，树木很少。一旦暴雨来临或冰川解冻，大大小小的石块有了足够的水分，便会顺着斜坡滑动起来，形成泥石流。

泥石流的形成原因比较复杂，主要有以下三个条件。

1. 地貌条件

泥石流的地貌一般可分为形成区、流通区和堆积区三部分，地形倾斜度是泥石流是否能形成的主要因素，据实地考察得知，倾斜度必须大于 15 度才可能发生泥石流。

2. 地质条件

泥石流通常发生于地质构造复杂、断裂褶皱、新构造活动强烈、地震烈度较高的地区。第一，地表岩石破碎，崩塌、错落、滑坡等不良地质现象发育，为泥石流的形成提供了丰富的固体物质来源。第二，岩层结构松散、软弱、易于风化、节理发育或软硬相间成层的地区，因易受破坏，为泥石流提供丰富的碎屑物来源。第三，一些人类工程活动，如滥伐森林、开山采矿、采石弃渣等均会造成泥石流，往往也为泥石流提供大量的物质来源。

3. 水源条件

水既是泥石流的重要组成部分，又是泥石流的激发条件和搬运介质（动力来源）。主要来源于暴雨、长时间的连续降雨、冰雪融水和水库溃决水体等。

（二）泥石流发生的前兆

沟内有轰鸣声，主河流水上涨和正常流水突然中断。动植物异常，如猪、狗、牛、羊、鸡惊恐不安，不入睡，老鼠乱窜，植物形态发生变化，树林枯萎或歪斜等现象。如发现上述的一些征兆，尤其是发现山体出现裂缝，则可能存在发生崩塌、滑坡的隐患，长期降雨或暴雨则可能诱发泥石流。

（三）泥石流的危害

泥石流的特点通常表现为爆发突然，来势凶猛、迅速，并且兼有崩塌、滑坡和洪水破坏的多重作用，其危害程度比单一的崩塌、滑坡和洪水的危害更为广泛和严重。它对人类的危害主要表现在以下四个方面：

1. 对居民点的危害

泥石流最常见的危害之一便是冲进乡村、城镇，摧毁居民房屋、工厂、企事业单位及其他场所设施。淹没人畜、毁坏土地，严重时甚至造成村毁人亡的灾难。

2. 对交通的危害

泥石流可直接埋没车站、铁路、公路，摧毁路基、桥梁等设施，致使交通中断，还可引起正在运行的火车、汽车颠覆，造成重大的人身伤亡事故。

3. 对水利、水电工程的危害

泥石流可冲毁水电站、引水渠道及过沟建筑物，淤埋水电站尾水渠，并且淤积水库、磨蚀坝面等。

4. 对矿山的危害

泥石流可摧毁矿山及其设施，淤埋矿山坑道、伤害矿山人员、造成停工停产，甚至使矿山报废。

（四）泥石流时的应对措施

泥石流是山区沟谷或斜坡上由暴雨、冰雪消融等引发的含有大量泥沙、石块、巨石的特殊洪流。泥石流常与山洪相伴，来势凶猛，在很短时间里，大量泥石横冲直撞，冲出沟外，并在沟口堆积起来。泥石流的发生往往是突然性的，发生时让人措手不及，出现混乱的局面，盲目地逃生可能导致更大的伤亡。在泥石流的多发地带，懂得泥石流的防范和发生泥石流的应对措施，对减少伤亡尤为重要。

泥石流是一种突然暴发的、破坏性极大的特殊洪流。一次泥石流经历的时间不长，但来势凶猛，破坏力极大。防范泥石流，主要注意以下几点：

（1）雨季不要搬动路边或山坡上的松散风化石，不要到采矿区和采空区逗留游玩。

（2）我国泥石流危害严重的地区主要有滇西北、滇东北山区、川西地区、陕南秦岭、大巴山区、辽东南山地、甘南及白龙江流域。所以，要避开泥石流多发区，慎重选择住所的坐落位置，不要住在坡道上或沟壑附近，在发生泥石流最少的季节和时间穿越这些地区。

（3）路经山谷地带，要留心观察周围环境情况，如果道路两旁植被遭严重破坏，又突遇暴雨，要迅速转移至安全地带，切勿停留。

（4）留意泥石流发生前的征兆。在大量降雨后，仔细听听从附近山谷是否传来打雷般的声响，如果有，应立即采取避险措施。

（5）河流突然断流或水势突然加大，沟谷深处突然变得昏暗，还有轻微震动感，这些迹象都表明沟谷上游已发生泥石流，这时也需要迅速转移。

（6）如在野外露营，要选择高处平坦安全的地方，尽可能避开有滚石和易发生滑坡的坡地下边，不要在山谷及河沟底驻扎。

当泥石流发生时，必须遵循泥石流的规律采取应急措施，而不能莽撞和随意行动，这时掌握科学的应对方法是必要的。当遇上泥石流时，可采取以下应急避险措施：

（1）从容观察泥石流的走向，不要顺着泥石流可能倾泻的方向跑，不要在树上和建筑物内躲避。泥石流的威力要大于洪水，其流动途中可摧毁沿途的一切障碍，要向泥石流倾泻方向的两侧高处躲避。

（2）不要在土质松软、土体不稳定的斜坡停留，以免斜坡失衡下滑，应待在基底稳固的高处。

（3）应避开河弯处的凹岸或地方狭小、高度不足的凸崖，因为泥石流有很强的掏刷功能及直进性，这些地方很危险。

（4）逃出时多带些衣物和食品。由于滑坡区交通不便，救援困难，泥石流过后大多是阴冷的天气，要防止饥饿和冻伤。

（5）泥石流会间歇发生，如果要经过刚发生泥石流的地区，最好绕道找一条安全的路线。

（6）作为旅游者乘汽车或火车遇到泥石流时，应果断弃车而逃，躲在车上容易被掩埋在车厢里窒息而死。

【典型案例】2012年8月底的一天，家住云南省昭通镇雄县花山村的湖南信息科学职业学院人文艺术系11级艺术班学生龙某，遭受因家乡忽然强降暴雨而引起的泥石流特大灾害，家里的所有房屋坍塌，县城沿河的房屋道路冲毁，所幸家中五口人，都得以逃脱，父亲因泥石流灾害中为救子女而腿部严重受伤，住院半年还未能恢复。

【案例分析】通过这个案例，我们应该学会地质灾害如何应急避险。必先分为主动和被动两种情况，就是指主动的躲避与被动式的撤离。对于处于危险区的工程及人员，所采用的方法是：预防、躲避、撤离、治理，这四个环节每一个都含有很大的防灾减灾的机会。崩塌、滑坡灾害的应急防治措施是：视险情将人员物资及时撤离危险区；及时制止致灾的动力作用；事先有预兆者，应尽早制订好撤离计划。躲避泥石流不应顺沟向下游跑，应向沟岸两侧跑，但不要停留在凹坡处。

三、滑坡

山体滑坡是指斜坡上某一部分岩土在重力（包括岩土本身重力及地下水的动静压力）作用下，沿着一定的软弱结构面（带）产生剪切位移而整体地向斜坡下方移动的作用和现象。山体滑坡不仅造成一定范围内的人员伤亡、财产损失，还会对附近道路交通造成严重威胁。

（一）滑坡的成因

产生滑坡的原因很多，大致可以分为自然原因和人为原因。

1. 自然原因

（1）降雨：大雨、暴雨和长时间的连续降雨、融雪。

（2）地震：引起坡体晃动，破坏坡体平衡。

（3）地表水的冲刷、浸泡：河流等地表水体不断地冲刷坡脚或浸泡坡脚、削弱坡体支撑或软化岩、土，降低坡体强度。

2. 人为原因

人为原因指开挖坡脚、地下采空，水库蓄水、泄水等改变坡体原始平衡状态的人类活动。常见的可能诱发滑坡、崩塌的人类活动有采掘矿产资源、道路工程开挖边坡、水库蓄水与渠道渗漏堆（弃）渣填土、强烈的机械振动等。

（二）滑坡发生的前兆

滑坡前缘出现横向及纵向裂缝，前缘土体出现隆起现象；滑体后缘裂缝急剧加宽加长，新裂缝不断产生，滑坡体后部快速下座，四周岩土体出现松动和小型塌滑现象；滑带岩土体因摩擦错动出现声响，并从裂缝中冒出气或水；在滑坡前缘坡角处，有堵塞的泉水复活或泉水、井水突然干涸；动物出现惊恐异常现象；滑坡体上的观测点明显位移；滑坡前缘出现鼓丘；房屋倾斜、开裂和出现醉汉林、马刀树等。

（三）滑坡的危害

随着世界人口的不断增长、人类活动的空间范围逐渐扩展和工程活动的规模不断加大，加之受到全球气候变化等因素的影响，滑坡灾害发生的频率越来越高，所造成的经济损失和人员伤亡也不断加大。到目前为止，全球范围内凡是有人类居住和工程活动的山岭地区，几乎都有滑坡灾害发生，已成为仅次于地震的第二大地质灾害。我国是亚洲乃至世界上滑坡灾害最严重的国家之一，滑坡常常给工农业生产以及人民生命财产造成巨大损失，有的甚至是毁灭性的灾难。

（四）山体滑坡时的应对措施

当遇到滑坡正在发生时，为了自救或救助他人，应该做到如下几个方面：

（1）遇到山体滑坡时，首先要保持冷静，不能慌乱，慌乱不仅浪费时间，而且极可能做出错误的决定。

（2）要迅速环顾四周，向较为安全的地段撤离。避灾场地应选择在易滑坡两侧边界外围。遇到山体崩滑时要朝垂直于滚石前进的方向跑。在确保安全的情况下，离原居住处越近越好，交通、水、电越方便越好。切忌在逃离时朝着滑坡方向跑。在向下滑动的山坡中，向上或向下跑均是很危险的。

（3）当遇到无法跑离的高速滑坡时，更不能慌乱。在一定条件下，如滑坡呈整体滑动时，原地不动，或抱住大树等物，也是一种有效的自救措施。

（4）应注意保护好头部，可利用身边的衣物裹住头部。

（5）对于尚未滑动的滑坡危险区，一旦发现可疑的滑坡活动时，应立即报告其他人或有关政府单位。

第三节　防范洪涝灾害

一、暴雨

暴雨一般指每小时降雨量 16mm 以上，或连续 12 小时降雨量 30mm 以上，或连续 24 小时降雨量 50mm 以上的降水。暴雨往往在短时间内造成内涝，影响交通、群众生产和生活。

中国是多暴雨的国家，除西北个别省份外，几乎都有暴雨出现。冬季暴雨局限在华南沿海；4—6月，华南地区暴雨频频发生；6—7月，长江中下游常有持续性暴雨出现，历时长、面积广、雨量也大；7—8月是北方各省的主要暴雨季节，暴雨强度很大；8—10月雨带又逐渐南撤。夏秋之后，东海和南海台风暴雨十分活跃，台风暴雨的点雨量往往很大。

（一）暴雨带来的危害

暴雨是中国主要气象灾害之一。长时间的暴雨容易产生积水或径流淹没低洼地段，造成洪涝灾害。据1950—1999年资料统计，中国平均每年洪涝灾面积为942.4万hm^2，严重洪涝年份农田受灾面积可达1300万hm^2以上。暴雨是一种影响严重的灾害性天气。某一地区连降暴雨或出现大暴雨、特大暴雨，常导致山洪暴发，水库垮坝，江河横溢，房屋被冲塌，农田被淹没，交通和电讯中断，会给国民经济和人民的生命财产带来严重危害。暴雨，尤其是大范围持续性暴雨和集中的特大暴雨，不仅影响工农业生产，而且可能危害人民的生命，造成严重的经济损失。

中国历史上的洪涝灾害，几乎都是由暴雨引起的，如1954年7月长江流域大洪涝，1963年8月河北的洪水，1975年9月河南大涝灾，1998年中国全流域特大洪涝灾害等。

（二）预防措施

（1）预防居民住房发生小内涝，可因地制宜，在低洼地区房屋门口放置挡水板、堆置沙袋或堆砌土坎。

（2）积水中行走时，要注意观察，贴近建筑物行走，防止跌入窨井坑洞。

（3）驾驶员遇到路面或立交桥下积水过深时，应尽量绕行，避免强行通过。

（4）不要在下大雨时骑自行车。

（三）应急要点

（1）危房及地势低洼住宅里的居民应及时转移。

（2）关闭煤气阀和电源总开关。

（3）室内发生积水时，要及时切断电源。

（4）农田、鱼虾塘应及时排水，降低水位。

（5）立即停止田间农事活动和户外活动。

（6）雨天汽车在低洼处熄火，千万不要在车上等候，要下车到高处等待救援。

（7）户外人员应立即到地势高的地方或山洞暂避。

（四）专家提醒

（1）在山区旅游时遇到下暴雨，要注意防范山洪、滑坡和泥石流。上游来水突然混浊、水位上涨较快时，须特别注意。

（2）下水道是城市的重要排水通道，不要将垃圾、杂物丢入公路下水道，以防影响排水畅通。

（3）家住平房的居民应在雨季来临之前检查房屋，维修房顶。

（4）暴雨期间尽量不要外出，必须外出时应尽可能绕过积水严重的地段。

二、洪水

【典型案例1】2012年5月9日，受高空槽和切变线影响，湖南省麻阳县普降大雨到暴雨，局部大暴雨。当天上午7时至下午4时，该县降雨量达225mm。上午10时30分，街道水位迅速上涨至两米左右，交通、水电基本中断，中小学校部分校舍被浸，1000多名师生被洪水围困，情况十分危急。

【典型案例2】2012年5月8日至13日傍晚6时40分，岳阳、怀化、娄底、益阳、湘西自治州、常德、张家界、长沙、株洲、永州、郴州、邵阳等12市州66县市区342.2万人遭受风雹（洪涝）灾，因灾遇难和失踪7人。直接经济损失38.9亿元，其中农业损失14.3亿元。

在衡阳，5月14日7时30分许，衡阳县关市镇庙湾小学6名学生在上学途中路过该镇汇水中学时，因连续强降雨，围墙突然坍塌，导致6名学生被埋。其中2名学生不幸当场遇难，1名送医途中遇难，另一名抢救无效死亡。

【案例分析】（1）以人为本是关键。洪灾发生时，各级领导牢固树立"以人为本"的思想，始终把安全转移被困师生放在首位，集中力量，采取有力措施，终于确保了1000多名师生安全转移，无一人伤亡。

（2）预警预报是前提。及时、准确预报，及时、快速发布预警信息，为学校师生做好防御准备工作赢得了时间，为师生安全转移奠定了基础。

（3）应急预案是保障。各学校注重应急预案的制订，并加强演练，提高了处置突发事件能力和师生自救互救的技能。当洪灾发生时，各学校要按照应急预案的要求及时启动应急响应，根据平时演练的步骤有序安全转移师生，保障了师生的安全。

洪水灾害简称洪灾，是由于江、河、湖、库水位猛涨，堤坝漫溢或溃决，使客水入境而造成的灾害。自古以来，洪涝灾害一直是困扰人类社会发展的自然灾害。我国很早就有劳动人民和洪水斗争的传说——大禹治水。据历史典籍记载的各大江河大量洪灾事实，其发生次数之频繁、损失之惨重说明防治洪灾是一项事关民生的重要工作。时至今日，洪涝依然是对人类影响重大的灾害之一，是我国国民经济和社会可持续发展的心腹大患。洪灾给受灾地区带来极大的损失，严重损害了社会经济的持续健康稳定发展。因此，研究洪涝灾害的成因、危害和对策尤为重要。

（一）洪灾的成因

洪灾的形成原因可分为自然因素和人为因素两类。

1. 自然因素

自然因素包括自然地理环境、天气和水系特征、降雨等，不受人类控制。大气环流异常是洪灾发生的直接原因。

2. 人为因素

人为因素主要是因人类的社会经济活动而造成的生态破坏，如破坏森林植被引发水土流失、侵占江河水道影响洪水通行、围湖造田降低蓄洪能力等。

（二）洪灾的危害

（1）从洪灾发生的特征来看，洪水灾害具有明显的季节性、区域性和可重复性。我国的洪水灾害主要发生在4—9月。例如，我国长江流域的洪水几乎都发生在6、7月；黄淮河流域7、8月易发生洪水；四川盆地各水系的洪水期持续时间比较长，通常是7至10月；而松花江流域的洪水期则是8、9月。灾害与降水时空分布及地形有关。在我国洪灾一般是东部多、西部少；平原地区多，高原和山地少；沿海多，内陆少。洪灾同气候变化一样，有其自身的变化规律，这种变化由各种长短周期组成，使洪水灾害循环往复发生，不易根治。

（2）洪灾具有很大的普遍性和破坏性。洪灾不仅对局部受灾区有害，甚至会严重影响相邻流域，造成水系变迁。

（三）洪灾的避险与自救

（1）发现重大洪灾征兆或已经发生洪灾时，应尽快通过微博、微信等媒体将消息传递出去，引起政府关注，争取尽早控制灾害，避免其进一步扩大并等待救援。

（2）当洪水不断上涨，在短时间内不会消退时，应该储备一些食物及必要的生活用品，如饮水、炊具、衣物等，尤其是生活在偏僻地区的人，一旦交通受阻，救援人员两三天内难以赶到，只得自救，必须准备饮用水、食物、保暖衣物以及烧开水的用具。如果没有轻便的用具，可以改吃干粮充饥。此外，最好携带火柴或打火机，必要时用来生火。

（3）如果因洪水来得太快，已经来不及转移时，应立即爬上屋顶、大树、高墙，暂时避险，等待救援。不到迫不得已，不要单独游水转移。

（4）当不得不逃出险境，则可自制简易木筏逃生。身边任何入水可浮的东西都可制作木筏，如木床、圆木、木梁、木箱子、木板、衣柜等。如无绳子，可用被单绑扎木筏。婴幼儿还可放在大盆里涉水。出发之前，一定要先吃些含热量较多的食物，如巧克力糖、甜糕饼等，并喝些热饮料，以增强体力。

（5）当发现高压线铁塔倾倒、电线低垂或断折，不可触摸或接近，应尽量远离，防止触电。

（6）在条件允许的情况下，应及时拨通求救电话，说明事发的详细地点、被困人数、险情程度、施救要求、联系电话等，以便得到及时救援。

第十章
人身安全

第一节　预防暴力伤害与性侵害

一、预防校园暴力伤害

大学校园，本该是一方净土，文明的殿堂。可是，暴力事件频繁发生，常常打破校园的宁静，校园成了暴力的重灾区。资料分析显示，目前，中国大陆青少年犯罪总数已经占全国刑事犯罪总数的70%以上。大学生常因同学之间的矛盾纠纷，或者情感纠葛以及不法分子的违法犯罪侵害受到暴力伤害。

（一）校园暴力的基本概念

暴力是一种恃强凌弱的、侵犯人身权利的极端行为，它具有反人性、侵人权、违法制、悖伦理、伤文明、坏风尚等特点。校园暴力是指发生在校园及校园周边的各种刑事治安案件，主要以杀人、伤害、抢劫、绑架、强奸等刑事犯罪活动为重点，包括侵害在校学生和教师人身财产安全的违法犯罪活动。

校园暴力有广义和狭义之分。

广义的校园暴力定义为：由教师、同学或者校外人员针对受害人身体和精神所实施的、达到一定严重程度的侵害行为。

狭义的校园暴力定义为：指发生在校园或主要发生在校园内，由同学或校外人员针对学生身体和精神所实施的造成某种伤害的侵害行为。这也是通常所说的校园暴力。

（二）校园暴力的危害

校园暴力除了对学生身体健康造成直接伤害甚至死亡外，对学生的心理、社会认知能力、价值观、思想道德伤害更为严重，也会使一部分学生走上刑事犯罪道路。

1. 对学生心理的伤害

一是使受害学生对校园产生畏惧心理，受害学生常常产生较强烈的厌学情绪，害怕再次受到暴力侵犯；二是有孤僻倾向，受害学生由于自尊心的挫伤，感觉丢了面子，便把自己封闭起来，性格变得内向；三是报复心理，受害学生受到过度的自尊心的驱使，容易产生报复心理。

2. 对学生社会认知和价值观的伤害

校园暴力受害者受到暴力的伤害后，会使他们对人生、社会产生错误认识，会使他们认为这个世界是恐怖、肮脏的，他们会产生对社会的极度恐惧心理而自我封闭、逃避社会，导致他们对社会适应能力降低，从而使他们对社会变得冷漠无情，最终因对社会憎恨而走上反社会的道路。

以暴制暴的观念，在不少受过校园暴力伤害的学生中都不同程度地存在着，尤其是那些长期忍气吞声的学生，这种观念更加明显。部分受暴力伤害的学生，面对暴力，不报告老师、父母和警察，而是想方设法寻求武力报复的机会实施暴力行动，从受害者成为加害者，从受暴者成为施暴者。这些受害者，从加害者那里学会了施暴的手段，然后从受害者演变成加害者。加害对象中，首先，是曾经使自己受害的加害者，往往使曾经的加害者成为新的第一受害者；其次，是其他弱小者，产生新的受害者和新的加害者。

3. 对学生思想道德的危害

一般的青少年犯罪团伙和黑社会组织是有一定区别的，但青少年犯罪团伙有可能发展成为黑社会组织的外围组织。因为青少年正在逐渐摆脱家长、教师权威的束缚，寻求自我独立，实现社会化。如果这个时期过多地受到校园暴力的威胁而缺乏安全感，会迫使他们寻求安全感和归属感，从而使他们寻求并加入到暴力组织中。一旦青少年团伙这种松散的组织被黑社会组织利用，很容易让本来只是不良少年的孩子变成真正的罪犯。

4. 走上犯罪道路

少数施暴者在施暴时，手段残忍，不计后果，不乏杀人、抢劫、强奸，常常给受害者造成极大的生理和心理伤害，并触犯刑罚而成为罪犯，改变了别人的人生道路，也改变了自己的人生道路。一些学生尚未走出校门就走入牢门，成为社会的不安定因素。

（三）学生之间打架斗殴的预防与处置

大学生来自五湖四海，理应相互尊重、团结友爱。以打架斗殴为主要形式的学生之间的暴力伤害，只会伤害感情，削弱友谊，破坏团结，瓦解集体，使自己孤立于集体之外，失去从他人身上得到帮助及受他人启发以增长自己学识的良好机会；少数学生参与打架斗殴，严重破坏学校的良好氛围和校园风气，尤其是群体性的打架斗殴，容易产生轰动效应，被少数人挑拨利用，形成不安定因素，危及学校乃至社会的稳定。良好的学习和生活环境不仅是求知的前提条件，同时对学生的身心健康发展具有十分重要的作用。打架斗殴恰恰使这一环境遭到破坏，给心灵带来伤害。打架斗殴常因小事而起，但其一旦酿成刑事、治安案件，轻则受到退学、开除的处理；重则触犯法律法规，受到法律的严厉制裁，断送自己的美好前程。

1. 学生之间打架斗殴的原因

引发大学生之间暴力伤害的原因是多方面的，但直接原因不外乎以下几个方面：

（1）利益与经济。目前，大学生的竞争意识日渐增强，激烈的竞争常导致大学生对利益极为关注，如在评优、评奖学金时，同学们看法不尽一致或妒忌成仇，有时也会因为争水冲凉、争运动场地、争座位等生活琐事而引发争端，互不相让而斗殴。经济也是诱发打架斗殴的一个因素，如同学之间对共同消费后的经济承担责任有不同意见，或相互之间的借、还等经济往来引发纠纷。

（2）恋爱与交友。在校大学生因恋爱问题导致打架也占有相当的比例。有些同学视恋爱为儿戏，玩弄感情，甚至脚踏几只船，引发几个恋人之间争风吃醋，继而结伙斗殴；有的因一厢情愿，恋爱不成，导致心理失调，甚至发展到心理变态，继而引发报复斗殴等恶性案件。极少数学生在交友中，以意气相投的酒肉朋友为对象拉帮结派，常常依仗人多势众，横行霸道，因而极易酿成聚众打架斗殴。

（3）猜疑与嫉妒。有些同学因猜忌多疑，总觉得别人跟自己过不去，背地里说自己的坏话；有的说者无心，听者有意，将别人的话胡乱联系，无端嫉恨他人；有的因自己财物失窃而对同学妄加猜疑，甚至对所谓嫌疑人采取违法的方法进行处理，引发斗殴事件。同样，嫉妒心严重的人，往往对别人的进步和成绩当做是对自己的威胁，继而引发恶性斗殴事件，殃及他人。

（4）性格与个性。大学生来自五湖四海，各人成长环境和条件各不相同，性格差异较大。性格的差异在同学关系处理过程中，极易互相看不惯，互相嫌弃，形成对抗心理，引起纠纷。有些学生在家是个宠儿，为所欲为。到大学里，仍然唯我独尊，在集体生活中不遵守公共道德和行为规范，发生矛盾纠纷时，不仅不能严于律己，而且总觉得别人侵犯自己的尊严，在处理与同学之间的矛盾时，态度粗暴，蛮横无理，常为一些生活琐事互不相让、大打出手。

（5）酗酒。大学生由于酗酒而引起的违法违纪特别是打架斗殴现象时有发生。一些大学生在饮酒前并没有明确的违法动机或准备，但当饮酒到一定程度后，有的同学因平时琐事或饮酒过程中的几句话等因素引起情绪冲动，失去理智，殴斗厮打，有的甚至伤及无辜。

2. 大学生之间打架斗殴的危害

（1）酿成刑事、治安案件，葬送自己的前程，给自己和他人及家庭带来巨大伤害。就纠纷发生的直接原因而言，大多数都是微不足道的小事，但是一旦成为纠纷就难以收拾。打架斗殴不仅是刑事治安案件的温床，也是破坏安定团结的蛀虫，应当引以为戒。

（2）妨碍内部团结，不利于优良校风和学风的建设，破坏同学们成长的优良环境，伤害感情，削弱友谊，破坏团结，瓦解集体。

（3）损害大学生的良好形象，影响学校声誉。大学是知识的殿堂，大学生是未来的栋梁。打架斗殴不仅损害自己的人格，而且还会玷污大学生这一光荣称号。尽管打架斗殴的是个别人，但受到损害的却是大学生整体形象和学校的声誉。

3. 怎样防止打架斗殴

（1）防突发性斗殴的"偏方"说服术。突发性斗殴往往是由偶然起因不能冷静对待而引起的。制止这种斗殴首先应采取说服的方法，针对不同的对象，认真讲清道理，指出"行少顷之怒，丧终身之躯"的严重后果，使冲动的头脑迅速冷静下来，不自酿苦酒。

如在游泳池，一同学跳水时不慎撞到另一个同学的身上，他钻出水面后连忙道歉，然而被撞的同学却不予谅解，怒气冲冲爬上岸来，叉腰喝道："有种的你上来。"水中这个同学十分冷静，他清楚地知道，应以理智告诫自己和提醒对方。于是考虑一下便说："我不上去。但我要向你说明，我不是不敢打架，我知道打架不是解决问题的办法。咱们毕竟是接受高等教育的人，我怕周围这些人笑话，何况打完架咱俩都得受处分。"仅此短短一席话，引起了双方感情共鸣，紧张气氛骤然消失，不少同学也过来劝解一场干戈即刻化为玉帛。

（2）防报复性斗殴的方法——攻心术和暗示效应。报复性斗殴往往产生于某种奇特的变态心理。在生活中，人们的思想动机必然要从言语、行为等方面显露出来。所以，我们要注意关心同学的思想变化，发现问题及时而又有针对性地进行规劝。同说服术一样，所不同的是攻心术以关切为先导，不直接指出对方的错误，因为那样容易引起对方的反感，或置对方于十分难看的境地。大学生一般来说自尊心都是很强的，所以，应委婉相劝，攻心为上，用一种相似的人或事来善意暗示对方。正如周恩来同志所说的："与人说理，须使人心中点头。"让对方自己觉悟，从而领悟到同学之间的情谊。

（3）防演变性斗殴。演变性斗殴一般有较长周期的滋生过程。同学们长期生活在一起，不可避免地在思想上和生活上会发生一些摩擦和冲突。而有些伤人感情的话语容易生成积怨，引发斗殴，甚至毙命。

某高校学生马某，平时沉默寡言，而同宿舍的小田却性格外向，有时爱挖苦人两句，两人早有不睦。一次，田和马又因关灯睡觉问题争执起来，险些动手。口角中，田曾冒出这么一句："你非得给我跪下求饶，否则你在这儿一天，我就欺负你一天。"马某感到自己受到莫大的侮辱，有失男子汉的"尊严"。于是，在"教训他下"的思想支配下，夜晚趁田熟睡时，用手电筒照着，举起铁锤对准田的头猛击数下，田当即毙命。事后，当审判员问及马某："你认为小田欺负你，为什么不向学校报告呢？"马某回答："这么大的小伙子被人欺负，我觉得寒碜，不好意思说。"直到宣布他死刑时，他才如梦初醒，然而悔之晚矣。

（4）防群体性斗殴。大学生完全能够从纷繁复杂的生活现象中分辨是非，判断正误。但是为帮同学、老乡或朋友而进行群体性斗殴的现象却也时有发生。

一天，某高校浴室，洗浴的人员多。当 A 系的学生李某正在淋浴时，B 系的学生张某走过去说：这是我刚才占的喷头。本来二人相互谦让一下就行了，不想二人却争吵起来，致使 A、B 两系 37 个学生参与了群体斗殴。结果李、张二人一个被拘留，一个被开除，其他人也受到处分。其实，为一个洗澡喷头值得吗？

4. 遇上别人打架怎么办

学生董某，骑自行车不慎撞了吴某，拒绝赔礼道歉，发生激烈争吵，相互推推拉拉。就在这时，董某同班同学祁某路过，见董某被吴某辱骂，感到好友被人"欺侮"，怒气上升，抓住吴某就打，吴某受伤。事后，祁某不但赔偿经济损失，而且受到校纪严肃处分。

如果你遇上别人打架斗殴，请勿火上加油，防止扩大事态，并希望你做到：

（1）不围观，不起哄，不介入。

（2）如果你想劝解，应当先问明情况，站在公正的立场上做双方的工作。若劝解无效，应迅速向学校有关领导或保卫部门报告，以防事态扩大。

（3）打架的一方如果是你的亲友，在劝解时要主持公道，不可偏袒。在采取隔离措施时，应当首先拉自己的同学或朋友，以免被对方误解为强解劝，或者将你当做对方的"同伙"而受到无故伤害。

（4）当学校有关部门调查打架真相时，现场目击人要勇于出来向有关部门提供线索和证据，以保护受害人的合法权益，使肇事人受到惩处。

当然，预防、解决大学生校园暴力问题还需要从自我教育、家庭教育、学校教育和社会环境的综合治理上下工夫，加强对大学生"三观"的科学教育，对那些有暴力倾向的学生，学校要主动与家庭、社区联合起来，及时沟通信息，把握学生最新的心理动态，共同帮助大学生，防患于未然。

（四）学生如何预防抢劫

抢劫，是指以非法占有为目的，以暴力胁迫或者其他方法强行将公私财物据为己有的一种犯罪行为。抢夺，则是指以非法占有为目的、乘他人不备公然夺取他人的财物的种犯罪行为。这两类犯罪行为都会侵害他人的人身权利，且容易转化为凶杀、伤害、强奸等恶性案件，比盗窃犯罪更具有社会危害性。

（1）案发时要尽力反抗。只要具备反抗的能力或时机有利，就应发动进攻，以制服作案人或使作案人丧失继续作案的心理和能力。

（2）与作案人尽量纠缠。可利用有利地形和身边的砖头、木棒等可以自卫的武器与作案人形成僵持局面使作案人短时间内无法近身，以便等待援助者并对作案人造成心理上的压力。

（3）实在无法与作案人抗衡时，可以看准时机向有人、有灯光的地方或宿舍区奔跑。

（4）巧妙麻痹作案人。当已处于作案人的控制之下而无法反抗时，可按作案人的需求交出部分财物，并采用语言反抗法理直气壮地对作案人进行说服教育，晓以利害，从而造成作案人心理上的恐慌。切不可一味地求饶，应当尽力保持镇定，与作案人轻松交谈，采取默认方式表明自己将交出全部财物并无反抗的意图，使作案人放松警惕，以便自己看准时机进行反抗或逃脱其控制。

（5）采用间接反抗法。是指趁其不注意时在作案人身上留下记号，如在其衣服上擦点泥土、血迹，在其口袋中放人有标记的小物件，在作案人得逞后注意其逃跑去向等。

（6）注意观察作案人，尽量准确记下其特征，如身高、年龄、体态、发型、衣着、胡须、语言、行为等特征。

（7）及时报案。作案人得逞以后，很有可能继续寻找下一个抢劫目标甚至在作案现场附近的商店和餐厅进行挥霍。一般高校都有较为严密的防范措施，受害者若能及时报案和准确描述作案人特征，将有利于有关部门及时组织力量布控，抓获作案人。

（8）无论在什么情况下，遇到抢劫时尽可能大声呼救，或故意高声与作案人说话。

二、预防外部滋扰

滋扰，从广义的角度讲，是指外部人员无视国家法律和社会公德而寻衅滋事、结伙斗殴、扰乱社会秩序等行为。从狭义的角度讲，滋扰主要是指对校园秩序的破坏扰乱，对大学生无端挑衅、侵犯乃至伤害的行为。滋扰是一个涉及学生、家庭、社会等诸多方面的复杂因素相互交错的社会问题，大学生必须提高警惕，尽力预防和制止外部滋扰，以保证学校教学、科研和生活正常有序地进行。

（一）大学生受外部滋扰的常见形式

（1）校内外的不法青少年通过多种途径与少数大学生进行交往，如果发生矛盾或纠葛，便有目的地寻衅滋事、伺机报复等。

（2）有的社会不法青年，在游泳、购物、看电影、参加舞会、观看比赛甚至走路等偶然场合，与大学生发生矛盾，有时进而酿成冲突。

（3）有的不法青年，专门尾随女同学或有目的地到学生宿舍、教室等处侮辱、骚扰、调戏女同学，甚至对女同学动手动脚，致使女大学生受到伤害。

（4）青少年犯罪团伙邀约到校园内斗殴滋事，从而使围观或路过的同学无端遭殃。

（5）外来人员或某些法纪观念淡薄的教职工子女与学生争抢活动场地、喧宾夺主，从而引发矛盾和冲突。

（6）一些游手好闲的青少年，把学校变为玩乐场所，在校园内游逛，或故意怪叫谩骂、吵吵嚷嚷，或有意扰乱秩序，以捣乱为乐，显得旁若无人、不可一世。大学生作为学校的主人，与这类人员发生正面冲突的可能性很大。

（7）有的不法青年，喜欢在师生休息的时候不停地拨打电话，或者高声地谈天说地，或者口吐污言秽语，以捣乱为乐，这就是噪音滋扰。

（8）少数无赖之徒，千方百计地打听异性大学生的姓名，然后不停地给其打电话、发信息，不是低级庸俗的谈情说爱和造谣中伤，就是莫明其妙的恐吓和威胁，甚至敲诈勒索，从而造成被害人在精神上非常痛苦，这即是电话滋扰。

滋事者大多是一些有劣迹、行为不轨的青少年。这些人行动的目的和动机往往比较短浅，只顾满足眼前欲望而不顾后果，容易受偶然的动机和本能所支配，他们自制力差，微不足道的精神刺激即可使之陷入暴怒和冲动之中。有些则结成团伙，蛮横无理，为所欲为，称霸一方。入校滋扰者，有的事先有明确的目的，有的并无确定目标。无论是哪种形式，受滋扰的对象往往都是大学生。一些地处城郊结合部或周围居民点密集的院校，受滋扰的程度可能会更厉害一些。

（二）大学生应当怎样对待外部滋扰

寻衅滋事是典型的流氓活动。在校园内故意起哄、强要强夺、无理取闹、追逐女学生或女教师等流氓行为，不仅直接危害师生的人身和财产安全，而且还会破坏整个校园的正常秩序。对此，除学校有关职能部门和社会的公安机关等组织力量进行防范和打击外，师生遇到流氓滋事，都有义务进行抵制和制止。只要有人挺身而出，发动周围的师生共同制止，流氓即使蛮横也不得不有所收敛。一般情况下，在校园内遇到流氓滋事，一方面要敢于出面制止或将流氓分子扭送到有关部门，或及时向学校保卫部门报案，或打"110"电话报警，以便及时抓获犯罪嫌疑人，予以惩办；另一方面，要加强自身的修养，冷静处置，不因小事而招惹是非，积极慎重地同外部滋扰这一丑恶现象作斗争。具体来说，大学生在遇到流氓滋事时，应注意把握以下几点。

（1）提高警惕，做好准备，正确看待，慎重处置。面对不法青少年挑起的流氓滋扰，千万不要惊慌而要正确对待。要问清缘由、弄清是非，既不畏惧退缩、避而远之，也不随便动手、一味蛮干，而应晓之以理，以礼待人，妥善处置。

（2）充分依靠组织和集体的力量，积极干预和抵制违法犯罪行为。如果发现流氓滋扰事件，要及时向教师或学校有关部门报告，一旦出现公开侮辱、殴打自己的同学等恶性事件，要敢于见义勇为，挺身而出，积极地加以揭露和制止。要注意团结和发动周围的群众，以对滋事者形成压力，迫使其终止违法犯罪行为。那些成群结伙，凶狠残忍的滋事者，总想趁乱一哄而上，为非作歹，所以，只有依靠群众，依靠集体的力量才能有效地制止其违法行为。

（3）注意策略，讲究效果，避免纠缠，防止事态扩大。在许多场合，滋事者显得愚昧而盲目、固执而无赖，有时仅有挑逗性的言语和动作，使人生气却抓不到有效证据。遇到这种情况，一定要冷静，注意讲究策略和方法，一方面，及时报告并协助有关部门进行处理；另一方面，采取正面对其劝告的方法，注意避免纠缠。

（4）自觉运用法律武器保护他人和保护自己。面对流氓滋扰事件，既要坚持以说理为主，不要轻易动手，同时又要注意留心观察、掌握证据。例如，有哪些人在场？谁先动手？持何凶器？滋事者有哪些重要特征？案件大致的经过是怎样的？现场状况如何？滋事者使用何种器械？有何证件？毁坏的衣物和设施是什么？地面留有什么痕迹等。这些证据，对查处流氓滋事者是很有帮助的。

大学生除积极防范和制止发生在校园内的滋扰事件外，更应加强自身修养，不断提高自己的综合素质，严格要求自己，绝不能染上流氓恶习而使自己站到滋事者的行列中去。

三、预防性侵害

一般认为，只要是一方通过语言的或形体的有关性内容的侵犯或暗示，从而给另方造成心理上的反感、压抑和恐慌的，都可构成性骚扰。性侵害，主要是指在性方面造成的对受害人的伤害。性骚扰和性侵害是危害大学生身心健康的主要问题之一。由于两性的社会地位和角色不同，相对而言，性骚扰和性侵害的对象常以女性为多。因此，大学生，特别是女大学生了解一些性侵害和性骚扰的基本情况、掌握一些基本应对办法是很有必要的。

（一）性侵害事故的类型

1. 暴力型性骚扰

犯罪分子使用暴力或野蛮等手段，如携带凶器威胁，或以言语恐吓，从而对女大学生实施调戏、猥亵或强奸等行为。特点如下：①手段残暴，行为无耻。②大多为群体。人多势众可以较为容易地制服被害人，还会使原本不敢作案的犯罪分子变得胆大妄为。③容易诱发其他犯罪。

2. 胁迫型性骚扰

利用自己的权势或地位，对有求于自己的受害人加以利诱或威胁，从而强迫受害人与其发生非暴力型的性行为。特点如下：①乘人之危，迫使受害人就范。②设置圈套，引诱受害人上钩。③利用过错或隐私，要挟受害人。

3. 社交型性骚扰

与受害人约会的大多是熟人、同学、同乡，甚至是男朋友。受害人身心受到伤害以后，往往出于各种考虑不敢予以告发。

4. 诱惑型性骚扰

利用受害人追求享乐、贪图钱财的心理，诱惑受害人。

5. 滋扰型性骚扰

一是无端向女性寻衅滋事、纠缠，用污言秽语进行挑逗或做出下流举动；二是暴露生殖器等变态型性滋扰；三是利用靠近女性的机会，在公共场所有意识地接触女性身体等。

(二) 容易遭受性骚扰性侵害的时间和场所

(1) 夏天，是女性容易遭受性侵害的季节。夏天天气炎热，女性外出机会增多。夏季校园内绿树成荫，罪犯作案后容易藏身或逃脱。同时，由于夏季气温比较高，女性衣着单薄，裸露部分较多，因而对异性的刺激增多。

(2) 夜晚，是女性容易遭受性侵害的时间。这是因为，夜间光线暗，犯罪分子作案时不容易被人发现。所以，在夜间女性应尽量减少到僻静、灯光暗的地方。

(3) 公共场所和僻静处所，是女性容易遭受性侵害的地方。这是因为，公共场所如教室、礼堂、舞池、溜冰场、游泳池、车站、码头、影院等场所人多拥挤时，不法分子常乘机袭击女性；僻静之处如公园假山、树林深处、夹道小巷、楼顶晒台、没有路灯的街道楼边、尚未交付使用的新建筑物内、下班后的电梯内、无人居住的小屋、陋室、茅棚等，若女性单独逗留，很容易遭受到流氓骚扰。所以，女性最好不要单独行走或逗留在上述这些地方。

(三) 性侵害事故的预防

(1) 筑起思想防线，提高识别能力。尤其是应该消除贪小便宜的心理。

(2) 行为端正，态度明朗。如果有陌生人搭讪，不要理睬，除了眼神示意还可直接用言语提出警告，坚决表明自己的拒绝态度，使对方知难而退。

(3) 用法律保护自己。对于失去理智、纠缠不清的无赖，女性千万不要惧怕他们的要挟和讹诈，也不要怕他们打击报复。要大胆揭发其阴谋或不轨，及时向校方报告，学会依靠组织和运用法律武器保护自己。千万注意不能"私了"，因为"私了"的结果常会使犯罪分子得寸进尺。如果侵扰经常发生，要将发生的时间、地点、场合以及对方的行为和谈话的内容记录下来，便于为以后的投诉提供证据。

(4) 夜间行路保持警惕。如果在校园内行走，要选择灯光明亮、行人较多的大道。对于路边黑暗处女生要有戒备，最好结伴而行，不要单独行走。如果走校外陌生道路，要选择有路灯和行人较多的路线。

(5) 陌生人问路，不要带路。如遇到陌生人有困难或寻求帮助时，可请保安或警察协助。

（6）女生应避免穿着过分暴露的衣服，防止引起不法之徒的邪念。不要搭乘陌生人的机动车或自行车等，防止落入坏人的圈套。

（7）遇到不怀好意的人搭讪，要及时斥责，表现出自己的强硬态度。如果碰上坏人，首先要高声呼救；若四周无人，不要紧张，要保持冷静，可采取周旋、拖延时间等办法等待救援。

（8）一旦不幸遭遇侵害，不要丧失信心，要振作精神，鼓起勇气维护自己的权益。要尽量记住犯罪分子的外貌特征，如身高、相貌、体型、口音、服饰以及特殊标记等，受到侵害应及时向公安机关报警，并提供证据和线索，协助公安部门侦查破案。

（四）专家提醒

1. 行路安全防范

（1）陌生人问路，不要带路；向陌生人问路，也不要让他带路。

（2）不要搭乘陌生人的机动车、人力车或自行车，防止落入坏人圈套。

（3）不要穿过分暴露的衣裳和裙子，防止产生不良诱惑危及自身。

（4）夜间行路要高度警惕，尽量走灯火明亮、行人较多的大道；行至路边黑暗处要有戒备；最好结伴而行，避免单独行走。

2. 夜间预防盯梢

女生单独夜行时，要注意身后是否有人盯梢，特别是在偏僻的路段，如身后始终有人跟在不远处，要提高警惕。当发现有人跟踪时，可以试试以下方式：

（1）快速横穿马路，若还被紧跟，则要快速向灯光较亮、行人集中的地方行走；

（2）确定被跟踪时，应避免停下来与对方正面冲突，而应就近进入热闹的商店或有治安人员的地方，或找最近的居民家寻求帮助，并打电话与家人朋友联系。

3. 单独乘车安全

女生单独坐出租车时，应注意：最好要记住出租车所属公司、车牌号和司机的特征；最好让朋友送你上车，并记下车牌号，在车窗外与你约定通话时间；上车时要特别注意观察车内有无异状，随时提高警惕；必要时，可请家人在目的地光亮处等候。

4. 女性求职防侵害

假期里学生寻找兼职工作时，也要注意防范。对于广告内容不明的，切勿前往应试；对拟前往应试的公司要打听清楚，确认其声誉、信用可靠的，才可前往求职；面试最好有朋友陪同前往，并事先携带防身物品；面谈时，不要轻易接受男性职员的饮料或点心，切莫将身份证交给应聘的公司。

5. 女生喝酒不宜多

参加朋友的聚餐或应酬，饮酒要量力而行，勿逞能豪饮，受到称赞也不要飘飘然，既要防止酒后失态尴尬，又要防止某些伪君子假借醉意非礼。

6. 如何应对歹徒施暴

女生面对歹徒施暴时，可采取以下三种方法来自救：

（1）在发现歹徒欲行不轨而体格较小，可抢起手提包或其他触手可及的物品向对方眼部猛扎去，同时大声呼救，借机逃脱。

（2）在尚无防备时被歹徒捂住嘴巴并拖至僻静处时，头脑要冷静，作出异常恐惧状，待其放松戒心，乘其不备用膝盖猛顶其裆部，或抓沙土掷向歹徒的眼睛、耳朵、鼻子等易受攻击的部位。

（3）当势单力薄无法摆脱时，要注意记住歹徒的体貌特征，脱险后及时报警。

第二节　意外伤害处理

一、触电

触电是电击伤的俗称，通常是指人体直接触及电源或高压电经过空气或其他导电介质传递电流通过人体时引起的组织损伤和功能障碍，重者发生心跳和呼吸骤停。超过 1000 伏的高压电会引起灼伤。闪电损伤（雷击）属于高压电损伤范畴。进行触电急救，应坚持迅速、就地、准确、坚持的原则。触电急救必须分秒必争，立即就地用心肺复苏法进行抢救，并坚持不断地进行，同时及早与医疗部门联系，争取医务人员接替救治。

（一）触电事故的类型

（1）单相触电。

（2）两相触电。

（3）跨步电压与接触电压触电。

（4）感应电压触电。

（5）雷击触电。

（二）触电事故的预防

（1）损坏的开关、插座、电线等应赶快修理或更换，不能将就使用。

（2）人走灯灭，手机充电完毕及时拔掉充电器。

（3）屋内电线太乱或发生问题时，不能私自摆弄。

（4）不私拉乱接电线，不使用大功率电器。

（5）不要用湿手、湿脚动用电气设备，也不要碰开关和插座，以免触电。

（6）不要用湿抹布擦电线、开关和插座，也不要用水冲洗电线及各种用电器具、电灯和收音机等。

（7）晒衣服或搭手巾时不要搭在电线上。

（8）移动台灯、电脑、电视机等电气用具时，必须先断开电源，然后再移动。

（三）触电事故的处理

（1）首先要切断电源。

（2）将触电者与带电设备脱离。

（3）触电者未脱离电源前，救护人员不能直接用手触及伤员，因为有触电的危险。

（4）触电者触及低压带电设备，救护人员应设法迅速切断电源。如拉开电源开关或刀闸，拔除电源插头等；或使用绝缘工具，如干燥的木棒、木板、绳索等不导电的东西使触电者离开触电设备；也可戴绝缘手套或将手用干燥衣物等包起绝缘后解脱触电者。如果电流通过触电者入地，并且触电者紧握电线，可设法将干木板塞到触电者身下，与地隔离，也可用干木把斧子或有绝缘柄的钳子等将电线剪断。剪断电线要分相，一根一根地剪断，并尽可能站在绝缘物体或干木板上。

（5）救护触电伤员切除电源时，有时会同时使照明失电，因此应准备事故照明、应急灯等临时照明。新的照明要符合使用场所防火、防爆的要求。

二、溺水

炎炎夏日，是溺水事故的多发季节。近年来，溺水事故已成为广大学生非正常死亡的主要原因之一。

（一）溺水事故的类型

大学生溺水的情形主要包括以下五种：

（1）会游泳的学生，由于天气炎热，在满身大汗或毛孔完全张开的情况下急于下水，造成抽筋、无法动弹而溺水。

（2）到深水区游泳，因体力不支无法游到岸边而溺水。

（3）因自身游泳技术不高或方法不对而去救同伴，而被原先的落水者抱紧不能脱身而溺水。

（4）不会游泳者因划船或竹排出现翻船事故而溺水。

（5）在河边嬉戏玩耍不慎落入水中而溺水。

（二）溺水事故的预防

1. 树立安全意识

每当夏天游泳季节来临，学校班主任老师和家长都应告知学生野外游泳的危害，使学生树立安全防范意识，珍爱生命，预防溺水事故发生。

2. 加强教育管理

学校和家长密切配合，制定切实可行的行为规范，落实管理措施，严禁学生到偏远的山泉、溪流、峡谷或有急流、漩涡等水情复杂的地方游泳，也不要到江、河、湖、海、水库等大面积水域游泳，特别是不能在狂风、暴雨的天气游泳。

3. 加强游泳技能的培训

人们只有真正掌握了游泳技能，才能有效地预防溺水。有条件开展游泳培训的学校要使学生学会游泳，并且要熟练地掌握；不具备条件的学校，学生家长可根据情况培训教育自己的孩子学习游泳。

（三）溺水事故的处理

1. 及时呼救

遇到危险或意外时应迅速、及时发出求救信号，以取得别人的救助。

2. 争取时间

时间就是生命，危急关头要保持镇静，在水中尽量采用仰卧位，呼吸要做到深吸、浅呼，争取更多时间等待获救。

3. 靠岸意识

在有能力的情况下，努力向岸边靠拢，靠岸越近，获救的机会越高。

（四）专家提醒

倡导见义勇为，更希望见义智为。遇到有人溺水时，必须运用最安全的方法救援，如果能在岸上施救的，绝不要下水去救，如能用器材施救，决不要徒手去救。不论使用哪种救生方法，都要先保障自身安全，这样才能达到救助别人的目的，千万不要演变成"人溺己溺"的悲剧。

1. 牢记"四不一会"要求

不私自下水游泳；不擅自与同学结伴游泳；不到无安全保障的水域游泳；不在江（河）、池塘戏水玩耍；学会基本的自护、自救方法。

2. 如何预防溺水事故发生

（1）不要独自一人外出游泳，更不要到不知水情或比较危险且易发生溺水伤亡事故的地方去游泳。选择好的游泳场所，对场所的环境，如水库、浴场是否卫生，水下是否平坦，有无暗礁、暗流、杂草，水域的深浅等情况要了解清楚。

（2）必须在家长、老师或熟悉水性的人的带领下去游泳，以便互相照顾。

（3）要清楚自己的身体健康状况，平时四肢就容易抽筋者不宜游泳或不要到深水区游泳。要做好下水前的准备，先活动活动身体，如水温太低应先在浅水处用水淋洗身体，待适应水温后再下水游泳。

（4）对自己的水性要有自知之明，下水后不要逞能，不要贸然跳水和潜泳，更不要互相打闹，以免呛水和溺水。不要在急流和漩涡处游泳，更不要酒后游泳。

（5）在游泳中如果突然觉得身体不舒服，如眩晕、恶心、心慌、气短等，要立即上岸休息或呼救。

（6）学生洗澡过程中若发生漏电或煤气中毒事故，也可能因失去意识而倒在浴缸、澡盆中而发生溺水事故。

3. 如何预防游泳时下肢抽筋

（1）游泳前一定要做好热身运动。

（2）游泳前应考虑身体状况，如果太饱、太饿或过度疲劳时，不要游泳。

（3）游泳前先在四肢淋些水再下水，不要立即下水。

（4）游泳时如果胸痛，可用力压胸口，等到稍好时再上岸。

（5）腹部疼痛时，应上岸，最好喝些热的饮料或热汤，以保持身体温暖。

4. 如何在水中实施自救

游泳中常会遭遇到的意外是抽筋、疲乏、漩涡、急浪等，这时，要沉着冷静，按照一定的方法进行自我救护，同时，发出呼救信号。

（1）不熟悉水性者自救方法。除呼救外，取仰卧位，头部向后，使鼻部可露出水面呼吸。呼气要浅，吸气要深。因为深吸气时，人体比重降到比水略轻，可浮出水面，此时千万不要将手臂上举乱扑，那样身体下沉会更快。

（2）水中抽筋自救法。抽筋的主要部位是小腿和大腿，有时手指、脚趾及胃部等部位也会抽筋。

游泳时发生抽筋，千万不要惊慌，一定要保持镇静，停止游动，先吸一口气，仰面浮于水面，并根据不同部位采取不同方法进行自救。

若因水温过低而产生小腿抽筋，则可使身体呈仰卧姿势。用手握住抽筋腿的脚趾，用力向上拉，使抽筋腿伸直，并用另一腿踩水，另一手划水，帮助身体上浮，这样连续多次即可恢复正常。上岸后用中、食指尖掐承山穴或委中穴，进行按摩。

如果是大腿抽筋，可同样采用拉长抽筋肌肉的办法解决。

两手抽筋时，应迅速握紧拳头，再用力伸直，反复多次，直至复原。若单手抽筋，除做上述动作外，可按摩合谷穴、内关穴、外关穴。

上腹部肌肉抽筋，可掐中脘穴，配合掐足三里穴，还可仰卧水里，把双腿向腹壁弯收，再行伸直，重复几次。

抽筋过后，改用别种游泳姿势游回岸边。如果不得不仍用同一游泳姿势时，就要提防再次抽筋。

（3）水草缠身自救法。首先要镇静，切不可踩水或手脚乱动，否则就会使肢体被缠得更难解脱，或在淤泥中越陷越深。

用仰泳方式（两腿伸直、用手掌倒划水）顺原路慢慢返回。或平卧水面，使两腿分开，用手解脱。

如随身携带小刀，可把水草割断，或者试试踢开水草，或如同脱袜把水草从脚上捋下。自己无法摆脱时，应及时呼救。

摆脱水草后，轻轻踢腿游，并尽快离开水草丛生的地方。

（4）身陷漩涡自救法。有漩涡的地方，一般水面常有垃圾、树叶杂物在漩涡处打转，只要注意就可早发现，应尽量避免接近。

如果已经接近，切勿踩水，应立刻平卧水面，沿着漩涡边，快速地游过。因为漩涡边缘处吸引力较弱，不容易卷入面积较大的物体，所以身体必须平卧水面，切不可直立踩水或潜入水中。

（5）疲劳过度自救法。觉得寒冷或疲劳时，应马上游回岸边。如果离岸甚远，或过度疲乏而不能立即回岸，就仰浮在水上以保留力气。

如果有人来救援，举起一只手，放松身体，不要紧抱着施救者不放。

如果没有人来，就继续浮在水上，等到体力恢复后再游回岸边。

三、动物咬伤

（一）被蜂蜇伤的救助知识

蜂的种类有很多，如蜜蜂、黄蜂、大黄蜂、土蜂等。其中，雄蜂没有毒腺及螫针，是不伤人的。蜇刺人的都是工蜂，因为它的腹部末端有毒腺相连的螫针，当螫针刺入人体时随即注入毒液。蜜蜂螫人时，常将其毒刺遗弃于伤处；而黄蜂刺人后则将螫汗缩回，还可继续伤人。

蜂类毒液中主要含有蚁酸、神经毒素和组织胺等，能引起溶血及出血，对中枢神经系统具有抑制作用，还可以使部分螫伤者发生过敏反应。

人被蜂螫伤后，轻者仅局部出现红肿、疼痛、灼热感，也可以有水泡、淤斑、局部淋巴结肿大，数小时至 2 天内自行消失。

如果身体被蜂群蜇伤多处，常引起发热、头痛、头晕、恶心、烦躁不安、昏厥等全身症状。蜂毒过敏者，可能会引起荨麻疹、鼻炎、唇及眼睑肿胀、腹痛、腹泻、恶心、呕吐，个别严重者可致使喉头水肿、气喘、呼吸困难、昏迷，终因呼吸、循环衰竭而死亡。人们一旦被蜂蜇伤，首先要仔细检查下伤口，若皮内留有毒刺，应该将它拔除。

若被蜜蜂蜇伤后，因为蜜蜂毒液是酸性的，此时可以用肥皂水或者 3% 氨水、5% 碳酸氢钠液、食盐水等洗敷，也可以将鲜马齿苋洗净挤汗涂于伤口。

如果有南通蛇药，可以将药片用温水溶化后涂于伤口周围，或者用紫金啶、六神丸等药研末湿敷患处，有解毒、止痛、消肿之功效。

如果有时过敏反应，轻者可以日服息斯敏 1 片，每日 1 次；或者扑尔敏 4 毫克，每日3 次，症状严重者应尽快送医院救助。

（二）被犬咬伤的救助常识

1. 感染上狂犬病的症状

狂犬病的临床表现分为狂躁型、麻痹型两种。我国常见的狂躁型狂犬病可以分为前驱期、兴奋期、麻痹期。

前驱期：常有低热、倦怠、头痛、恶心、全身不适等症状，类似感冒。继而出现恐惧不安，烦躁失眠，对声、光、风等刺激敏感，喉头有紧缩感。在愈合的伤口及其神经支配区有痒、痛、麻及蚁走等异样感觉。

兴奋期：表现为高度兴奋，突出表现为极度恐怖，恐水、怕风、发作性咽肌痉挛，体温常升高。

麻痹期：肌肉痉挛停止，进入全身弛缓性瘫痪，患者由安静进入昏迷状态，最后呼吸、循环系统衰竭死亡。

2. 救助常识

生活中，如果不慎被犬咬伤、抓伤，有致命的危险，绝不能马虎，一定要迅速进行处理。

凡是不能确定伤人动物为健康动物的，应该马上把脏血挤出，让血不要在伤口里，否则容易引起感染。如果伤口小，则可以先用肥皂水或者 0.1% 的苯扎溴铵反复冲洗伤口至少 15min，然后用清水冲洗干净，把含病毒的唾液、血水冲掉，再用 2%～3% 碘酒或者 75% 酒精涂擦伤口。

如果伤口比较大或者自己不好处理，最好去医院处理。同时要注射狂犬疫苗。

3. 被猫咬伤的治疗措施

目前家庭中饲养的宠物越来越多，部分家庭选择养猫的重要原因是：猫比狗的性情温顺，在大学校园里也有一些同学喜欢养猫。但是，猫除了携带弓形虫病毒以外，同样也会咬人，造成严重伤害。

猫的牙齿和爪子都比较锐利，一旦被激怒，很容易咬伤和抓伤儿童。被猫咬伤后 10～20 天左右，可能发生细菌或者病毒感染。其伤口局部出现红肿疼痛，严重时累及淋巴管、淋巴结而引起淋巴管炎、淋巴结炎或者蜂窝织炎。

如果被猫咬伤，要及时进行伤口处理，如果部位在四肢，可以暂时绑上止血带；用自来水和肥皂水充分清洗伤口；用过氧化氢仔细地消毒后再用 5% 苯酚和硝酸局部烧灼。并且要用干净的纱布覆盖伤口，用绷带和胶布加以固定。

如果被猫咬伤后的症状较重者，应该立即去医院治疗。日后的生活中，当人和猫一起时，不要随便抚摸猫的身体及玩耍，以免将它激怒。另外，还要经常给猫洗澡，防止病菌繁殖。

被猫狗咬伤后应尽早注射狂犬疫苗，越早越好。首次注射疫苗的最佳时间是被咬伤后的 48 小时内。具体注射时间是：分别于当天、第 3、7、14、30 天各肌肉注射 1 支疫苗，如因诸多因素未能及时注射疫苗，应本着"早注射比迟注射好，迟注射比不注射好"的原则注射狂犬疫苗。

（三）鼠类咬伤的救助知识

被老鼠咬了常见的后果有伤口感染、传染性出血热和鼠疫。经鼠传播，被鼠咬伤、抓伤、食用被老鼠污染的食物、吸入鼠类排泄物、分泌物挥发入空气所形成的气溶胶都可以被感染肾综合症出血热。这种病以损害肾脏为主，病情严重者，可累及多个脏器，直至死亡。临床上以短期发热，继之出现出血和急性肾衰竭等为其主要表现。典型症状为"三红""三痛"：眼结膜红、颜面潮红、颈红、头眼眶痛、腰痛。病程在临床上分为五期：发热期、低血压休克期、少尿期、多尿期、恢复期。本病的隐性感染率低，仅为 3.8%～4%，人群普遍易感。

如被老鼠咬伤一定要及时到当地疾控机构注射疫苗。如果消毒处理及时得当，防疫注射操作正规，一周无不良反应，一般不会留下后遗症。如果出现以下症状，请配合医院治疗：突发高热，病情迅速恶化，同时具有以下之一者：①剧烈头痛及四肢痛，强迫体位，急性淋巴结肿大；②胸痛、咯血，呼吸困难，严重缺氧；③严重全身皮肤、黏膜充血出血，休克及心功能衰竭。因为可能被感染上鼠疫。老鼠的牙齿是很脏的，因此伤口发炎是肯定的，希望只是小伤，但是如果出现发烧症状，请密切注意。

（四）毒蛇咬伤的救助对策

我国蛇类有 160 余种，其中毒蛇约有 50 种，有剧毒、危害大的有 10 种，如大眼镜蛇、金环蛇、眼镜蛇、五步蛇、银环蛇、蝰蛇、蝮蛇、竹叶青、烙铁头、海蛇等。

1. 毒蛇和非毒蛇的区分

毒蛇的头部一般多呈三角形，体背的颜色比较鲜明，尾部一般粗而短，由肛门向后突然变细，而无毒蛇的头部一阶呈椭圆形，体背的颜色不太鲜明，尾部一般细而长，由肛门向后慢慢变细。毒蛇发现人后，一般会马上逃窜，爬行的速度很快，当徒手捕捉时，一接触蛇体马上感到其身体柔软的是毒蛇，无毒蛇身体强硬。最根本的区别部位在于蛇的牙齿。毒蛇有毒牙和毒腺，无毒蛇没有毒牙和毒腺。无毒蛇的牙齿很多，除了上颌齿和下颌齿外，还有颚骨齿和翼骨齿。毒蛇除了上述牙齿外，在上颌骨上生有 2~4 枚形状较大、表面有沟和中空的特殊牙齿，其基部与毒腺相连，称为毒牙。如果被无毒蛇咬伤，伤口疼痛 10min 后慢慢减轻而消失，肢体没有麻木，伤口出血不多，且很快就会止血结疤，周身没有肿胀或仅有轻微红肿，没有危险。如果被毒蛇咬伤，则会产生生命危险，应立即采相应的紧急措施，并及时给予治疗。

2. 被毒蛇咬伤的主要症状

被毒蛇咬伤后，病人出现症状的快慢及轻重与毒蛇种类、蛇毒的剂量与性质有明显的关系。当然咬伤的部位、伤口的深浅及病人的抵抗力也有一定的影响。毒蛇在饥饿状态下主动伤人时，排毒量大，后果严重。

（1）神经毒致伤的表现：伤口局部出现麻木，知觉丧失，或仅有轻微痒感。伤口红肿不明显，出血不多，约在伤后半小时头昏、嗜睡、恶心、呕吐及乏力。重者出现吞咽困难、声嘶、失语、眼睑下垂及复视。最后可出现呼吸困难、血压下降及休克，致使机体缺氧、发绀、全身瘫痪。如抢救不及时则最后出现呼吸及循环衰竭，病人会迅速死亡。神经毒吸收快，危险性大，又因局部症状轻，常被人忽略。伤后的第 1~2 天为危险期，一旦过了这段时间，症状就能很快好转，而且治愈后不留任何后遗症。

（2）血液毒致伤的表现：咬伤的局部迅速肿胀，并不断向近侧发展，伤口剧痛，流血不止。伤口周围的皮肤常伴有水泡或血泡，皮下淤斑，组织坏死。严重时全身广泛性出血，如结膜下淤血、鼻出血、呕血、咯血及尿血等。个别病人还会出现胸腔、腹腔出血及颅内出血，最后导致出血性休克。病人可伴头痛、恶心、呕吐及腹泻，关节疼痛及高热。由于症状出现较早，一般救治较为及时，故死亡率可低于神经毒致伤的病人。但由于发病急，病程较持久，所以危险期也较长，治疗过晚则后果严重。治愈后常留有局部及内脏的后遗症。

（3）混合毒致伤的表现：兼有神经毒及血液毒的症状。从局部伤口看类似血液毒致伤，如局部红肿、淤斑、血泡、组织坏死及淋巴结炎等。从全身来看，又类似神经毒致伤。此类伤员死亡原因仍以神经毒为主。

3. 毒蛇咬伤后现场急救办法

毒蛇咬伤后现场急救很重要，蛇毒在 3~5min 内迅速进入体内，应尽早采取有效措施，迅速排出毒素并防止毒液的吸收与扩散，防止毒液的吸收。然后将病人及时送到医院进行救治

（1）绑扎法：是一种简便而有效的方法，也是现场容易办到的一种自救和互救的方法。即在被毒蛇咬伤后，立即用布条类、手巾或绷带等物，在伤肢近侧5～10cm处或在伤指（趾）根部予以绑扎，以减少静脉及淋巴液的回流，从而达到暂时阻止蛇毒吸收的目的。在护送途中应每隔20min松绑一次，每次1～2min，以防止肢淤血及组织坏死。待伤口得到彻底清创处理和服用蛇药片3～4h后，才能解除绑带。

（2）冰敷法：有条件时，在绑扎的同时用冰块敷于伤肢，使血管及淋巴管收缩，减慢蛇毒的吸收。也可将伤肢或伤指浸入4～70℃的冷水中，3～4h后再改用冰袋冷敷，持续24～36h即可，但局部降温的同时要注意全身的保暖。

（3）伤肢制动：受伤后走动要缓慢，不能奔跑，以减少毒素的吸收，最好是将伤肢临时制动后放于低位，送往医院。必要时可给适量的镇静，使病人保持安静。

第三节　抵制校外租房

市场经济给人们的生活带来了便利，提升了人们的生活水平，改善了多数人们现有的生活条件，同时也在某种程度上影响着大学生的思想观念，校外租房现象在大学生群体中也日渐增多。

大多数的学生所上的大学离得自己的家都很远，住宿对于他们来说唯一的选择就是学校的学生宿舍。在学生宿舍住的好处就是十分的方便，并且也相对安全，现在的大学宿舍环境都较好，各种生活设施都比较齐全，最重要的就是便宜。但是很多的大学生在上到大二之后在校外租房的现象屡见不鲜。同时也给校外租房的大学生带了诸多的安全问题，出现了不少针对他们的抢劫、伤害等刑事、治安案件，给学校的管理带来了一些问题。为此，教育部分别在2004年6月、2005年7月和2007年6月，发布了高校学生住宿管理的重要通知，即"禁租令"。通知从原则上不允许学生擅自校外租房，高校要严格依据通知的具体要求，出台对本校学生校外住宿的一系列规定。

然而，从"禁租令"出台至今，大学生租房依然屡禁不止，他们为何离群租房？从主观来讲学生有需求，包括学习、恋爱、生理和身体素质的需求，迫切希望摆脱学校制度束缚的需求。客观上来讲，主要包括高校宿舍设施陈旧、住宿条件较差、住宿管理不完善等原因，致使学生的住宿需求无法得到满足。而校外租房可以充分满足学生个体多方面的住宿需求，由此造成选择校外租房的学生数量不断增多，更有甚者，宁愿选择违反校规，也要在校外租房居住。

一、校外租房住宿的原因

（一）难忍"恶习"

宿舍生活是集体生活，难免遇到一些有"恶习"的室友，比如说睡觉打呼噜、不讲究卫生、爱抽烟、吵闹等。为了确保有较好的休息和学习生活环境，一些大学生不得不"自寻出路"，赴校外租房。

（二）生活自由

比起宿舍生活，校外租房最大的益处在于自由度，学校的卫生检查、熄灯断电、按时就寝、晚归清查、严格门禁等制度会让很多同学不太适应。而住在校外后，这一切都将由自己做主。一些学生追求提前享受高质量生活，除了考虑自由度和私密度外，还增加了对舒适的要求，很多学生在此方面正在从"安居型"向"康居性"迈进。

（三）宿舍空间太小

宿舍作为集体生活的场所，难免在空间资源上会较为紧张，尤其是六人间、八人间宿舍，空间更是捉襟见肘。对于美术、表演、音乐等专业学生而言，需要有较大空间来存放自己的物品，所以不得不去校外租房，寻求更大空间。

（四）宿舍条件较差

宿舍条件差往往是大学生们选择校外租房的主要原因之一。有空调、卫生间和热水器，是现如今大学生要求宿舍必须具备的配置。尤其是空调，如果在较为炎热的城市，空调就非常主要。

（五）室友矛盾

近年来，独生子女逐渐成为在校大学生的主体，部分独生子女在家养成了娇生惯养的习惯，不善于处理同学之间的人际关系，排斥集体生活，容易与室友之间发生矛盾和摩擦，甚至产生较大的冲突，因此去校外租房独居的可能性也很大。

（六）方便兼职

一般的大学宿舍，都有较为严格的出入制度。对于一些喜欢在校外做兼职的同学，他们可能回宿舍经常会误点，如果次数多了，很多同学都会动校外租房的心思。

（七）恋爱

情侣校外租房是最为常见的。绝大多数高校严令禁止男女学生长时间逗留在异性宿舍，并对留宿异性行为严肃处理。许多热恋中的大学生们为追求"可爱小日子"的感觉，过起一起上课下课，买菜做饭的生活，为不受学校严格的管理制度约束，往往选择校外租房。

（八）学生生理、心理疾病的要求

如学生患有乙肝等传染疾病或心理疾病，住在集体宿舍会对他人的身心健康产生不良影响，为此，学校一般要求学生在校外租房住宿，并有家长或其他监护人陪伴监护。

另外，高校对待学生住宿问题一直疏于管理，缺乏严格的规章制度，即使有章可循，也依然放任自流，不采取教育、处罚等措施，助长了校外租房居住的风气。

二、高校学生校外租房住宿的危害

大学生校外租房居住会产生很多问题，对高校学生管理体制带来新的挑战，也可能会为学校、社会和家庭带来不同的危害。

（一）家庭支出加重，父母压力加大

每个父母都希望自己的孩子在学校里不受委屈，希望自己的子女在学校里生活的更好一些或者有一个更好的学习环境。因此，学生家长对孩子的无理要求和谎言都听之任之，因为校外租房住宿而不得不给孩子的生活费用越来越多，家庭的经济负担也就越来越重。

（二）存在隐患，安全问题堪忧

学生在校外租房为学习和生活的方便，往往求租校园周边的居民区。校园周边的社会治安状况一直不容乐观，存在诸多的安全隐患。各种针对大学生的抢劫、盗窃、敲诈勒索、人身伤害等治安案件时有发生；煤气中毒、火灾、触电等安全事故频发。学生生命财产安全无法得到保障，近年来全国高校大学生在校外租房住宿发生的重大安全事故时有发生，损失惨重、教训深刻。

（三）耽误学习，影响学生发展

学习是大学生活永恒的主题。在学校里，大家在集体的氛围中学习，无论是不是想学，在集体氛围里多多少少是可以学到不少知识的。校外租房，学习的时间完全由自己决定，学多学少看自己的情况。对于一些自身比较懒散、自控力较差的大学生，不能自觉地把握好自身的学习，花费大量时间和精力用于网游等娱乐活动。每天晚睡晚起，个人作息失衡，生物钟混乱，导致精神不集中，上课走神，更有甚者上课迟到、早退、旷课，以至于学习成绩大幅下降。

（四）管理不足，容易引发相关社会问题

校外租房住宿使学校对学生的管理工作无从下手，部分学生由于自制力不强，引发了很多社会问题。如一些同学内心空虚，沉溺于网络游戏，荒废学业而不可自拔；有的为了达到享受生活的目的，不惜铤而走险，走上了偷盗、赌博、吸毒、打架斗殴等违法犯罪的道路，最终引发了青少年犯罪问题。同时在校外租房住宿者中，非法同居者容易导致意外怀孕和人工流产，给学生本人和家庭带来了很大的麻烦，也给学校和家庭带来不必要的麻烦。

教育部原则上不允许学生自行在校外租房居住。对已在校外租房的学生，应要求其搬回校内住宿；对极少数坚持在校外租房的学生，要向他们耐心说明可能产生的后果和个人应承担的责任，并逐一登记，建立报告和承诺制度，说明租房的原因、房屋详细地址、联系方式，承诺加强人身和财产安全的自我保护，经本人与家长双方签字报学校备案。

参考文献

［1］张大凯，聂彩林，胥长寿. 高职学生安全教育通论［M］. 北京：航空工业出版社，2018.

［2］桂诚. 大学生安全教育［M］. 北京：国家行政学院出版社，2016.

［3］邹红艳，吕姝宜. 高职院校学生职业安全教育［M］. 北京：冶金工业出版社，2015.

［4］张国庆，金辉. 大学生安全教育［M］. 成都：电子科技大学出版，2015.

［5］理阳阳，张力. 大学生安全教育［M］. 西安：西安电子科技大学出版社，2015.

［6］吴超. 高职学生安全教育［M］. 北京：高等教育出版社，2014.

［7］肖兴政，钟世荣. 大学生安全教育［M］. 成都：电子科技大学出版社，2014.

［8］张国清，张旭. 大学生安全教育［M］. 上海：同济大学出版社，2014.

［9］王大伟. 大学生安全教育［M］. 北京：中国人民大学出版社，2018.

［10］杨新生. 大学生安全教育［M］. 北京：机械工业出版社，2010.

［11］杨韶春. 大学生安全教育［M］. 南京：东南大学出版社，2015.

［12］刘卫峰. 大学生安全教育［M］. 南京：南京大学出版社，2018.

［13］杨桂林. 安全教育［M］. 苏州：苏州大学出版社，2016.

［14］邹红艳. 高职院校学生职业安全教育［M］. 北京：冶金工业出版社，2015.

［15］刘永富. 大学生安全教育［M］. 北京：化学工业出版社，2014.

［16］李常. 大学生安全应急手册［M］. 北京：中国林业出版社，2016.

［17］曾庆华. 新编大学生安全教程［M］. 西安：西安电子科技大学出版社，2017.

［18］李振涛. 当代大学生安全教程［M］. 北京：中国铁道出版社，2014.

［19］学生安全教育编委会. 交通安全［M］. 长春：北方妇女儿童出版社，2015.

［20］苗泽青，谷志杰. 交通安全法规及管理［M］. 北京：人民交通出版社，2003.

［21］过秀成. 道路交通安全学［M］. 南京：东南大学出版社，2001.

［22］张兴强. 城市交通安全［M］. 北京：北京交通大学出版社，2015.

［23］杨淑玲，潘郁. 交通安全文化概论［M］. 济南：山东人民出版社，2015.

［24］连义平. 城市轨道交通安全管理［M］. 成都：西南交通大学出版社，2015.

［25］陶红亮，郝言言. 交通安全手册［M］. 北京：化学工业出版社，2015.

［26］李文权，陈茜. 道路交通安全管理规划方法及应用［M］. 南京：东南大学出版社，2013.

［27］宁乐然. 道路交通安全通论［M］. 北京：中国人民公安大学出版社，2006.